LE

DROIT INDIVIDUEL

ET

L'ÉTAT

INTRODUCTION A L'ÉTUDE DU DROIT

LE
DROIT INDIVIDUEL
ET
L'ÉTAT

INTRODUCTION A L'ÉTUDE DU DROIT

PAR

CH. BEUDANT

PROFESSEUR A LA FACULTÉ DE DROIT DE PARIS
DOYEN HONORAIRE

« Ce qui divise les hommes, c'est bien moins la dissemblance de leurs idées que la ressemblance de leurs prétentions. »

BÉRANGER, *Ma biographie.*

PARIS
LIBRAIRIE NOUVELLE DE DROIT ET DE JURISPRUDENCE
ARTHUR ROUSSEAU
ÉDITEUR
14, rue Soufflot et rue Toullier, 13

1891

LE DROIT INDIVIDUEL ET L'ÉTAT

AVANT-PROPOS

La Révolution de 1789 a brisé les liens qui, sous l'ancien régime, rattachaient l'individu à l'État ; elle a ouvert par là une ère d'individualisme : c'est tout l'esprit de la Déclaration des droits de l'homme.

De nos jours une tendance opposée se manifeste. L'individu, ou alarmé de l'isolement, ou doutant de ses forces abandonnées à elles-mêmes, tend à se rattacher davantage aux groupes sociaux, dût-il, pour avoir leur appui, y sacrifier de son indépendance ; la propension est à faire prédominer de nouveau l'action de l'État sur l'initiative individuelle, et même sur les droits de la personne humaine.

D'où venait le mouvement qui fut si actif et si puissant à la fin du siècle dernier? Comment et sous quelles influences s'est produit le mouvement en sens contraire qu'on observe aujourd'hui ? Je voudrais le rechercher ici ; et, pour cela, tracer en un rapide tableau les vicissitudes par lesquelles a passé la notion du droit individuel, afin de dégager la genèse des doctrines en conflit à l'époque actuelle.

L'éternelle question du principe du droit est au fond de cette étude. Il n'en est pas de plus essentielle, je dirais volontiers de plus actuelle quoiqu'elle soit vieille comme le monde. Une société peut être grande et prospère malgré des erreurs même graves dans l'ordre des sciences physiques ; on a cru pendant longtemps, par exemple, que le soleil tourne autour de la terre, et cela n'a pas empêché l'humanité d'avoir de glorieuses annales. Au contraire, qu'une erreur égare un pays dans l'ordre moral ou politique, c'en est fait de lui ; les peuples qui n'acceptent pas la discipline des principes subissent tôt ou tard la discipline de la force. Dans les sociétés démocratiques surtout, où la chose publique est l'affaire de tous, nul ne peut vivre avec dignité et suffire à ses devoirs de citoyen s'il n'a sur lui-même, sur ses semblables et ses rapports avec eux, sur la société où il vit, des vues réfléchies auxquelles il conforme sa pensée et ses actes.

Mon intention n'est pas de faire œuvre d'érudit,

encore moins de métaphysicien. Je ne prendrai des systèmes qui se sont succédé que les formules générales ; c'est dans leurs applications sociales et politiques plutôt qu'en eux-mêmes que je veux les envisager.

Je livre au public les résultats d'une enquête que je n'ai cru d'abord faire que pour moi-même quand je l'ai entreprise ; je la présente spécialement aux élèves de nos écoles, qui y trouveront, j'en ai l'assurance, une utile introduction aux études juridiques.

CHAPITRE PREMIER

NOTIONS GÉNÉRALES

§ 1. — La loi et le droit.

1. Au commencement de 1791, Barnave, inquiet déjà des ardeurs qui allaient bientôt après compromettre l'œuvre de 1789, disait à la Constituante : « Il ne suffit pas de vouloir être libre, il faut encore savoir être libre [1] ».

Le Droit, au sens le plus général du mot, est la science de la liberté. Il a pour objet l'emploi raisonné des facultés de l'homme, la direction de l'activité humaine par l'intelligence et la réflexion.

2. Partout où des hommes sont réunis, quel que soit leur nombre et dès qu'ils sont plusieurs, il y a entre eux des froissements de sentiments, des oppositions d'idées et surtout des rivalités de désirs. Là où les inclinations sont abandonnées à elles-mêmes et à leur fougue naturelle, il est inévitable que les individus se heurtent, car l'instinct marche droit à sa plus prochaine satisfaction. C'est le conflit des forces égoïstes, l'indépendance, qui est le propre de la société naturelle.

Il y a bien une loi de nature, antérieure aux lois humaines, qui commande aux passions individuelles : la

1. Duvergier de Hauranne, *Histoire parlementaire*, t. 1, p. 201.

morale. Les hommes sont égaux et libres : dès lors, il leur est interdit de se détruire et de s'asservir les uns les autres ; parmi les usages que l'homme peut faire de sa liberté est celui d'en limiter l'exercice au profit d'autrui : d'où la fidélité à la parole donnée est de devoir strict..., etc. Mais la morale, ou loi de nature, n'est pas un frein efficace à l'indépendance, car l'homme a le privilège de pouvoir transgresser les lois de son être ; c'est sa faiblesse, et c'est en même temps sa dignité puisqu'il en résulte pour lui le libre arbitre. Or l'indépendance, sans un frein qui l'arrête quand elle abuse, est la pire des misères ; c'est la tyrannie au profit du plus fort et du plus osé : « Où tout le monde peut faire ce qu'il veut, dit Bossuet, nul ne fait ce qu'il veut ; où il n'y a pas de maître, tout le monde est maître ; où tout le monde est maître, tout le monde est esclave[1] ». Aussi, dans toute société, quelle qu'en soit l'étendue, un sentiment s'élève, confus d'abord, qui s'éclaire bientôt par la prévoyance, et qui conduit l'homme à comprendre qu'il ne peut se trouver en présence de son semblable sans admettre, comme base de leurs rapports, la notion du droit d'autrui et le respect réciproque de la personne. C'est l'embryon de l'idée de justice. Établir une discipline et un ordre dans l'activité de chacun, comme sauvegarde de l'intérêt de tous, devient le plus pressant besoin des peuples qui s'éveillent à la vie sociale, de même que de toute association, fut-elle passagère, qui se forme. Pascal fait, à ce propos, une ingénieuse remarque : « C'est une plaisante chose à considérer, dit-il, de ce qu'il y a des gens dans le monde qui, ayant renoncé à toutes les lois de Dieu et

1. *Politique tirée de l'Écriture sainte*, L. I, art. III, prop. 4.

de la nature, s'en sont fait eux-mêmes auxquelles ils obéissent exactement ; par exemple... les voleurs[1] ».

Ce sentiment d'intérêt collectif, cette idée d'ordre et d'arrangement en vue d'une fin commune, c'est l'origine des sociétés civiles. C'est en même temps la source permanente du droit qui est la règle des sociétés civiles, comme la morale est celle de la société naturelle. L'indépendance restreinte dans les limites que nécessitent les exigences de la vie commune, la raison s'ajoutant à l'instinct pour le diriger, forme le juste pratique ; le droit a pour objet de le déterminer et d'en assurer le respect ; on dira de lui quand la notion en aura été scientifiquement analysée, qu'il est « l'harmonie des libertés ».

3. Puisque l'homme est destiné par inclination innée et par besoin à vivre en société avec ses semblables, puisqu'il est, d'après la définition si souvent rappelée d'Aristote, « un être naturellement sociable »[2], le droit par cela même que l'on ne comprendrait pas la société sans lui apparaît comme conforme à la destinée humaine ; il répond à un instinct : l'instinct de sociabilité. S'il est l'œuvre des hommes par les institutions dans lesquelles il se manifeste, il vise un but qui est dans la nature ; il a son origine et son essence dans la nécessité même des choses : c'est un concept naturel.

Les conventions humaines n'ont pas fait la société ; elles ont fait seulement son établissement politique. La civilisation consiste précisément dans la substitution des sociétés civiles, où la justice cesse de s'exercer d'homme

1. *Pensées*, I, 9.49. La même remarque a été faite maintes fois dans l'antiquité. V. la note de Barbeyrac dans sa traduction de Grotius, *Discours préliminaire*, § XXIV, note 1.

2. *Politique*, L. I, c. 1, § a.

à homme, à la société naturelle, où la justice reste livrée aux inclinations individuelles. Elle a commencé le jour où l'esprit a conçu la nécessité de discipliner l'activité privée pour la conformer à un ordre raisonné, de modérer, de comprimer au besoin les forces individuelles, en un mot de reconnaître une autorité. Un pays est civilisé quand la majorité de ses habitants respecte et sait faire respecter la discipline établie, ainsi que l'autorité chargée d'y veiller; le degré de civilisation se mesure à l'influence plus ou moins grande qu'exerce sur les mœurs et sur la direction des esprits la partie la plus policée et la plus éclairée de la nation.

4. Si l'on cherche quels sont les éléments d'où sortent les institutions, qui expliquent leur développement, leurs transformations et leur déclin, ils apparaissent comme étant simples et en nombre très limité. Leur diversité historique ou locale n'est qu'apparente : elle ne se manifeste que dans les applications ou les formes, qui sont transitoires, c'est-à-dire dans l'emploi qui en est fait; relativement à leur cause occasionnelle, ils se réduisent à un : ils répondent à l'éternel souci de la liberté humaine incessamment menacée par la violence; comme résultat, ils se résument en une idée de protection, qui, en s'épurant, devient l'idée de justice. Tous les pouvoirs ont été protecteurs à l'origine : c'est ainsi qu'ils naissent; trop souvent ils deviennent ensuite oppressifs : c'est par là qu'ils succombent.

Pour échapper à la tyrannie des inclinations individuelles, pour satisfaire au besoin quotidien d'une force modératrice, on a eu recours d'abord à l'établissement d'un pouvoir coercitif, patriarcal, sacerdotal ou guerrier.

Impuissant à se protéger lui-même contre le monde extérieur, contre les éléments ou contre ses semblables, l'homme cherche la sécurité dans la soumission ; un chef reconnu, quel qu'en soit l'appellation, a mission et pouvoir de fixer le droit de chacun et de contenir les prétentions opposées. C'est la première ébauche de l'État. Le fondement de l'autorité est tout matériel : la force ; l'individu disparaît : les prérogatives de chacun ne sont assurées que par la dépendance de tous ; le groupe seul existe : les droits sont collectifs.

Cette forme primitive des sociétés ne peut être que passagère. Pleine de risques par elle-même, elle est, en outre, impuissante à conjurer le péril des luttes individuelles. En effet, la justice ne mérite son nom que quand elle est à l'abri des passions de qui la rend ; or, pour qui ne se paie pas de mots, s'en remettre à l'équité d'un maître, c'est s'abandonner à l'arbitraire et à ses jugements inconstants. Il se peut qu'on rencontre un pouvoir discrétionnaire qui soit à ses heures impartial et même bienfaisant, car le plus absolu aime à se montrer juste quand son intérêt n'est pas en cause ; mais ce n'est qu'un accident heureux, une faveur de la fortune, ce n'est pas un système. La modération de ceux qui gouvernent, quelque indispensable qu'elle soit partout et toujours, ne saurait, à elle seule, être considérée comme une garantie ; tôt ou tard, dès que les circonstances le lui permettent, le protecteur se transforme en maître, et le maître détourne au profit de son intérêt personnel l'autorité mise en ses mains au nom de l'intérêt commun. Risque pour risque, mieux valent peut-être encore les hasards et les aventures de l'indépendance naturelle.

5. Pour protéger l'individu sans compromettre ses légitimes franchises, en les assurant au contraire, il fallait élever au-dessus de la violence non un homme, sujet comme tel aux passions et aux défaillances, mais une volonté impersonnelle, impassible par là même et constante. Telle a été l'origine, et tel reste le rôle de la loi, forme perfectionnée de la protection sociale. L'autorité, au lieu d'être dévolue à un chef, réside dans une règle, dans la règle immuable d'après laquelle les froissements sont contenus et les dissentiments jugés ; elle a pour organe l'État qui la personnifie, et qui apparaît comme l'institution sociale du droit. La sujétion à la volonté d'un chef avait déplacé le danger ; la soumission à une règle, mesure des actes, d'après laquelle chacun est obligé à agir ou à ne pas agir, le supprime. Là où la loi gouverne, ce n'est plus une volonté humaine, toujours plus ou moins fragile ou changeante, qui détermine la sphère où peut se mouvoir l'activité de chacun, c'est une formule réfléchie et arrêtée, fixe et stable, plus forte que qui que ce soit ; par elle s'établit la liberté pratique et utile que Montesquieu définit ainsi : « Cette tranquillité d'esprit qui provient de l'opinion que chacun a de sa sûreté[1] ». Et quoi de plus tranquillisant que de savoir que tout est réglé à l'avance de telle sorte que les prévisions et les conséquences des actes soient sous la sauvegarde d'une autorité invariable et impersonnelle, plus forte qu'aucune volonté ?

A la vérité, l'homme soumis à la loi perd une partie de sa liberté d'action ; mais il n'abdique cette partie que pour jouir paisiblement du surplus : ce que le droit

1. *Esprit des Lois*, XI, 6.

de l'individu perd en étendue, il le gagne en sécurité. Si ce n'est plus l'indépendance, c'est du moins la liberté, telle que la comporte la vie sociale, et qui consiste à ne dépendre que des lois, à user de ses droits dans la mesure tracée par elles et sous leur garantie. A cet égard une loi même vicieuse vaut mieux que les incertitudes de l'arbitraire, de même qu'un danger connu est moins redoutable qu'une menace incessante ; si haïssable que puisse devenir la justice quand elle est rigoureuse et dure, elle vaut mieux que le règne du bon plaisir. Montesquieu l'observe avec une netteté saisissante : « Il faut bien se mettre dans l'esprit ce que c'est que l'indépendance, ce que c'est que la liberté. La liberté est le droit de faire ce que les lois permettent ; et si un citoyen pouvait faire ce qu'elles défendent, il n'aurait plus de liberté, parce que les autres auraient tout de même ce pouvoir[1] ».

6. Cependant l'attente devait encore être trompée. Sous quelque forme qu'on la cherche, la protection sociale doit avoir, pour atteindre son but, un contrepoids qui la limite, qui l'empêche de dévier. Si l'organisation de l'ordre par la loi soustrait l'homme aux risques de l'arbitraire, elle le laisse exposé aux entreprises possibles du législateur, qui, s'il est déréglé ou seulement mal inspiré, peut devenir le pire des fléaux : l'injustice armée. Tacite, à propos de lois d'Auguste qui étaient devenues pour les familles la source d'incessantes vexations, disait en son vigoureux et sonore langage : « *Utque antehâc flagitiis, ita tunc legibus laborabatur*[2] ». On

1. *Esprit des Lois*, XI, 3.
2. *Annales*, III, 25.

souffrait auparavant des désordres, on peina alors sous la servitude des lois !

C'est que la loi, considérée comme moyen de discipline sociale, ne vaut pas mieux que la force, quand elle n'est elle-même que l'expression de force ; c'est qu'elle a, elle aussi, ses lois en dehors desquelles elle ne vaut pas mieux que les dangers qu'elle est destinée à conjurer, car, en présence de l'oppression organisée, il ne reste à l'opprimé qu'une ressource, l'insurrection, qui est un retour au déchaînement des forces individuelles. Quelles sont ces lois qui régissent les lois elles-mêmes ? C'est le problème de la philosophie du droit. Elles se résument dans l'idée d'une justice supérieure aux lois spéciales des États, qui s'impose et commande au législateur lui-même, à laquelle les lois humaines doivent se rapporter; elles forment le droit, au sens le plus élevé que la pensée puisse concevoir : l'idéal qui trace et éclaire la route dans laquelle le législateur doit marcher. Trouver la protection extérieure des droits est l'objet de la mécanique sociale, c'est-à-dire de la loi ; mais la mécanique sociale n'est pas le droit, elle n'en est que la manifestation en quelque sorte négative ; si elle le suppose, il est en dehors d'elle et au-dessus d'elle : de l'obéissance à ses préceptes, et d'elle seule peut sortir la sécurité complète, et la sauvegarde définitive de la liberté individuelle.

7. Ainsi, soumission à un maître, soumission à une règle, soumission aux principes : telles sont les trois étapes de développement des sociétés civiles. Le fonctionnement de l'autorité s'est transformé avec le temps ; il a été matériel au début : la force ; il a acquis plus tard un

caractère moral : il réside finalement dans une idée, celle du droit.

Dès lors entre le droit et la loi, si on tient compte des progrès de la pensée humaine, il y a toute la différence qui sépare l'idée de l'expression plus ou moins heureuse qui la traduit, le but du moyen employé pour l'atteindre, le principe des tentatives d'application. La loi n'est pas le droit, elle n'en est que la manifestation accidentelle, que l'expression temporaire ou locale, que l'instrument en quelque sorte ; le droit n'est pas la loi, il est la source des lois. « *Non est regulâ jus sumatur*, disait excellemment la loi romaine, *sed ex jure quod est regula fiat*[1] » ; ce n'est pas la loi qui fait le droit, c'est du droit au contraire que découle la loi.

8. Certaine, par conséquent, est l'erreur de ceux qui de l'imperfection ou de l'instabilité des lois humaines concluent à l'inanité du droit. Tout le monde connaît cette boutade de Pascal : « Comme la mode fait l'agrément ainsi fait-elle la justice... On ne voit presque rien de juste ou d'injuste qui ne change de qualité en changeant de climat. Trois degrés d'élévation du pôle renversent toute la jurisprudence. Un méridien décide de la vérité ; en peu d'années de possession les lois fondamentales changent ; le droit a ses époques... Plaisante justice qu'une rivière ou une montagne borne ! Vérité en deçà des Pyrénées, erreur au delà[2] ». Avant Pascal, Montaigne avait déjà dit la même chose, presque dans les mêmes termes : « Quelle bonté est-ce que je veoyais hier en crédit et demain ne l'estre plus, et que le traict d'une rivière

1. L. I, Dig. *De regulis juris*.
2. *Pensées*, III, 8, VI, 6.

faict crime? Quelle vérité est-ce que les montagnes bornent, mensonge au monde qui se tient au-delà?[1] ». Gœthe, s'il pense de même, met au moins le propos dans la bouche du génie du mal. « Je ne puis me faire à l'étude du droit », dit l'écolier ; et Méphistophélès répond : « Je ne vous en fais pas un crime, je sais trop ce que vaut cette science. Les lois se transmettent comme une maladie ; elles passent de génération en génération ; elles se transportent d'un lieu à un autre ; ce qui était raison devient folie, ce qui était bon devient mauvais. N'importe, on vous appliquera les lois faites pour votre grand'père ! Mais, du droit vivant né avec nous, hélas ! il n'est jamais question[2] ».

Ni Montaigne, ni Pascal, ni tant d'autres à leur suite n'ont pris garde qu'ils abusent, dans ces jugements moroses ou frondeurs, de l'ambiguïté des termes ; comme ceux dont parle Locke « qui ne s'avisent pas de soupçonner que, dans l'emploi des mots, ils trompent ou soient trompés[3] ». Chez Pascal la confusion n'est pas dissimulée. Elle est commise en quelque sorte intentionnellement; on dirait qu'il a quelque dessein en voulant persuader la raison humaine qu'elle ne peut rien édifier qui ne soit folie. La justice, pour lui, « c'est ce qui est établi, ce qui est force d'observer ». Peu s'en faut qu'il n'aille jusqu'à la confondre avec la force elle-même ; car il complète sa pensée en disant : « Ne pouvant faire qu'il soit force d'obéir à la justice, on a fait qu'il soit juste d'obéir à la force ; ne pouvant fortifier la justice, on a justifié

1. *Essais*, II, 12.
2. 1re partie, sc. 3.
3. *Essai sur l'entendement humain*, préface.

la force, afin que le juste et le fort fussent ensemble, et que la paix fût, ce qui est le souverain bien ». Le manuscrit authentique des *Pensées* ajoute : « De là vient le droit de l'épée, car l'épée donne un véritable droit[1] » ; d'un tel axiome à la maxime impie, « la force prime le droit », il n'y a qu'un pas !

Que les lois soient transitoires, qu'elles varient avec le temps et les pays, rien là de surprenant. D'abord elles sont œuvre humaine, et vouloir créer des choses éternelles est une ambition de l'homme qui dépasse ses forces. Et puis à quelque époque de l'histoire qu'on les observe, elles ne sont que des combinaisons essayées en vue de surmonter les influences faisant obstacle au règne du droit ; elles ont dans nombre de leurs dispositions des origines lointaines, des causes complexes et tenaces, éthiques, morales, historiques, religieuses : quoi d'étonnant qu'elles varient ? D'ailleurs, les lois contraires, à première vue, ont bien souvent, quand on les observe mieux, le même fondement et le même but. Montesquieu a consacré tout un livre de l'*Esprit des lois* à le démontrer, le livre 29. Si par leurs épigrammes, les contempteurs du droit veulent faire entendre que la justice n'a pas été ou n'est pas toujours observée, que la force et la ruse jouent un trop grand rôle ici-bas, ils n'énoncent qu'une banalité ; s'ils prétendent inférer que la justice n'est qu'une illusion et le droit qu'un mensonge, ils ne formulent qu'un sophisme. Qu'importe les incertitudes et les tâtonnements, qu'importe même les abus et les écarts ! La permanence du droit comme but est parfaitement compatible avec l'instabilité des lois. Faut-il

1. Édition Havet, p. 74.

nier le soleil, parce qu'on a fait des théories erronées sur la lumière, ou parce que le monde a ses alternatives de clarté et d'obscurité ?

§ 2. — **Quelques définitions.**

9. Puisque le langage est l'instrument nécessaire de la pensée, toute imperfection dans l'instrument ou dans la façon de s'en servir expose, si on n'y prend garde, à d'inévitables confusions. De là l'utilité des définitions arrêtant préalablement la signification des mots, soit leur signification d'usage, soit celle qu'on entend leur donner ; à défaut de bons outils, il faut au moins connaître le fort et le faible, le mérite et les défauts de ceux que l'on possède.

C'est dans les sciences morales surtout qu'il est vrai de dire qu'une bonne méthode n'est, en grande partie, qu'une langue bien faite. On connaît du reste la malheureuse ambiguïté des noms abstraits, presque tous susceptibles d'être appliqués à des choses différentes ; qui veut être assuré de l'exactitude de ses raisonnements et de la sûreté de ses jugements, ne doit employer aucun d'eux sans en avoir défini le sens. La langue du droit notamment est loin d'avoir un mot différent pour chaque signification importante ; elle renferme quatre termes usuels, souvent pris l'un pour l'autre, qui correspondent cependant à des notions distinctes : loi, jurisprudence, droit, législation. Non seulement ces quatre termes ont chacun un sens propre ; mais, par suite de déviations de langage dont il est aisé de se rendre compte, ils peuvent être pris chacun dans plusieurs acceptions, soit qu'on les emploie seuls, soit qu'on y joigne, comme c'est l'usage, quelque épithète qualificative. En préciser les acceptions directes et les acceptions détournées n'est donc pas seulement une question de mots, c'est le seul moyen d'isoler des concepts différents.

Les définitions n'apprennent pas grand chose, et surtout elles ne prouvent rien ; elles ont au moins cet incontestable avantage : elles sont un précieux instrument de précision pour simplifier les idées, et, par suite, elles servent aux hommes à s'entendre. Or, qu'on écrive ou qu'on parle, il est plus utile qu'on ne croit de s'assurer au préalable qu'on s'entend ; que de méprises, de désaccords et de conflits n'ont pas d'autre cause que l'ambiguité des termes dont on use !

10. Le mot loi, au sens didactique, exprime l'idée d'un rapport fixe et immuable, d'une nécessité résultant de l'action d'un principe. Toute règle, toute notion constitutive d'un ordre quelconque, servant de fondement à une manière d'être normale, forme une loi. C'est en prenant le mot dans cette acception que saint Thomas d'Aquin, au XIIIe siècle, a défini la loi : la raison des choses préexistant en Dieu, « *Summa ratio in deo existens*[1] » ; c'est en lui donnant le même sens que Montesquieu a écrit en tête de l'*Esprit des Lois* : « Les lois, dans la signification la plus étendue, sont les rapports nécessaires qui dérivent de la nature des choses[2] ».

Il y a une raison suprême, une nature des choses ; il y a un ordre supérieur et constant, que l'homme ne

1. *Summa theologica*, Q. XCI, a. 1.
2. L. I, ch. 1.

perçoit que lentement et peu à peu, mais qui, même ignoré, même méconnu, n'en existe pas moins. Les rapports d'où résultent cette nature des choses et cet ordre naturel sont des lois. En ce sens tout a sa loi, parce que tout a sa manière d'être normale : pour le monde physique c'est la force, en morale c'est le bien, en logique c'est le vrai, en droit c'est le juste. La divinité elle-même a ses lois, ajoute Montesquieu ; et il rappelle le mot de Plutarque : « La loi est la reine des mortels et des immortels ».

Plus habituellement, au point de vue pratique, le mot loi exprime quelque chose d'infiniment plus simple et plus positif. En la forme c'est l'acte du pouvoir politique qui ordonne, permet ou défend, la règle tracée par l'autorité compétente et à laquelle obéissance est due ; au fond, c'est la mesure des actes constitutive de l'ordre civil. Selon l'autorité dont ils émanent, la règle et l'acte qui la contient sont diversement qualifiés ; c'est ainsi que l'on distingue aujourd'hui les lois proprement dites, les décrets, les règlements et arrêtés, etc... Ce sont toujours des lois ; le mot générique comprend toutes les variétés.

11. Qu'on prenne le mot au sens didactique ou au sens pratique, l'idée de loi implique celle d'une sanction qui en assure l'accomplissement. Les lois de l'ordre physique ont pour sanction leur nécessité même, c'est-à-dire l'ordre immuable du monde : l'attraction, la pesanteur, le mouvement, la force en un mot. Les lois de l'ordre moral et de l'ordre intellectuel qui, à l'inverse des lois physiques, peuvent être transgressées, n'ont ni ne doivent avoir en général d'autre sanction que leur auto-

rité et la responsabilité psychologique de qui y contrevient. Il est, au contraire, de l'essence des lois de l'ordre social d'avoir une sanction formelle et effective; et cette sanction consiste dans la contrainte exercée par le pouvoir politique pour plier l'homme à l'obéissance à défaut de soumission volontaire. En effet, les prescriptions du Droit traduites en lois, qu'elles règlent, ordonnent ou défendent, sont considérées comme nécessaires à l'ordre social ; elles forment la discipline civilement organisée ; la soumission, par suite, est socialement exigible, et, là où elle n'est pas volontaire, il faut qu'elle puisse être obtenue par des moyens humains, c'est-à-dire par la contrainte. Kant va plus loin ; il identifie théoriquement les deux idées de droit et de contrainte, considérant le droit et la faculté de contraindre comme étant une seule et même chose [1]. Toujours est-il que les autres autorités ne demandent qu'un assentiment volontaire : la religion parle à la conscience, la science s'adresse à l'intelligence ; tandis que l'autorité de la loi humaine va plus loin : elle force l'obéissance, et, si elle permet qu'on la discute théoriquement, elle ne souffre en fait ni résistance ni insoumission. C'est pour cela, dit-on, que la fable figure la justice tenant d'une main la balance au moyen de laquelle elle pèse le Droit, et de l'autre l'épée avec laquelle elle le défend. « L'épée sans la balance, dit fort élégamment un célèbre romaniste, est la force brutale ; la balance sans l'épée est l'impuissance du droit. L'une ne peut aller sans l'autre ; il n'y a d'ordre juridique parfait que là où l'énergie avec laquelle la justice porte l'épée

1. *Métaphysique du Droit*, traduction Barni, p. 45.

est égale à l'habileté avec laquelle elle manie la balance[1] ».

Le mode de contrainte varie selon les cas. Quand c'est possible, le pouvoir politique impose effectivement l'observation des prescriptions ou prohibitions légales : c'est l'exécution forcée directe ; tantôt il ne peut que détruire ou tenir pour non avenu ce qui aura été fait au mépris de la règle établie : c'est l'exécution forcée indirecte ; il avise enfin en punissant les contrevenants : le droit pénal est la sanction suprême de toutes les lois. Si le mode de contrainte varie, l'idée même de contrainte, sous une forme ou sous une autre, est inséparable de l'idée de loi. Là où la sanction fait défaut, la loi cesse d'être une véritable loi ; c'est un conseil, une invitation, un essai de persuasion en quelque sorte, en tout cas une prescription simplement comminatoire, ce n'est plus une loi.

12. Le mot jurisprudence est employé dans deux acceptions différentes.

Au sens traditionnel, il exprime la connaissance des lois, l'ensemble des notions découlant des textes, fondées sur l'interprétation doctrinale ou pratique qui constituent la théorie scientifique des lois. Les Romains appelaient *jurisprudentes* ou simplement *prudentes* ceux à qui l'étude et la pratique des affaires avaient donné la science des lois et de leur théorie, la compétence à résoudre les questions juridiques ; *jurisprudentia* signifiait exactement pour eux connaissance raisonnée des lois[2].

Cette première acception du mot, quoique toujours usitée, tend à disparaître. Dans l'usage il est plutôt em-

1. De Ihering, *La lutte pour le Droit*, trad. Meulenaere, p. 1.
2. *Institutes*, § 8, *de jure naturali, gentium et civili* (I, 2).

ployé pour exprimer les résultats de l'interprétation judiciaire, la manière dont un texte est habituellement interprété et appliqué par les tribunaux, en d'autres termes les précédents de la pratique. Pour être plus explicite on dit quelquefois la jurisprudence des arrêts. Ainsi comprise et envisagée, la jurisprudence est le commentaire vivant et progressif des lois ; il n'est rien comme la précision des jugements et arrêts, précision qui tient à ce qu'ils appliquent la règle à des cas particuliers, pour corriger le vague inévitable des règles doctrinales. Elle en est, en même temps, le complément nécessaire ; elle dégage incessamment les conséquences directes ou indirectes des formules, en les appliquant par induction aux incidents indéfiniment variables de la vie réelle où tout arrive, où il faut toujours compter avec l'imprévu. Sous son influence se forme un dépôt de maximes et d'usages qui s'identifient peu à peu avec la loi, et qui ont à la longue la même autorité qu'elle.

13. Des quatre termes élémentaires, le mot droit est le plus difficile à fixer. C'est de tous celui qui prête le plus à l'équivoque. Il n'a pas moins de sept ou huit acceptions possibles [1] ; parmi elles, il en est trois qui sont plus particulièrement notables.

En un sens, le seul dans lequel le mot exprime une notion distincte, c'est-à-dire qu'aucun autre ne rendrait, on appelle droits les facultés ou prérogatives d'où résulte pour l'homme le pouvoir de faire ou d'exiger quelque chose. C'est dans cette acception que le mot est le plus habituellement employé dans les textes de lois ; il y exprime, selon les cas, tantôt une prérogative isolée : le

1. Cons. Oudot, *Conscience et science du devoir*, t. 1, p. 174 ; t. 2, p. 16.

droit de propriété, le droit de créance... etc ; tantôt un ensemble de prérogatives découlant d'une même cause : les droits de famille, les droits civils, les droits politiques... etc. ; tantôt enfin l'ensemble concret des facultés ou prérogatives qui, réunies, constituent l'autonomie de la personne humaine : le droit individuel, ou plus simplement le droit. L'acception est plus ou moins étendue ; la notion exprimée reste toujours la même. Quelles sont ces facultés ou prérogatives ? Les droits qui y correspondent ont-ils une réalité absolue et permanente, ou ne sont-ils que des intérêts relatifs et changeants ? Existent-ils par eux-mêmes, ou seulement par l'effet d'une concession de la loi et en vertu d'une sûreté juridique acquise ? Là est le problème fondamental : celui du principe du droit. L'École libérale, dont l'histoire fera l'objet de toute la suite de ce travail, a toujours enseigné et persiste à soutenir que le droit est une propriété inhérente à la nature humaine, qu'il dérive pour l'homme des besoins légitimes et des aspirations de son être, de sa fin en d'autres termes. Ne voir en lui qu'un intérêt, donnât-on à ce mot la portée la plus élevée, regarder la protection légale et la sécurité qui en résulte comme nécessaires à son existence, c'est méconnaître son caractère essentiel. L'homme le possède et peut s'en prévaloir même si la jouissance ne lui en est pas garantie, même quand elle lui est déniée. Lorsque Bossuet a dit : « Il n'y a pas de droit contre le droit [1] », il n'entendait pas autre chose que ceci : c'est que le droit est antérieur à la loi et dès lors au-dessus d'elle, c'est que la loi qui a mission d'assurer le respect des droits ne

1. 5e *Avertissement aux protestants*, § 32.

doit pas les méconnaître, c'est qu'il peut y avoir à un moment donné une protestation au nom du droit contre la loi. L'aphorisme est à la fois un jeu de mots et une grande pensée.

14. Dans une seconde acception, très usitée, le mot droit désigne les arrangements imposés ou convenus qui définissent et coordonnent les rapports sociaux, ou mieux les règles qui établissent ces arrangements. Il est alors synonyme de lois, et il répond exactement au mot latin *jus*, pris lui-même comme exprimant *quod jussum est* ; c'est l'ensemble des prescriptions et des règles auxquelles les hommes vivant dans une société civile sont soumis, de telle manière qu'ils puissent être contraints à les observer, ou, plus simplement, c'est l'ensemble et la collection des lois. Si on le préfère, il est synonyme de jurisprudence, ce mot étant pris dans la seconde des acceptions signalées ; c'est la connaissance et la science des lois. Quelquefois, afin d'éviter toute méprise, on l'appelle droit positif, c'est-à-dire celui qui est établi par les lois et coutumes des hommes, qui est, par suite, à l'abri de tout conteste, qui est certain et constant. Et alors il désigne, selon les cas, tantôt les lois relatives à un sujet déterminé, limité : le droit de la propriété, le droit des obligations, le droit politique ; tantôt un ensemble de lois d'un certain ordre : le droit civil, le droit public ; tantôt enfin les lois en général : le droit.

De fait, entre le droit ainsi compris et la loi, le rapport est étroit. Stuart Mill observe à ce propos que dans la plupart des langues, si ce n'est dans toutes, le mot correspondant à l'idée de justice a une origine voisine du mot qui répond à l'idée de loi, ou de ce qui fut la forme primitive de la loi, la coutume[1]. Laquelle des deux idées a été le germe de l'autre? C'est difficile à dire. L'identité d'appellation, en tout cas, suffit à expliquer la confusion souvent faite des deux idées. Les hommes de pratique ne les séparent pas; et c'est pourquoi ils sont enclins à considérer comme juste ce qui est conforme à la loi, et à ne considérer comme tel que ce qui est conforme à la loi. Les économistes contemporains, ceux-là surtout qui inclinent vers la Sociologie, vont plus loin; ils se refusent à admettre que le droit puisse être envisagé autrement. En 1886, à la Société des économistes, dans une discussion sur les rapports de l'économie politique et du droit, M. Arthur Mangin a pu dire, sans qu'il se soit élevé aucune protestation : « Le droit, c'est la connaissance plus ou moins raisonnée et comparée des lois traditionnelles ou écrites des différents peuples..... Cela ne peut vraiment s'appeler une science[2] ». M. Courcelle-Seneuil n'en juge pas autrement; et, c'est pour n'avoir vu dans le droit que le droit positif, qu'il pose à plusieurs reprises, paraissant y attacher grande importance, la question de savoir si le droit est une science. Il lui refuse ce caractère; il ne voit en lui qu'un art, un « art disciplinaire »; et il ajoute à l'appui de cette appréciation : « Comment serait-ce une science dans le sens moderne du mot? La science est d'hier, et l'existence du droit remonte à l'origine de la civilisation[3] ». Oh! vanité de l'esprit de système! Rapprochement curieux : au XIIIe siècle, pendant les luttes de la théologie et de la législa-

1. *L'utilitarisme*, traduction Le Monnier, p. 95.
2. *Journal des Économistes*, n° de septembre 1886, p. 421.
3. *Préparation à l'étude du Droit*, p. 11, 16.

tion civile, Roger Bacon soutenait également que le droit n'est pas une science, mais seulement un art; il ne voyait en lui qu'une mise en œuvre de la théologie, tout comme M. Courcelle-Seneuil voudrait aujourd'hui qu'on n'y vît qu'une mise en œuvre de l'économie politique [1].

15. Enfin, dans une troisième acception plus abstraite, le mot droit exprime l'idéal de justice qui est le but final où doit tendre le droit positif, ou, si l'on veut, la source des lois humaines. Justice : sentiment puissant, notion si claire en apparence, dit Stuart Mill, que le mot qui l'exprime l'évoque « avec une rapidité qui la fait ressembler à un instinct [2] ».

Le droit ainsi compris n'est plus la loi, il la domine et l'inspire; il s'élève jusqu'à la recherche des vérités spéculatives ou d'expérience sur lesquelles reposent les rapports sociaux; il se rattache à la philosophie, ou plutôt il est la philosophie elle-même : c'est l'ensemble des lois révélées par l'ordre du monde et la nature de l'homme qui déterminent ce qui est juste. Le mot droit n'est plus considéré comme répondant au mot latin *jus*, *quod jussum est*, mais comme dérivant du verbe *dirigere*, qui est lui-même un composé de *regere* : *directum*, *drictum*, droict, droit ; il signifie ce qui dirige, ce qui mène au but assigné. Là est l'origine des mots qui, dans les langues néo-latines et germaniques, expriment à la fois l'idée de justice et celle de droit : Recht, right, regt, diritto, derecho. Au droit ainsi envisagé, afin d'évi-

1. Cons. Marcel-Fournier, *L'Église et le droit romain au XIIIe siècle*, p. 9, 14, 22.

2. *L'utilitarisme*, trad. cit., p. 83.

ter toute méprise, on donne souvent la qualification de droit naturel, c'est-à-dire qui existe en dehors et au-dessus des lois : l'idéal. Droit naturel, droit positif, c'est l'antithèse du droit et de la loi.

16. La réalité de ces trois acceptions d'un mot unique ne témoigne assurément pas de la richesse de la langue ; elle s'impose toutefois comme un fait.

D'ailleurs on saisit assez aisément le rapport qui les rapproche. Il s'est produit là une évolution de langage qui révèle et affirme une idée fondamentale. Principalement on nomme droits les facultés ou prérogatives inhérentes à la nature humaine : les droits ; pris dans un sens détourné, le même mot exprime les règles établies pour assurer la jouissance de ces prérogatives ou facultés : le droit positif ; pris dans un sens abstrait, il désigne, en outre, l'idée de justice, c'est-à-dire l'harmonie des droits, ou, ce qui est la même chose, des libertés. C'est toujours la notion des droits individuels, envisagés successivement en eux-mêmes, dans les sanctions qui en garantissent la possession, dans leur accord idéal ; le droit, dans son ensemble et dans ses applications, se confond et ne fait qu'un avec le droit individuel qui apparaît ainsi comme en étant à la fois le principe, la raison d'être et le but.

17. Enfin : la législation. Dans l'acception la plus naturelle, l'acception étymologique, le mot se dit du corps même des lois : *leges latæ*. La législation d'un pays, c'est l'ensemble des lois de ce pays ; à un point de vue restreint, la législation de tel ou tel sujet, de la propriété, des obligations, c'est l'ensemble de lois relatives à ce sujet. Ainsi entendue, législation est à peu près synonyme

de jurisprudence, si on prend ce mot dans la première de ses deux acceptions, et l'est exactement de droit, si on prend ce dernier mot comme signifiant droit positif.

En un autre sens que l'usage autorise, législation se dit non plus des *leges latæ* mais des *leges ferendæ* ; c'est l'art de faire les lois, eu égard aux causes secondes qui nécessitent leur avènement ou leur transformation, en un mot la politique ou mise en œuvre du droit. A toute science il y a un art correspondant, distinct d'elle ; l'art, qui n'est qu'une méthode pour atteindre un but déterminé, ne peut arriver à un résultat utile que si le procédé qu'il emploie repose sur les données que la science fournit. Il résulte de là qu'une opinion peut être soutenable en législation, c'est-à-dire au point de vue d'une loi qui serait à faire, alors qu'elle ne l'est pas en droit, c'est-à-dire au point de vue de la loi en vigueur, ou réciproquement.

Ainsi entendu, le mot exprime bien un aspect particulier du droit. Ce n'est plus ni le droit positif, ni le droit naturel ; c'est l'art d'adapter les principes aux influences diverses et multiples qui agissent à un moment donné sur les besoins d'un peuple, et aux entraves qu'elles peuvent apporter à l'absolu des doctrines ; c'est l'art du législateur, art fait de science pure, de prudence et de bon sens pratique, qui consiste à discerner ce qui convient. Plutarque rapporte que Solon, à qui on demandait si les lois qu'il avait données aux Athéniens étaient les meilleures, répondit : « Je leur ai donné les meilleures de celles qu'ils pouvaient souffrir [1] ». Montesquieu, rapportant le propos, ajoute : « Belle parole,

1. *Vie de Solon*, § 9.

qui devrait être entendue de tous les législateurs[1] ». Si, en effet, la détermination du but idéal où il faut tendre est affaire de principes, le choix des moyens pour l'atteindre est affaire de clairvoyance, de tact et d'expérience, presque d'habileté. Le jurisconsulte interprète les textes en les éclairant par l'esprit qui a présidé à leur élaboration ou qui présidera demain à leur transformation ; le philosophe cherche l'idée qui dirige l'effort de l'homme vers l'accomplissement de sa destinée ; la mission du législateur est toute autre : il a à orienter les institutions vers l'idéal par une recherche incessante du mieux, à chercher le rapport entre l'état du pays et les lois qui lui conviennent, à trouver les procédés propres à assurer le règne du droit. Grande et difficile mission, qui suppose un savoir étendu, des desseins éclairés et avant tout l'indépendance au regard des ignorances de l'instinct et des égoïsmes de l'intérêt. Louis XIV parlait en législateur quand il disait : « Je ne serais pas digne d'être roi, si je n'avais que les sentiments des particuliers ».

§ 3. — Le principe du droit.

18. A la lumière des notions qui précèdent, les horizons se découvrent. Étant donné le problème du droit, dans son ensemble, la loi et la jurisprudence en représentent la solution pratique à un moment donné ; la législation, la solution historique et progressive ; le droit enfin, ou droit naturel, en fournit la solution philosophique.

1. *Esprit des Lois*, L. XIX, ch. 21.

Qu'il y ait un ensemble de notions répondant à l'idée d'une justice une et impersonnelle, absolue et universelle par conséquent, ce n'est pas sérieusement contesté. Socrate l'affirmait contre les sophistes qui professaient la politique de la force ou la morale du plaisir; c'est l'argument du Gorgias, et le fond des réponses aux discours de Calliclès; c'est le principe philosophique des « lois non écrites », fondement de la théorie de la justice exposée dans l'entretien avec Hippias[1]. L'obéissance aux lois de la cité n'est que le devoir strict du citoyen, et une des formes du patriotisme; la véritable justice est plus haut, elle est au-dessus de la loi comme la vérité est au-dessus de la coutume; elle consiste dans l'obéissance aux lois supérieures, fondées par la volonté des dieux, qui commandent à tous les hommes, chez tous les peuples, dans tous les temps : les lois non écrites. L'idée comme le mot sont depuis restés. Antigone, dans Sophocle, accusée d'avoir violé les décrets de Créon, en appelle aux lois non écrites : « Je n'ai pas cru que tes ordres eussent assez de force pour que les lois non écrites mais impérissables, émanées des dieux, dussent fléchir devant un mortel. Ce n'est pas d'aujourd'hui, ce n'est pas d'hier qu'elles existent; elles sont éternelles, et personne ne sait où elles ont pris naissance [2] ». Plusieurs siècles après, Plutarque disait à son tour : « Qui est-ce qui commandera au prince? La loi. Non une de ces lois qu'on écrit dans les livres ou qu'on grave sur le bois, mais la loi innée, la loi qui vit au fond de la conscience de l'homme, la raison [3] ».

1. Xénophon, *Memorabilia*, IV, 4, 19.
2. Antigone, 450 et s.
3. *A un prince ignorant*, 3.

19. A Rome, mêmes aspirations vers un idéal de justice et d'équité. Au moment où disparaissait le vieux droit romain, formaliste et rigoureux, aux épicuriens qui présentaient l'utilité et la convenance comme seuls principes générateurs du droit, Cicéron opposait la distinction de l'équité naturelle et de l'équité légale : *æquitas naturalis, æquitas constituta* ; il devenait par là le précurseur de la grande époque de la jurisprudence romaine. Si la loi est changeante, le droit est éternel, car il a son fondement non dans l'opinion mais dans la nature : « *Neque opinione, sed naturâ constitutum esse jus... Non ergo a prætoris, edicto ut plerique nunc, neque à XII tabulis, ut superiores, sed penitus ex intimâ philosophiâ hauriendam juris disciplinam putas* [1] ». Qui ne connaît ces paroles du défenseur de Milon : « *Est igitur hæc, judices, non scripta sed nata lex ; quam non didicimus, accepimus, legimus, verum ex naturâ ipsâ arripuimus, hausimus, expressimus ; ad quam non docti, sed facti, non instituti, sed imbuti sumus* [2] » ? Et ce fragment de la République ? « *Est quidem vera lex, recta ratio, naturæ congruens, diffusa in omnes, constans, sempiterna..... Huic legi nec abrogari fas est neque derogari licet.....; neque est quærendus explanator aut interpres ejus alius; nec erit alia Romæ alia Athenis, alia nunc, alia posthac; sed et omnes gentes et omni tempore una lex et sempiterna et immutabilis continebit..... Cui qui non parebit ipse se fugiet, ac naturam hominis aspernatus hoc ipso luet maximas pænas, etiamsi cœtera supplicia, quæ putantur, effugerit* [3] ». Il est une loi fondamentale, la droite

1. *De Legibus*, I, 5.
2. Pro Milone, 4.
3. *De re publicâ*, III, 17.

raison, conforme à la nature, qui se révèle à chacun, constante et éternelle... Il n'est permis ni de l'abroger toute entière, ni d'y déroger en partie...; elle n'a besoin de personne pour interprète ou organe ; elle n'est pas autre à Rome ou à Athènes ; elle ne sera pas demain autre qu'aujourd'hui ; mais une, éternelle, immuable, elle dominera tous les peuples en tous les temps... Qui la méconnaît en est réduit à se fuir lui-même ; et, pour avoir renié la nature, subit les plus dures expiations, parvint-il à éviter ce que les hommes appellent châtiments ou supplices. Où est cette loi? Elle est exposée aux yeux de chacun dans le grand livre du monde, sur les Tables de la nature, répond Quintilien: « *In publico mundi, in naturalibus tabulis*[1] ». Quelles superbes évocations ! C'est elles qui inspirent les jurisconsultes du grand siècle. Leurs formules sont plus brèves et moins imagées ; la notion exprimée n'en est que plus précise. Le droit, pour Paul, c'est la *naturalis ratio*, *quasi lex quædam tacitâ*[2] ; il ajoute ailleurs : « *Quod semper æquum et bonum est jus dicitur, ut est jus naturale*[3] ».

20. La tradition se perpétuera jamais interrompue, ravivée d'âge en âge au contraire ; l'appel au droit sera le cri des opprimés de tous les temps, et le témoignage incessamment renouvelé des hommes qui marquent les étapes dans l'histoire des progrès de la pensée humaine. Les pères de l'Église au temps de la persécution, saint Thomas d'Aquin lorsque la théocratie fut toute puissante, les philosophes depuis que le droit naturel s'est séparé de la morale pour constituer un corps distinct de

1. *De coronâ militis*, C. VI.
2. L. 7. *Dig. de bonis damnatorum*, 48-20.
3. L. 11. *Dig. de justitia et jure*, I, 1.

doctrine, Bodin, Grotius, Leibnitz, Locke, proclameront l'existence d'un droit ayant sa source en lui-même, supérieur à toutes les puissances. Montesquieu ne fera que résumer la pensée traditionnelle et commune en disant: « Les êtres particuliers et intelligents peuvent avoir des lois qu'ils ont faites ; mais ils en ont aussi qu'ils n'ont pas faites... Avant qu'il y eut des lois faites, il y avait des rapports de justice. Dire qu'il n'y a rien de juste ni d'injuste que ce qu'ordonnent ou défendent les lois positives, c'est dire qu'avant qu'on eut tracé de cercle tous les rayons n'étaient pas égaux [1] ». Quelle est cette loi primitive ? C'est « la raison humaine, en tant qu'elle gouverne tous les peuples de la terre ; et les lois politiques et civiles de chaque nation ne doivent être que les cas particuliers où s'applique cette raison humaine[2] ».

Les rédacteurs du projet du Code civil ne firent donc que reproduire une vérité vieille comme le monde en inscrivant dans le titre préliminaire, disposition qui fut plus tard retranchée comme étant d'un caractère trop didactique pour figurer dans un texte de loi : « Il existe un droit universel, immuable, source de toutes les lois positives ; il n'est que la raison naturelle en tant qu'elle gouverne tous les peuples de la terre[3] ». Le premier membre de phrase est le début du célèbre passage cité plus haut de la *République* de Cicéron ; le second est la reproduction presque textuelle de la définition de Montesquieu.

21. La notion d'un droit naturel se présente donc sous l'autorité d'un assentiment séculaire et universel.

1. *Esprit des Lois*, L. I, ch. 1.
2. *Esprit des Lois*, L. I, ch. 3.
3. Fenet, *Recueil des travaux préparatoires du Code civil*, t. 2, p. 8.

Cependant elle est aujourd'hui contestée; le Positivisme contemporain rejette le mot, et conteste l'idée qu'on y attache communément. M. Courcelle-Seneuil s'est constitué tout particulièrement de nos jours l'adversaire de « ce concept », comme il l'appelle; à l'égard de ceux qui l'admettent, les « intuitifs » comme il les nomme, par opposition aux « savants modernes », il a l'attitude du croyant à l'égard des hérétiques; au ton âpre dont il les traite on soupçonne qu'il les supprimerait volontiers, s'il pouvait.

En deux formules tranchantes, quelque peu à effet, il résume sa doctrine : « La nature, dit-il, ne connaît pas le droit;... elle n'établit aucune distinction entre le bien et le mal [1] ». La pensée n'est pas neuve, l'expression ne l'est pas davantage; Horace a dit déjà, en disciple d'Épicure :

Nec natura potest justo secernere iniquum [2].

La nature peut-être, mais l'homme? Rousseau, loin

1. *Préparation à l'étude du Droit*, p. 209, 246, 405. V. en outre la préface en tête de la traduction de *l'Ancien Droit* de Sumner Maine, p. XIV. La plupart des néo-sociologistes se placent au même point de vue: « Je voudrais bien, dit ironiquement M. Danten, qu'on m'expliquât au juste ce que c'est que la loi naturelle » (*De la nature des choses*, p. 174, 177). M. Duguit n'est pas moins formel: « Personne, dit-il, n'est d'accord sur ces prétendus principes du droit naturel; ils varient avec le temps, avec les pays, avec les individus; ils ne sont donc pas absolus et universels ; ce ne sont point des vérités mathématiques auxquelles on veut les comparer quelquefois. On ne s'aperçoit pas que ces principes du droit naturel sont le produit des idées, des mœurs, de l'éducation, des nécessités sociales, que vrais aujourd'hui ils seront faux demain comme ils l'étaient hier, que la notion et l'expression du droit naturel sont elles-mêmes le produit d'une conception momentanée de l'esprit humain. De plus enfin, ces principes sont peut-être exacts; mais ils sont en dehors du monde visible : ce sont des concepts de pure métaphysique, qui appartiennent comme tels au domaine de l'inconnaissable, qui peuvent servir de thème à un système religieux ou à une œuvre poétique, mais qui sont tout à fait étrangers à la science positive » (*Le droit constitutionnel et la Sociologie, Revue internationale de l'enseignement*, 1889, n° 11, p. 487).

2. *Satire*, L. I, 3.

de partager ce sentiment, soutient que le plus petit enfant, avant même de parler, sent l'injustice et se révolte contre elle; et il prétend le prouver par des exemples [1].

M. Courcelle-Seneuil n'est cependant rien moins qu'un sceptique ; il est, au contraire, d'un esprit singulièrement absolu. Nul n'affirme aussi énergiquement que lui la réalité « d'un ordre stable, naturel, indépendant des caprices humains,.... d'idées dictées ou révélées par la nature même,.... d'un droit idéal qui éclaire et trace la route dans laquelle marche à sa suite le droit positif,.... de lois souveraines qui dominent les faiseurs de lois et auxquelles il n'est donné à personne de se soustraire, qui existent en tout temps et en tout lieu, dans l'avenir comme dans le présent et dans le passé ». Quelques pages après celle où il vient d'avancer que la nature ne connaît pas le droit, il constate que les enfants sont soumis à l'autorité paternelle « de par la nature et de par la loi [2] ». De sorte que, quoique niant le droit naturel, M. Courcelle-Seneuil arrive aux mêmes conclusions, en la forme au moins, que ceux qui l'admettent. Seulement il proscrit l'expression de droit naturel, qu'il entend qu'on remplace par celles de « droit rationnel »;

1. « Je n'oublierai jamais d'avoir vu un de ces incommodes pleureurs frappé par sa nourrice. Il se tut sur le champ : je le crus intimidé. Je me disais : ce sera une âme servile, dont on n'obtiendra rien que par la rigueur. Je me trompais ; le malheureux suffoquait de colère, il avait perdu la respiration, je le vis devenir violet. Un moment après vinrent les cris aigus ; tous les signes du ressentiment, de la fureur, du désespoir de cet âge étaient dans ses accents. Je craignais qu'il n'expirât dans cette agitation. Quand j'aurais douté que le sentiment du juste et de l'injuste fut inné dans le cœur de l'homme, cet exemple seul m'aurait convaincu ». *Émile*, L. I.

2. *Préparation*, p. 10, 16, 26, 213 et 411.

il proscrit également l'expression vieillie et démodée de philosophie du droit, à laquelle il veut qu'on substitue celle de « science sociale [1] ». S'il n'en était que cela, on pourrait s'entendre ; mais le changement de dénomination implique tout un ensemble de vues, notamment la négation du droit individuel, c'est-à-dire précisément du principe essentiel du droit naturel ; et c'est pour cela que M. Courcelle-Seneuil y attache une telle importance.

Toujours est-il, ce qui est capital au point de vue du développement historique de l'idée de droit, qu'il y a accord sur l'existence d'un ordre naturel. On peut être en désaccord sur la nature du but assigné à la loi, comprendre diversement les règles qui la dominent, les chercher par des méthodes différentes ou ne pas les appliquer également bien ; mais la notion de principes dirigeants s'impose comme nécessaire. Les idées directrices sont, en effet, pour l'homme ce que l'instinct est pour les animaux. Prétendre agir sans savoir ce qu'on fait, comme parler sans savoir ce qu'on dit serait d'un fou ; or, le législateur vise un but en faisant la loi : donc le droit naturel existe, qu'on lui donne ce nom ou n'importe quel autre, puisqu'il n'est pas autre chose que l'idéal où tend la loi positive. Les dissidences de méthode et de système impliquent au moins l'accord sur la donnée première.

22. Toutefois, les mots ne sont pas des idées ; ils peuvent n'être que l'expression d'un sentiment, ou même seulement d'un désir. Il faut nécessairement aller plus loin ; qu'y a-t-il en réalité dans l'idéal entrevu et cherché, où sont et quels sont les éléments de l'ordre natu-

1. *Op. cit.*, p. 205, 209.

rel? Là est le problème fondamental où il faut toujours finir par arriver, car tout en dépend.

Aux temps des mythes et des fables, les législateurs ont plus d'une fois appelé le merveilleux à leur aide, et attribué à leurs prescriptions la mystérieuse autorité des dogmes; la liste est longue, de Minos à Mahomet, de ceux qui se sont donnés comme ayant reçu les confidences de divinités bonnes conseillères, ou de quelque moniteur secret. Plus tard, la vérité a été regardée comme un privilège appartenant aux grands par don spécial; c'est, sous des formes diverses, l'idée du droit divin: le prince, image et représentant de Dieu, participe à la lumière d'en haut, et sa voix doit être obéie. Ces temps sont passés, et passés sans retour. Les légendes n'ont plus de prestige; l'autorité n'est écoutée que si elle démontre sa légitimité et donne ses raisons; l'esprit humain entend ne recevoir plus sa direction que de lui-même et de lui seul.

23. Une direction! C'est bien là, en effet, tout ce que donne et peut donner le droit naturel, tout ce que l'on peut et doit attendre de la philosophie du droit. Autre chose sont les vérités permanentes et universelles, ou principes au vrai sens du mot, autre chose les considérations multiples et variables d'utilité, de convenance, d'à propos dont il y a à tenir compte en législation. Qui confond ces deux aspects du problème s'égare manifestement. La plupart des auteurs qui ont écrit sur le droit naturel au XVIIe et au XVIIIe siècles, de Grotius à Burlamaqui, sont tombés dans cette méprise; beaucoup parmi les modernes ne l'ont pas évitée[1], et, à cause de

1. Voir, entre autres M. Franck, *Philosophie du droit civil*, et M. Beaus-

cela, ils ne donnent du droit naturel qu'une idée imparfaite ou insuffisante. Ainsi Oudot a écrit : « Le droit naturel est la collection des règles... qu'il est souhaitable de voir immédiatement transformer en lois positives[1] » ; en d'autres termes, c'est la loi qui devrait être, par opposition à celle qui est. Sans être inexacte, car toute loi a son idéal, cette formule a un défaut grave et elle présente un danger considérable. Elle a un défaut : elle donne à croire, ce qui n'est pas, que le droit naturel fournit la solution de tous les problèmes législatifs, qu'il résout toutes les questions au moyen de préceptes ayant un égal caractère de certitude ; elle présente un danger : inciter à trop attendre d'une doctrine, c'est exposer ses conséquences à paraître illusoires, c'est l'exposer elle-même à être rejetée comme vaine. Or, combien y a-t-il de lois que l'on puisse raisonnablement regarder comme reproduisant une règle correspondante du droit naturel ? Il y en a infiniment peu, il serait plus exact de dire qu'il n'y en a pas ; et la raison en est simple : la loi n'énonce pas de vérités abstraites, elle prescrit les mesures propres à assurer le respect de ces vérités, mesures contingentes, dont l'efficacité fait tout le mérite, qui peuvent être d'accord avec les principes mais ne les reproduisent pas. Qu'on prenne au hasard, dans le droit public ou dans

sire, *Les principes du droit*. On trouve dans ces excellents ouvrages, sur les divers sujets qui rentrent dans le domaine du droit positif, des aperçus ingénieux et sages, maintes observations empreintes au plus haut degré de sagesse et de prévoyance, des vues élevées et généreuses ; mais l'absolu et le contingent s'y coudoient incessamment, les principes et les considérations y sont perpétuellement mêlés. L'art de la législation a beaucoup à y prendre ; on n'y trouve pas, ce que la philosophie du droit doit donner, le point d'appui ferme et fixe où le levier peut être posé, en d'autres termes un véritable principe.

1. *Premiers essais de philosophie du droit*, p. 67.

le droit privé, quelles sont les règles du droit naturel en matière d'organisation des pouvoirs publics, de forme, de gouvernement, de régime hypothécaire, de réglementation des contrats, de procédure surtout... etc. ? Affaire de législation, tout cela. Non que le droit naturel y soit étranger ; seulement les lois en ces matières, comme en toutes autres à peu près, se rattachent à lui non par un rapport d'identité mais par un rapport de simple conformité. Et cela tient à ce qu'il n'est pas, quoiqu'en dise Oudot, un ensemble de règles pouvant être traduites en dispositions de loi ; il est la manifestation d'un mouvement d'idées générales, un but où le législateur doit tendre, l'idée qui inspire et oriente : l'idée directrice. La loi est conforme au droit naturel, et cela suffit, quand, eu égard aux circonstances, elle contribue à établir ou à maintenir l'ordre idéal dont il est l'expression. Voilà comment, malgré la stabilité de son principe, le droit naturel peut inspirer les mesures les plus variables. Portalis a dit de lui en termes d'une exactitude parfaite : « Il dirige, les lois commandent, il sert de boussole, les lois de compas [1] ».

24. Les vérités essentielles sont simples et en petit nombre ; ce sont les seules qu'il faille affirmer et défendre. Le reste est laissé à l'éternelle controverse, dépend de considérations contingentes, appartient en d'autres termes non à la science, mais à l'art. Dira-t-on que comprendre ainsi les rapports du droit et de la loi, c'est compromettre les principes ? Non : c'est simplement prendre les choses telles qu'elles sont. Vouloir plus, ne pas se contenter de cette moyenne de lumière et d'obscurité,

1. *Discours préliminaire sur le Code civil*. Fenet, *op. cit.*, t. 1, p. 476.

de certitude et de doute, c'est se mettre en dehors de la condition humaine, c'est sacrifier à l'illusion. Ceux qui invoquent à tout propos le droit naturel ne prennent pas garde qu'ils ne font qu'abriter leurs propres conceptions sous un mot vague qui les trompe, ou dont ils abusent pour en imposer aux autres. Bentham n'avait pas tort de dire, dans un moment d'agacement : « Comment voulez-vous qu'on raisonne avec ces fanatiques armés d'un droit naturel que chacun applique à sa façon ? Que répondre à des gens qui ont des hallucinations du juste, sinon qu'ils se trompent[1] ? »

Ce n'est qu'à la longue et peu à peu que l'esprit humain a dégagé les lois qui le gouvernent ; même les idées innées ont besoin d'être élucidées par le travail des siècles. Il faut suivre l'idée de droit dans ses manifestations et ses transformations successives, si l'on veut comprendre exactement les problèmes qu'elle soulève encore aujourd'hui.

1. *Principes de législation*, chap. 13. Édition Dumont, t. 1, p. 129.

CHAPITRE II

L'IDÉE ANCIENNE DU DROIT

25. Si l'histoire a la vertu d'apaisement qu'on lui connaît, c'est parce qu'elle apprend que la nature humaine est toujours et partout la même, que les lois qui la régissent sont éternelles, que les scènes qui se sont produites se reproduiront, quels que soient le théâtre et l'époque, tant que l'homme n'aura pas cessé d'être homme. Rien, dès lors, n'a de quoi étonner, ni même surprendre le sage, à plus forte raison l'émouvoir ou le décourager. Depuis six mille ans que le monde existe, il n'y a guère de nouveau que ce qui a vieilli ou a été oublié. La question du droit en donne une preuve entre tant d'autres ; elle s'est posée de tout temps et partout presque dans les mêmes termes.

Les formules sur le fondement du droit naturel ont beaucoup varié. Les systèmes, si on observe attentivement, peuvent être ramenés tous à deux types : les uns partent du principe d'autorité, ils livrent au pouvoir politique la direction de la société au nom de quelque donnée objective, et, par suite, ils sacrifient la personnalité humaine au droit social, ou droit qu'aurait la société sur ses membres ; les autres, partent au contraire du principe d'individualité, ils considèrent l'homme comme étant lui-même la source de son propre droit, ils récusent par suite l'ingérence de l'État dans les rapports privés, et laissent à la liberté la direction des choses humaines.

A part des protestations isolées qui restèrent sans écho, au moins sans influence sur l'esprit public et la pratique de la vie, l'antiquité n'a connu que le principe d'autorité. Les gouvernements se sont appelés monarchie ou république, aristocratie et démocratie, tous, en quelques mains que fut placé le pouvoir l'ont voulu tout puissant ; des révolutions se sont faites, au nom de l'égalité politique, aucune au nom de ce qu'on appelle, dans les temps modernes, la liberté civile, c'est-à-dire la jouissance paisible de l'indépendance personnelle. L'homme, dans la cité antique, ne s'est jamais avisé qu'il put s'appartenir à lui-même. Non seulement il n'a ni possédé, ni réclamé la liberté individuelle, mais, ainsi que l'observe Fustel de Coulanges, « il n'en avait pas même l'idée ; il ne croyait pas qu'il put exister de droit pour lui à l'encontre de la cité et de ses dieux [1] ». En fait la personne fut toujours sacrifiée à une collectivité : la famille, la tribu, la cité ou l'État. C'est que partout, à l'origine, le droit s'est confondu avec la religion, plus tard avec la philosophie ; et, dès lors, au pouvoir parlant en leur nom il fallait l'homme tout entier. L'État est constitué comme une Église, une secte ou un régiment ; la loi est le moyen de réaliser par la contrainte, toute la destinée humaine, de faire régner l'ordre tel que l'État le comprend : l'ordre moral, l'ordre intellec-

1. *La cité antique*, p. 269. Comp. Laboulaye, *La liberté antique et la liberté moderne*, dans *l'État et ses limites*, p. 103.

tuel, comme l'ordre social ; elle livre au pouvoir le gouvernement des mœurs, elle lui livre l'âme, l'esprit et le cœur : l'individu n'est rien, il est au service d'un système.

§ 1. — La Grèce.

26. Telle fut, et telle resta jusqu'à la fin la conception grecque. Dans les oligarchies oisives qui vivaient de l'esclavage, le citoyen mettait sa dignité et son plaisir à exercer sa part de souveraineté ; participer à la chose publique, voter, nommer les magistrats, pouvoir être prytane ou archonte, être en un mot membre du souverain, c'est là ce qui s'appelait être libre : la liberté, c'est le pouvoir. Quant à ce besoin, si vif chez l'homme moderne, de rester maître de sa vie privée, de sa pensée, de ses occupations, de ses fantaisies même, non par suite d'une tolérance ou d'une concession de l'État, mais en vertu de son propre droit, de jouir en un mot de la liberté individuelle, le Grec ne l'a pas connu [1].

Les *Lois* et surtout la *République* sont l'expression de la doctrine. Platon vivait au moment où la grandeur d'Athènes venait de sombrer avec Périclès. Il vit les excès du peuple, la mort de Socrate et Athènes vaincue ; son génie contemplatif ne songea plus qu'à l'harmonie de la pensée. Les idées seules ont une existence réelle ; l'individu ne vaut que par la participation à l'idéal ; or, l'idéal, c'est la pureté de l'âme, l'élévation de l'esprit : voilà où l'homme doit tendre, et par consé-

1. Cons. à cet égard, Reynald, *Recherches sur ce qui manquait à la liberté dans les républiques de la Grèce*, 1861.

quent où la loi doit le conduire. La vertu et la vérité sont ainsi la fin de l'État ; la politique n'est que la philosophie transportée dans l'État. C'est pourquoi le gouvernement doit appartenir aux philosophes qui sont le cerveau de la société ; d'eux seuls l'homme doit attendre et recevoir la direction en toute chose.

Dans les *Lois*, Platon fait encore quelques sacrifices aux inclinations de la nature humaine , car il vise à l'application ; dans la *République*, œuvre purement spéculative, il n'en fait aucun, et, sous prétexte d'idéal, il élimine jusqu'aux éléments les plus essentiels à la vie. La famille peut détourner des devoirs envers la patrie, il la supprime ; la propriété abaisse à des soucis vulgaires, il l'écarte ; comme la vie privée, pour être saine et féconde, a besoin de discipline, il pénètre dans les maisons, y règle jusqu'aux moindres détails domes iques et exerce en toute chose une inquisition minutieuse et constante. L'homme dirigé par les sages et dégagé de toute sujétion terrestre entre alors dans la cité idéale, asile de perfection morale et de bonheur parfait ; le rêve a pris la place de la réalité, et il s'impose comme règle de conduite au nom de la philosophie.

27. Aristote ne procède pas de même, car à la méthode exclusivement intuitive qui avait conduit Platon à la pure utopie il substitue l'observation et l'analyse ; le résultat reste identique. Si une place plus grande, presque prépondérante, est faite à la considération du bien de l'État, à l'utilité, la perfection morale reste l'objet du droit et la fin de la politique. La vie privée n'est toujours qu'une dépendance de la vie publique; l'individu disparaît encore devant le citoyen : il est absorbé par l'État, et il

n'a pas de droits en dehors de ceux que la loi lui confère. Dans l'analyse de l'homme moral, Aristote omet le libre arbitre; dans l'organisation de la cité, il oublie la liberté ; dans la vie privée, il ne connaît pas le droit individuel ; les trois notions se tiennent indissolublement. C'est pourquoi il place en tête de la *Politique*, comme un théorème, la démonstration de l'esclavage[1]; et s'il défend la propriété et la famille, à titre d'institutions utiles, contre Platon, il est du même avis que lui dans les questions de discipline civique et d'éducation. L'État arrête tous les détails de la vie privée ; il préside aux mariages ; il règle le nombre des enfants et dirige leur éducation, car ils n'appartiennent pas à leurs parents mais à la cité qui les élève pour elle non pour eux. Imprudents et aveugles les législateurs qui laissent les enfants à la disposition de leurs parents[2]. Dans Platon, l'État est tout et l'individu rien; Aristote laisse plus en fait à l'individu, mais il n'ôte rien en principe à l'État: l'État seul est propriétaire, seul il est libre, seul il a une volonté ou des croyances, la famille même est étouffée, afin qu'elle ne fasse pas concurrence à la cité. C'est le despotisme au nom de la raison d'État.

28. Le mode d'élaboration du droit positif dans les cités grecques favorisait encore l'omnipotence admise en principe de l'État. Dans ses études sur le droit public d'Athènes, M. Georges Perrot constate comme caractéristique, et il explique par là l'infériorité du droit grec comparé au droit romain, l'absence de tout droit coutumier à côté du droit écrit[3] ; de sorte que la législation en-

1. *Politique*, I, 2.
2. *Politique*, IV, 13, 14, 15.
3. *Essai sur le droit public d'Athènes*, p. 180.

tière était l'œuvre exclusive du pouvoir légiférant, dont rien, pas même l'usage, ne gênait ni ne limitait l'ingérence omnipotente.

Le phénomène est singulier ; il s'explique cependant. L'esprit démocratique est naturellement hostile à ce qui se fonde sur le respect et l'autorité des précédents ; il est porté à provoquer l'intervention de l'instrument législatif plutôt qu'à laisser faire l'usage et le temps. D'ailleurs, pour que la coutume prît une part appréciable dans le développement historique du droit positif, il aurait fallu ou des corps judiciaires permanents pouvant établir et maintenir la tradition progressive qu'on appelle la jurisprudence, ou une classe d'hommes voués par profession à l'étude des lois et pouvant entretenir l'esprit de suite dans la législation. Or Athènes n'eut ni l'un ni l'autre. Les tribunaux ou assemblées, dont les membres étaient sans cesse renouvelés par le sort ou par l'élection, n'avaient pas de jurisprudence suivie ; et une classe d'hommes voués par état à l'étude et au développement du droit, fut promptement devenue suspecte. M. Perrot cite à ce propos un passage bien curieux du discours contre Leptine, où Démosthènes expose que la pratique du gouvernement populaire nécessite une législation simple et claire, consistant sur chaque matière en une disposition unique, accessible à tous, que chacun puisse aisément connaître ; sans cela, ajoute l'orateur, « il y aurait pour l'ignorant une source d'embarras, tandis que le citoyen qui connaîtrait toutes les lois aurait un grand avantage [1] ». Dans ces conditions le droit est condamné à rester rudimentaire ou à le redevenir.

1. *Op. cit.*, p. 183.

29. Tout concourait ainsi dans les cités grecques, les doctrines reçues et les pratiques de la vie publique, à l'absorption de l'individu par l'État. L'homme ne s'appartient pas ; il n'est pas l'agent libre de sa destinée, mais un sujet dépendant au service d'un idéal objectif qui s'impose à lui : c'est l'idée ancienne du droit.

Les faits ont-ils précédé les doctrines, ou les doctrines ont-elles amené les faits ? Il importe peu. Quel qu'ait été l'enchaînement, il est certain que le génie grec fut porté à la conception de l'État tout puissant, de l'État tutélaire ayant charge de tout régler et de tout conduire.

Combien puissante ne devait pas être l'intervention du souverain dans ces petites cités où l'autorité était partout rapprochée des individus. Elle fut sans contrepoids à Sparte, la ville dure et égalitaire, enrégimentée comme un phalanstère. A Athènes, au contraire, elle se fit forcément discrète en présence d'une population spirituelle et frondeuse, éprise d'art, de science et de poésie, humaine jusqu'à élever sur la place publique un autel à la Pitié. Mais sans frein ou atténuée, philosophique avec Platon ou utilitaire avec Aristote, l'ingérence de l'État dans la vie privée est toujours le despotisme, c'est-à-dire la déchéance de l'homme, et tôt ou tard sa dégradation. Vienne le gouvernement populaire, l'idéalisme poétique de Platon et la raison puissante d'Aristote cèderont la place aux impulsions mobiles, passionnées ou ignorantes d'en bas ; l'instrument façonné par les philosophes sera l'arme dont la multitude usera et abusera. Thucydide exilé, Aristophane poursuivi, Eschyle et Euripide allant mourir en Sicile et en Macédoine, Socrate condamné, Platon tremblant pour sa liberté et sa vie, Aristote s'éloignant pour éviter à Athènes un nouveau crime contre la philosophie, l'autorité sans frein reste au bonhomme Demos ; il suffira d'un siècle de ce régime pour conduire à la ruine le peuple le plus merveilleusement doué qui fut jamais.

§ 2. — **Rome.**

30. L'esprit public à Rome ne fut pas autre, c'est celui de toute l'antiquité ; le milieu où il se forma et se développa, au début au moins et pendant longtemps, fut très analogue. Les résultats cependant ont été finalement très dissemblables. Si les mêmes idées générales se retrouvent, le bon sens des Romains qui fut si clairvoyant et si ferme, leur merveilleuse intuition de l'utilité surent en atténuer les conséquences ; et, à la longue, les événements en écartèrent complètement l'application.

Pendant les premiers siècles de la République, aucune industrie, peu de commerce ; la culture est aux mains des esclaves ; le citoyen n'a que deux occupations : la guerre et la politique. Quand il ne se bat pas, il vit sur la place publique dans l'exercice assidu de sa souveraineté. De même que dans les cités grecques, la liberté, c'est le pouvoir ; être libre, c'est voter dans les comices, briguer les dignités, pouvoir parvenir aux magistratures ; en un mot, c'est commander. L'organisation de la société découle de là toute entière ; elle consiste dans une hiérarchie d'autorités, elle repose sur la force. Le droit privé, de même que le droit public, moins encore peut-être, ne connaît pas l'individu : le père de famille, *qui in domo dominium habet*, a une puissance illimitée sur la femme, les enfants et les esclaves ; l'État, de qui tout vient, a une puissance illimitée sur les pères de famille, il est le maître des choses divines et humaines[1].

Tant que dura la République, les aristocraties qui se succédèrent, aristocraties de race, de fortune ou de fonctions ne sentirent pas le danger de leur théorie d'État ; elles y trouvaient le moyen d'être toutes puissantes dans la cité, et, au dehors, d'exploiter le monde conquis. Il éclata le jour où le peuple, ayant appris à se vendre, se mit à fournir des partisans et des armées aux ambitieux. Le monopole des grandes familles disparut, ce fut l'enjeu des guerres civiles pendant le dernier siècle de la République ; la liberté, ou ce que la tradition nommait ainsi, fut écrasée ; la dictature passa de Marius à Sylla, et fut finalement laissée à César par le monde romain fatigué. Ceux en qui continua de vivre l'esprit des premiers âges furent réduits à détester platoniquement la servitude ; armée, finances, religion, justice, éducation, tout dépend du prince jusqu'à la vie et les biens du citoyen : « *quidquid principi placuit legis habet vigorem : ut pote cum lege Regia, quœ de ejus imperio lata est, populus ei et in eum omne suum imperium et potestatem conferat*[2] ».

31. Les citoyens ont de véritables droits, juridiquement définis et garantis, dans leurs rapports les uns avec les autres, c'est-à-dire au point de vue du droit privé ; mais ils n'en ont pas au regard de l'État, à plus forte raison contre l'État, car, au point de vue du droit public, ils les tiennent de lui.

1. Cons. Schmidt, *Essai historique sur la société civile dans le monde romain*, p. 7 et s.
2. L. 1. Dig. *de constitutionibus principum*, I, 4.

L'histoire du droit de propriété en est la preuve. L'État est propriétaire du domaine public, de l'*ager publicus*, propriété nationale que chacun possède comme peuple mais personne comme individu, et qui ne devient *ager privatus* que par délégation : par assignation ou vente régulière ; il l'est également des fonds provinciaux, *agri provinciales*, sauf en cas d'octroi du *jus italicum*, de sorte que la propriété de fait qui seule est possible sur eux au profit des particuliers reste essentiellement précaire et recevable. Quant à la propriété parfaite, le *dominium ex jure quiritium*, soit sur le sol italique, soit sur le sol provincial gratifié du *jus italicum*, quoique incomparablement plus stable, elle n'a pas l'inviolabilité d'un droit existant par lui-même ; elle reste exposée à la confiscation, tantôt dissimulée sous des formes judiciaires, toujours arbitraire, parfois brutale. A la fin de la République, les chefs de faction récompensent leurs soldats en fondant des colonies non seulement avec les biens du domaine public, mais souvent aux dépens de la propriété privée. C'était une sorte de *summum jus*, comme un droit de souveraineté. Sylla l'appliqua dans toute sa rigueur à l'égard des cités italiques qui avaient pris parti contre lui[1]. Quand avec l'Empire le pouvoir déplacé passa en d'autres mains, rien ne fut changé. Quelques distinctions ou réserves qu'ait tenté l'érudition sur la portée de la *lex Regia*, le résultat, au moins en fait, reste certain ; l'empereur est investi de toutes les magistratures, il est *legibus solutus*, ce qui revient à dire qu'il est placé au-dessus des lois, et par conséquent au-dessus des droits reconnus par elles : il a un pouvoir

1. Mispoulet, *Les institutions politiques des Romains*, t. 2, p. 32.

absolu[1]. Or, avec une telle conception de l'État, ayant ses racines dans une manière d'être traditionnelle de l'esprit public, il ne saurait être question de droits individuels, au sens vrai du mot, c'est-à-dire préexistants à la société et sacrés pour elle. Ainsi s'expliquent vraisemblablement les contradictions, au moins apparentes, que l'on rencontre chez les historiens. Fustel de Coulanges, par exemple, dans sa conception un peu systématique de la cité antique, relève le caractère inviolable que donnaient à la propriété, d'après lui, les rites religieux usités pour sa constitution[2] ; et d'autre part cependant il constate que l'État était maître de la fortune comme de la personne des particuliers[3]. On peut conjecturer, si l'inviolabilité de la propriété primitive des Romains fut vraiment complète, qu'elle alla s'affaiblissant à mesure que diminua la valeur des cérémonies symboliques du culte, et qu'elle disparut quand la propriété, cessant tout à fait d'être une institution religieuse, reçut une organisation purement civile[4]. Au IVe siècle, saint Ambroise, ancien administrateur de l'Empire, nourri des maximes du droit public, semble ne pas mettre en doute le droit de l'État à s'emparer des biens des sujets : « Si l'empereur demande le tribut, dit-il, nous ne le refusons pas; les champs de l'Église payent le tribut. Si l'empereur convoite nos champs, il a le pouvoir de les prendre ; personne de nous ne résistera..... Nous rendons à César, ce qui est à César[5] ».

1. Mispoulet, *op. cit.*, t. 1, p. 235 et 367.
2. *La cité antique*, p. 75.
3. Id., p. 265.
4. Giraud, *Recherches sur le droit de propriété chez les Romains*, p. 2 et 235.
5. « Si tributum petit, non negamus ; agri Ecclesiæ solvunt tributum.

Le césarisme, c'est l'égalité par l'anéantissement des droits de tous ; c'est le despotisme militaire sans autre garantie pour le sujet que l'intérêt du maître. L'empire fut cela. Sous des princes tour à tour grands par l'esprit ou atteints de folie, à travers les tragédies de palais et les séditions de caserne, vivant d'une existence troublée, parfois honteuse, il durera jusqu'à ce que la centralisation grandissant ait étouffé la société sous sa rude et pesante tutelle.

32. Imbu d'idées si opposées aux tendances du monde moderne, le droit public de Rome n'a rien transmis qui fût à imiter. Au contraire, par un phénomène singulier, son droit privé s'est trouvé être en harmonie presque complète avec les besoins de la civilisation moderne. Qui plus est, c'est à l'apogée de l'empire, sous les Antonins, presqu'à l'époque où allait se précipiter la décadence politique, que s'est définitivement constitué et achevé ce droit modèle qu'on devait appeler plus tard la raison écrite. Pour surprenant qu'il paraisse, le phénomène s'explique cependant ; il s'explique par le mode de développement de la législation privée des Romains, et par la conception qu'ils ont eue finalement du droit naturel.

33. L'ingérence de l'État dans la vie privée, pour être et rester réelle, suppose un pays limité, et même de peu d'étendue. Elle dut être aussi complète dans la Rome des premiers siècles que dans les cités grecques, et pour la même raison ; l'autorité était également et tout au-

Si agros desiderat imperator, potestatem habet vindicandorum ; nemo nostrum intervenit... Non dono, sed non nego ». (*Epistola de basilicis tradendis*; 33. Opera edit. de la Patrologie, t. 3, p. 1017).

tant rapprochée des individus. Mais elle dut au contraire être de moins en moins active à mesure que Rome s'étendit, et finir peu à peu par n'être plus que nominale ; à la longue elle cessa tout à fait quand l'Empire se confondit avec le monde connu. M. Duruy exprime en termes saisissants la transformation qui se produisit alors, et l'opposition qui s'imposa entre le droit et le fait : « L'État, dit-il, était devenu si grand que le citoyen s'y perdit et que l'homme s'y retrouva, avec le sentiment de la dignité humaine supérieure à toute loi positive [1] ». C'est, amené par la force même des choses, le renversement de l'ordre antique. L'individu échappe à l'État, parce que l'État est trop loin ; au-dessus de la cité, il se forme comme une patrie simplement humaine, où l'homme prend conscience de sa personnalité parce qu'il a la responsabilité de lui-même, où un droit nouveau s'élabore qui supplantera le droit primitif ou quiritaire.

Or, ce droit nouveau, c'est le vrai droit romain, celui qui a survécu et dont les sociétés modernes se sont approprié les règles. Il s'est trouvé être humain parce qu'il est sorti non d'un pouvoir arbitraire s'inspirant de quelque donnée objective, mais de l'homme même. La Grèce n'a pas connu le droit coutumier ; le droit privé romain a été, au contraire, l'œuvre spontanée et successive du temps ; il est né de la coutume, il s'est formé par l'usage et la tradition, il a été érigé en système par les jurisconsultes comme œuvre de pure raison.

34. Cicéron, énumérant les sources du droit civil à son époque, signale formellement parmi elles, à côté

1. *Histoire des Romains*, t. 5, p. 412.

des lois, des sénatus-consultes et des édits des magistrats, la coutume, la doctrine des jurisconsultes, les précédents de la jurisprudence[1]. La coutume : « *diuturni mores consentu utentium comprobati* » ; la jurisprudence : « *auctoritas rerum perpetuo similiter judicatarum* » ; la doctrine des jurisconsultes : « *sententiæ et opiniones eorum quibus permissum erat jura condere* [2] ». Ces trois sources n'eurent pas seulement une place dans la formation du droit privé, elles y eurent la place prépondérante ; le développement de la législation fut presque exclusivement historique et scientifique. Les jurisconsultes, attentifs à rassembler ce qui pouvait contribuer à améliorer et à polir les théories juridiques, préparaient les matériaux ; les édits annuels que les magistrats publiaient en entrant en charge s'en emparaient et les introduisaient graduellement dans le droit écrit ; de la sorte les innovations et les perfectionnements sortaient d'une source en quelque sorte indéfiniment renouvelée et féconde.

C'est pourquoi le préteur était regardé par les Romains comme personnifiant le droit dans son activité incessante : « *viva vox juris civilis* [3] ». L'édit représentait le droit progressif, se transformant sans cesse sous l'influence des idées philosophiques et des besoins sociaux : « *amplissimum jus est in edictis duorum pretorum, urbani es peregrini* [4] » ; la coutume alors, d'où partait l'évolution, ne pouvait manquer d'être envisagée

1. Topica, 5.
2. L. 32 et 38. Dig. *de legibus* ; Gaius, *Com*. 1, § 7.
3. L. 8. Dig. *de justitia ex jure.*
4. Gaius, *Com*. 1, § 6.

comme la source naturelle du droit, presque comme le droit absolu : c'est le droit se satisfaisant de lui-même, se développant, par suite, dans le sens des inclinations naturelles et permanentes de l'homme.

35. Ainsi s'explique qu'Ulpien, signalant la distinction faite de son temps entre le droit écrit et la coutume, envisagés comme sources du droit civil, la rapproche de celle que faisaient les Grecs entre les lois écrites et les lois non écrites. « *Hoc igitur jus nostrum constat aut est scripto aut sine scripto* : *ut apud græcos* των νομων οι δε εγγραφοι, οι δε αγράφοι, *id est legum aliæ quidem scriptæ aliæ vero non scriptæ*[1] ». C'est inexact en un sens, puisque la Grèce ne paraît pas avoir eu de droit coutumier ; ce qu'on y appelait les lois non écrites, ce n'était pas la coutume reçue, c'était le droit naturel. Toutefois il y a moins là une confusion de mots qu'un rapprochement d'idées ; Ulpien, sans le dire, obéit à la propension qui était constante de son temps à voir dans la manifestation spontanée du droit par la coutume l'expression de la vérité même.

Ainsi s'explique également la conception toute expérimentale que les jurisconsultes romains ont eue du droit naturel appliqué au droit privé. Leur méthode n'est pas sans analogie avec celle que préconise de nos jours le Positivisme. Elle cherche dans les faits la révélation des lois permanentes et constitutives de l'ordre ; elle demande la vérité à l'assentiment universel ; elle en trouve l'expression dans la pratique commune des hommes, dans le droit des gens opposé au droit civil : « *Quod vero naturalis ratio*

1. L. 6. Dig., *de justitia et jure*.

inter omnes homines constituit, id apud omnes peræque custoditur, vocatur que jus gentium[1] ».

Le droit civil, c'est celui « *quod quisque populus ipse sibi constituit*[2] » ; il est local, il se développe sous l'influence de la religion et avec le culte, il est presque partout étroit et formaliste. Le droit civil romain, c'est celui que les jurisconsultes appellent « *jus nostrum*[3] », le droit quiritaire ; il est réservé aux *cives*. Lorsque Rome eut étendu ses conquêtes, quand la fréquence des transactions entre Romains et provinciaux et l'affluence des étrangers à Rome nécessitèrent la création de tribunaux internationaux et d'un droit applicable aux personnes de nationalité différente, le droit des gens, « *quo omnes gentes utuntur*[4] » se plaça auprès du droit civil et devint une partie du droit positif[5]. Puis, à mesure que le *jus gentium* s'est développé, le *jus civile* s'est restreint, ou plutôt s'est transformé, se dégageant du cercle étroit où le retenaient ses origines au contact et sous l'influence du droit des autres nations, c'est-à-dire du droit universel. La *ratio naturalis* apparaît, affranchie des influences et traditions locales, dans sa pureté par conséquent ; en s'en rapprochant le droit ne pouvait manquer de devenir plus conforme à la nature. La notion de droit naturel s'identifia de la sorte avec celle de droit des gens,

1. L. 9. Dig., *de justitia et jure*.
2. Gaius, *Com.* 1, § 1.
3. L. 6, § 1. *Dig. de justitia et jure*.
4. L. 1, § 4. *Dig. de adquirendo rerum dominio*.
5. Sur les origines et le développement du *jus gentium*, voir : Summer Maine, *L'ancien droit*, trad. Courcelle-Seneuil, p. 47 ; et le grand ouvrage de Voigt, *Das jus naturale und jus gentium der Rœmer*. Cet auteur place au ve siècle la naissance du *jus gentium* (t. 1, § 79 et s. ; t. 2, chap. IV).

si bien que, pendant longtemps, les deux expressions seront employées l'une pour l'autre, comme exprimant la même idée ; elles le sont encore quelquefois de nos jours.

L'expression *jus gentium* se trouve ainsi avoir eu trois significations : elle désignait cette portion du droit positif qui est applicable sans distinction aux citoyens et aux pérégrins ; elle désignait en outre ce que l'on appelle aujourd'hui droit des gens ou international ; elle désignait enfin, dans un sens plus général, le droit universel attesté par l'assentiment des nations, une sorte de droit idéal qui régit tous les hommes. C'est en comprenant de cette dernière façon le *jus gentium* que les philosophes et les jurisconsultes l'appellent *jus naturale* ou *jus naturæ*. « *Sed naturalia quidem jura, quæ apud omnes gentes peræque servantur, divina quadam providentia constituta, semper firma atque immutabilia permanent*[1] » ; c'est bien là le signe théorique et traditionnel du droit naturel.

36. Une telle conception du droit naturel répondait aux tendances d'esprit les plus caractéristiques des Romains. Positifs au plus haut point, nullement portés à la spéculation, réfractaires d'instinct aux abus de l'esprit de système comme aux écarts d'imagination, c'est moins par raisonnement *a priori* qu'ils étaient portés à établir la légitimité des institutions qu'en tenant compte des leçons de l'expérience et des données consacrées par l'assentiment universel.

Il n'est pas illogique, d'ailleurs, dans l'ordre des faits, de conclure de la généralité d'un usage à sa légitimité ;

1. Institut. § II, *de jure naturali*.

il y a une sorte d'entendement universel que l'on découvre par la généralisation. C'est le procédé que Grotius appellera plus tard la preuve *a posteriori* du droit naturel [1]. Il cite, pour en établir la valeur, Hésiode, Héraclite, Aristote, etc.; il cite notamment Cicéron, qui soutient que quand toutes les nations s'accordent à reconnaître une chose on doit la regarder comme une loi de nature : « *Omnis autem in re consensio omnium gentium lex naturæ putanda est* [2] »; il cite, en outre, Sénèque qui donne pour marque de la vérité le consentement de tous les hommes à y croire : « *Apud nos veritatis argumentum est aliquid omnibus videri* [3] » ; il cite enfin Quintilien, qui dit qu'il faut tenir pour certain ce qui est généralement reçu : « *Deinde pro certis habemus ea in quæ communi opinione consensum est* [4] ».

Toujours est-il, que les jurisconsultes romains ont fait de cette méthode un admirable usage. Sa donnée n'est vraie, au point de vue philosophique, que d'une vérité relative ; ce n'en est pas moins par elle que le droit quiritaire, étroit et rude comme toutes les législations primitives, s'est élargi dans le sens de l'équité, qu'il a acquis le caractère d'universalité abstraite, purement rationnelle en quelque sorte, que la législation romaine a eu à un si haut degré dans sa dernière période, et qui lui a valu ce témoignage que lui rend Bossuet : « Si les lois romaines ont paru si saintes que leur majesté subsiste encore après la ruine de l'empire, c'est

1. *De jure belli ac pacis*. L. I, cap, 1. XII.
2. Tusculanes. L. V, XIII.
3. *Epist.* 117.
4. *Instit. orat.* L. V, X.

que le bon sens, qui est le maître de la vie humaine, y règne partout, et qu'on ne voit nulle part une plus belle application des principes de l'équité naturelle[1] ». La personnalité humaine sacrifiée jusque là se dégage ; à côté du patrimoine familial se constitue le patrimoine distinct du père, puis celui des enfants sous le nom de pécules, puis celui de la femme grâce aux transformations du régime de la dot ; la notion du droit individuel se prépare, et elle va éclore.

37. Est-ce à dire que les Romains n'aient rien entrevu au delà de cette conception empirique du droit naturel ? Non assurément. La preuve, c'est qu'il est des institutions du *jus gentium* qu'ils déclarent formellement contraires à la nature, l'esclavage entre autres. Admis par l'antiquité toute entière, il était par là même du droit des gens ; cependant les jurisconsultes reconnaissent qu'il est contraire au droit naturel : « *Servitus est constitutio juris gentium, quâ quis domino alieno contra naturam subjicitur*[2] ». Il y a donc quelque chose au-dessus des données du *jus gentium*, quelque chose que l'assentiment des hommes, fut-il vraiment universel, ne remplace ni n'obscurcit ; c'est bien l'idée d'une justice absolue, supérieure aux lois humaines.

Dès le milieu du second siècle, au temps des Antonins, sous l'influence du stoïcisme transformé et devenu humanitaire, de la révolution intellectuelle et morale qui allait conduire la société romaine au christianisme, cette idée pénètre l'esprit des jurisconsultes. Elle entre par eux dans la loi et dans le gouvernement. Celsus, l'ami

1. *Histoire universelle*, 3e p. chap. 6.
2. L. 4, § 1. Dig., *de statu hominum*.

d'Hadrien, définit le droit l'art du bien et du juste : « *ars boni et æqui*[1] ». Ulpien, le confident et le ministre d'Alexandre Sévère, définit la jurisprudence la science du juste et de l'injuste : « *justi atque injusti scientia* » ; et il formule ces deux sentences classiques : « *Justitia est constans et perpetua voluntas jus suum cuique tribuere... juris præcepta sum hæc : honeste vivere, alterum non lædere, suum cuique tribuere*[2] ». Le droit ainsi compris devient une philosophie, presque une religion ; les prudents s'en disent avec fierté les pontifes : « *Cujus merito quis non sacerdotes appellet. Justitiam namque colimus, et boni et æqui notitiam profitemur, æquum ab iniquo separantes, licitum ab illicito discernentes*[3] ».

38. Toutefois l'idée n'aboutit pas. Les plus belles maximes des jurisconsultes et ce qu'elles expriment demeurent à l'état d'aspirations, de lueurs qui s'évanouissent quand on veut les fixer. Le droit des gens a transformé en droits de fait ce qui n'avait été primitivement qu'une émanation et une concession de l'État ; les jurisconsultes ont fait de l'univers civilisé une communauté régie par des lois dictées par la raison générale, et non plus, comme au début, par l'intérêt d'une classe ou d'une cité ; l'œuvre possible était accomplie. Pour faire davantage, il aurait fallu rompre avec la théorie de l'État maître des choses divines et humaines à laquelle l'antiquité devait rester enchaînée ; il aurait fallu s'élever jusqu'à la notion du véritable droit individuel, portant en lui-même sa légitimité, appartenant à l'homme en de-

1. L. 1, pr. Dig., *de justitia et jure*.
2. L. 10, Dig. *de justitia et jure*.
3. L. 1, § 1. Dig. *de justitia et jure*.

hors d'une concession légale, en un mot jusqu'à la notion de la liberté. Ce sera l'œuvre du christianisme, d'où sortira l'idée moderne du droit. Jusqu'à ce qu'elle s'accomplisse, les conceptions de la philosophie politique n'iront pas au delà de ce que conseille l'intérêt éclairé par l'expérience.

De là les contradictions qui abondent dans l'histoire et dans les institutions de Rome. Philosophes et jurisconsultes admettent la commune origine des hommes, et ils conservent l'esclavage sans hésitation ni scrupule; ils estiment que l'égalité est de droit naturel, et ils laissent à la société son caractère aristocratique avec d'atroces pénalités pour les humbles et pour les pauvres; ils proclament que la justice consiste à respecter le droit de chacun, et ils poussent l'intolérance jusqu'à la persécution impitoyable. La faute en est à l'idée antique de l'État, maître de l'homme, de sa personne, de ses biens, de son esprit et de son âme. Tout est dans la main de l'Empereur depuis que le peuple a transmis à César sa souveraineté; prétendre limiter ce pouvoir, c'est commettre un crime de lèse-majesté. Trajan, le gardien vigilant de la discipline militaire et civile, Marc-Aurèle, acquis plus qu'à moitié à la parole nouvelle, le dogme mis à part, envoient un chrétien au supplice « sans plus d'hésitation ni de remords, dit M. Duruy, que s'il eût été question d'un soldat réfractaire ou d'un esclave fugitif[1] ». C'est le droit du temps ! Qu'on remarque bien, en effet, quels princes ont versé le sang des chrétiens. Ce n'est pas Commode, Caracalla ou Élagabale ; ce sont, Néron excepté, les princes les plus justes, les plus grands

1. *Histoire des Romains*, t. 4, p. 294.

administrateurs : Trajan, Marc-Aurèle, Sévère, Dèce, Dioclétien. De tous les préfets du prétoire, le plus impitoyable dans la persécution a été Ulpien, l'auteur des plus belles maximes sur la justice. Fût-ce de leur part fanatisme ou cruauté, ou bien, comme on l'a dit, instinctive colère contre ce qui allait emporter l'ordre de choses qu'ils représentaient? Nullement, le crime fut politique; il fut accompli en quelque sorte comme mesure d'ordre public. Là où la religion et l'État se confondent, toute atteinte au culte national est un crime contre la souveraineté ; c'est au nom de la loi enfreinte qu'on frappait les chrétiens dont l'esprit de prosélytisme menaçait l'unité de l'empire en entamant les croyances, et parce que la soumission du citoyen doit rester entière. Ce qui nous semble à nous le fondement de l'ordre social, c'est-à-dire la liberté et le droit individuel, apparaissait dans le monde ancien comme la corruption des mœurs; là est l' « *odium generis humani* » qui, selon Tacite [1], motiva et justifiait la persécution [2].

Les puissances du jour ont été de tout temps aveugles à deviner les puissances du lendemain. Pendant trois siècles, jurisconsultes et politiques s'obstinent à ne pas voir la révolution qui s'accomplit ; avec l'esprit dur et tenace de la race romaine, ils restent les

1. *Annales*, l. XV, c. 44.

2. M. Aubé a essayé de démontrer que le refus de prendre part au culte public ne constituait pas à Rome un fait punissable (*De la légalité du christianisme dans l'Empire romain. Recueil de l'Académie des inscriptions*, 1866, p. 184). — Mais l'histoire romaine est pleine de faits qui réfutent ce point de vue. Cons. de Pressensé (*Histoire des trois premiers siècles de l'Église*, t. 2, p. 91). M. Aubé est, d'ailleurs, beaucoup moins affirmatif dans son *Histoire des persécutions jusqu'à la fin des Antonins*, p. 77 et s.

hommes du vieux monde, et par devoir les gardiens de ses mœurs, de ses idées et de ses institutions; ils se trompaient par système, et dès lors avec sérénité, ce qui est la pire manière de se tromper.

CHAPITRE III

L'IDÉE MODERNE DU DROIT

39. Les positions sont prises désormais dans le débat sur le principe du droit ; elles ne changeront plus. Deux écoles depuis dix-huit cents ans se disputent l'opinion ; elles répondent à deux penchants inconciliables de l'esprit humain : à l'éternel antagonisme du droit et de la force.

L'une, sortie du grand souffle du christianisme, relevée au XVIe siècle après une longue éclipse, soutient, contrairement à la formule antique, que l'homme est à lui-même la source de son propre droit, et elle fonde l'ordre sur l'idée de liberté : c'est l'École libérale, avec Hubert Languet, Hotman, Bodin, Grotius, Locke, Montesquieu, Condorcet, Benjamin Constant, Tocqueville, Bastiat... etc.

L'autre, sous des noms divers, s'inspirant selon les temps des idées les plus opposées et poursuivant des desseins changeants, mais usant toujours des mêmes moyens, professe l'antique conception de la prédominance de l'État, et nie le droit individuel : c'est l'École absolutiste, avec saint Thomas d'Aquin, Machiavel, Suarès, Hobbes, Bossuet, Jean-Jacques Rousseau, Joseph de Maistre, Hegel, Auguste Comte..., etc.

Le débat n'est pas clos, car la lignée de ceux qui nient l'autorité de la raison se perpétue comme la lignée de ceux qui y ont foi. Le XIXe siècle se débat dans la confusion des idées et des systèmes ; au moment où il va finir on en est à se demander s'il marche dans le sens ou au rebours de l'évolution historique. Que de novateurs du jour, se croyant et se disant des esprits avancés, qui ne sont, sans s'en douter, que des adorateurs des dieux de l'antiquité !

§ 1. — L'École libérale.

I. — *Les origines.*

40. Le réveil de l'individualité humaine, absorbée par le droit antique, date du jour où fût prononcée cette parole mémorable : « *Reddite igitur quæ sunt Cæsaris Cæsari, et quæ sunt Dei, Deo* [1] ». César, c'est l'État, le pouvoir civil, la loi. Le précepte, dans son application directe, ne vise que le paiement du tribut; mais la parabole renferme une idée générale, et cette idée est celle-ci : soumission est due au pouvoir civil, mais elle ne lui est due que dans une mesure, car la conscience de l'homme lui échappe et ne relève que de Dieu.

Ce n'est pas que le droit individuel n'ait eu auparavant ses apôtres, et même ses martyrs. Socrate l'avait affirmé en préférant boire la ciguë plutôt que de consentir à cesser de philosopher ; les stoïciens avaient fondé la liberté morale en séparant la vie intérieure et la vie

1. *Secundum Mathæum*, XXII, 21 ; *Secundum Marcum*, XII, 17 ; *Secundum Lucam*, XX, 25.

extérieure, et en montrant comment, même en face de l'État tout puissant, on peut trouver un asile inviolable dans les profondeurs de l'âme, et y être plus libre que le maître. Mais les revendications au nom de la conscience philosophique manquent de l'accent qui exalte les idées et les faits populaires. Pour changer le monde ancien, il fallait une de ces irruptions d'idéalisme qui pénètrent jusque dans les couches profondes, violentent les choses comme les hommes et bouleversent tout. Or, la sérénité du Phédon n'est pas à la portée de tout le monde, pas plus que la fierté insensible et dure des stoïciens ne saurait être une vertu commune. La mort de Socrate ne fut qu'un acte isolé de grandeur personnelle ; celle de Caton, qu'un trait de dédaigneuse indépendance, sans imitation possible. Au contraire, tout est simple, grand, essentiellement humain et communicatif dans l'Évangile. Ce n'est pas à l'esprit ou au raisonnement que le Christ parle, c'est au cœur et au sentiment. Il appelle à lui les humbles et les opprimés ; il console le juste et relève le coupable ; à l'égoïsme et à la dureté païenne il oppose la charité et le renoncement ; par delà les cités et leurs règles étroites, il évoque l'unité et la fraternité du genre humain ; enfin au monde fatigué et souffrant il jette une idée libératrice en proclamant le droit de l'homme à ne relever que de lui-même en vue du royaume de Dieu, pour tout ce qui est du domaine de l'âme. Tout, jusqu'à la forme poétique des paraboles, devait séduire la conscience populaire ; la commotion ne pouvait manquer d'être universelle et irrésistible.

41. La liberté religieuse est la source et comme l'appui de toutes les autres. La parole nouvelle va trans-

former non seulement les sentiments et les mœurs, mais aussi la politique. Sous deux rapports, si on se place au point de vue païen, elle était révolutionnaire au premier chef ; entre autres raisons, c'est pour cela que le christianisme fut persécuté, quand le judaïsme, qui représentait d'ailleurs une nationalité plus qu'une secte, était à peu près toléré.

D'abord, en séparant l'homme et le citoyen que toute l'antiquité avait confondus, en consacrant surtout en face de la loi le droit de l'homme à la liberté de la foi, le christianisme bouleversait la théorie traditionnelle de l'État, qui absorbait la vie privée dans la vie publique et réclamait l'homme tout entier. Il déplaçait en même temps et par là même le principe du droit, regardé jusque là comme dérivant de la loi, considéré désormais comme ayant sa source dans l'homme même. D'où cette conséquence, lointaine encore et cependant directe, qu'il n'y a de loi juste que celle qui est conforme à la nature humaine et respecte ses légitimes prérogatives.

Ensuite, en prescrivant de rendre à César ce qui est à César et à Dieu ce qui est à Dieu, la parabole fait le partage entre les puissances. Or, c'était là encore une nouveauté. Partout à l'origine le droit est né des religions nationales, et toujours il est resté dans l'étroite dépendance du culte ; le christianisme, au contraire, proclame l'indépendance du pouvoir civil au regard de la religion et réciproquement, il est, comme l'observe Fustel de Coulanges, et l'observation porte loin, « la première religion qui n'ait pas prétendu que le droit dépendit d'elle[1] ». De fait, nulle part le Christ n'a réclamé la domination

1. *La cité antique*, p. 463.

ni pour lui ni pour ses disciples ; il dit, au contraire : mon royaume n'est pas de ce monde[1]. Là est en germe la distinction qui sera précisée plus tard et développée dans ses applications entre la morale et le droit.

Toutefois, il faudra des siècles pour que l'idée porte ses fruits, et réalise ses conséquences. Elle fut une lumière qui traversa le monde ; sans s'éteindre elle s'affaiblira, pour ne reparaître qu'après une longue éclipse.

42. Ce n'est, en effet, que dans une mesure limitée, il faut bien le remarquer, que le christianisme a contribué directement à la transformation de l'idée de droit ; hors de là, il n'a agi que par la force d'expansion que possède toute vérité acquise.

Si la parabole du tribut affirme le droit de l'individu en face de l'État, elle ne le définit ni ne le précise ; elle laisse indéterminée la séparation entre ce qui est à César et ce qui est à Dieu. De fait il importait peu au but primitif ; car l'Évangile est détaché du monde, il prêche une réforme morale, non une réforme sociale. Une seule application précise du principe touchait le christianisme naissant ; l'unique droit qui lui tint à cœur était la liberté de conscience. C'est elle qu'il réclamait en refusant de sacrifier aux idoles ; c'est pour elle qu'il entra en lutte avec le monde ancien ; c'est elle que les apologistes revendiquent, et que les fidèles, l'âge héroïque des persécutions, confessent en affrontant les supplices. A tous autres égards, pour tout ce qui ne touche pas à l'intérêt de la société céleste et ne

1. *Secundum Joannem*, XVIII, 36. M. Ch. Périn, il est vrai, qualifie de niaise » cette interprétation du passage. V. *Les lois de la société chrétienne*, t. 1, p. 162.

heurte pas la loi divine, la soumission au pouvoir civil reste due et conseillée.

Ainsi s'explique la doctrine de l'Église primitive sur les deux questions qui sont comme la pierre de touche des systèmes : celle de l'esclavage et celle de la propriété[1]. Absorbée par la préoccupation de sa mission morale, il ne semble pas qu'elle ait soupçonné le lien qui rattache la liberté de conscience aux autres libertés, la solidarité qui relie tous les droits, solidarité si étroite cependant qu'ils sont dans leur ensemble inséparables, et qu'aucun n'est vraiment acquis tant que l'un d'eux reste méconnu ou menacé.

43. Sur l'esclavage, qui est la négation du droit élémentaire de la personne humaine, les apôtres et les Pères de l'Église n'ont pas eu d'autres vues que les philosophes contemporains, que les stoïciens notamment. Ils le blâment au nom de la charité, car devant Dieu les hommes sont égaux, et il n'y a ni esclave ni maître ; mais ils le tolèrent conformément aux usages reçus, conseillant seulement l'obéissance à l'esclave et au maître la douceur. Plusieurs même l'admettent en principe ; saint Augustin le proclame légitime, comme conséquence du péché.

Quant à la propriété, leur doctrine n'est pas moins significative. Au temps de la ferveur primitive, les fidèles avaient mis leurs biens en commun. Plus tard, parmi les apologistes, les uns comme saint Ambroise, interprétant logiquement les paroles de l'Évangile sur les riches, nient formellement que l'appropriation soit légitime et

1. Sur la doctrine des apôtres et des Pères de l'Église relativement à ces deux questions, cons. Paul Janet, *Histoire de la science politique dans ses rapports avec la morale*, 3e édit., t. 1, p. 293 et s.

ne voient en elle que l'effet d'une usurpation ; si les autres, moins hardis, ou tenant compte davantage des conditions de la société civile, l'admettent, c'est en voyant en elle non un droit mais une concession de l'État[1]. Telle est notamment la doctrine du plus grand docteur de l'Église latine, de saint Augustin, dans le sixième traité sur saint Jean. Le passage où il l'énonce a une importance historique considérable, car il prendra place plus tard dans le Décret de Gratien, et il deviendra règle canonique [2]. On y lit : « De quel droit chacun possède-t-il ce qu'il possède ? N'est-ce pas du droit humain? D'après le droit divin, Dieu a fait les riches et les pauvres du même limon ; et c'est une même terre qui les porte. C'est donc en vertu du droit humain qu'on peut dire : ce domaine est à moi, cette maison est à moi, cet esclave est mien. Or, le droit humain n'est pas autre chose que le droit impérial ; pourquoi ? Parce que c'est par les empereurs et les rois de la terre que Dieu distribue le droit au genre humain. Otez le droit des empereurs, qui osera dire : ce domaine est à moi, cet esclave est à moi, cette maison est à moi » ? Le texte est aussi formel que possible : « *Tolle jura imperatorum, et quis audet dicere mea est illa villa, aut meus est ille servus, aut domus hæc mea est?* » Sa conscience appartient à l'homme, mais son patrimoine ne lui appartient pas.

De sorte que la revendication chrétienne ne fut directement appliquée qu'à la conscience. Le seul droit

1. V. les curieuses citations réunies à ce propos par M. Janet, *op. cit.*, t. 1, p. 294 et s.

2. Ce passage forme le c. 1 de la distinction 8, *pars prima*, sous la rubrique : *jure divino omnia sunt communia omnibus, jure vero constitutionis, hoc meum, id alterius est.*

vraiment reconnu et réclamé comme tel, c'est-à-dire comme supérieur à la loi, fut la liberté de la foi. C'est pourquoi quand, après trois siècles de luttes, l'Église devenue maîtresse du monde et impatiente d'unité se fit à son tour oppressive et persécutrice, l'idée du droit un instant dégagée avec éclat subit une éclipse profonde. L'homme fut saisi à nouveau par l'étreinte sociale que lui avait imposée l'antiquité. Une fois de plus il appartint à la force ; il n'avait eu qu'un maître dans le passé : l'État ; il en aura deux désormais : le sacerdoce et l'Empire, dont l'antagonisme sera le grand débat du moyen âge.

44. L'événement ne se fit pas attendre. Au lendemain de sa victoire sur Maxence, Constantin ne parle que de liberté ; il déclare que personne ne sera inquiété pour sa religion. Vaine promesse ! Comme auparavant l'État païen, l'Église, lorsqu'elle eût formulé son symbole au Concile de Nicée, infidèle à l'idée qu'elle avait révélée au monde et qui l'inspira tant qu'elle fut militante, se prit à défendre son unité par appel au bras séculier et à la force ; d'instrument de libération qu'elle avait été d'abord, elle arriva à être un instrument de domination. Jusqu'à l'édit de Milan, les empereurs avaient poursuivi le christianisme comme un crime ; ce sont maintenant les païens et les hérétiques qui vont être traités en ennemis de l'État ; les mêmes juges qui la veille condamnaient au nom des dieux de l'empire, condamneront au nom des Conciles.

Le mobile, il est vrai, n'est plus le même, car dès le IVe siècle s'est précisée la doctrine qui dominera dans les écoles du moyen âge. Ce n'est pas au nom et dans l'intérêt d'une autorité jalouse que le catholicisme naissant réclame la dictature des consciences, c'est par charité. Pénétré de l'infaillibilité de sa mission, conduit par là à ne concevoir la liberté que dans la mesure du vrai qu'il représente et comme moyen d'y arriver, c'est pour leur bien, non par tyrannie, qu'il entreprend d'obliger les païens et les hérétiques à changer de croyance[1]; la foi illuminée et sombre du Saint-Office, mélange de fanatisme et de raison d'État, croira plus tard sauver les âmes en torturant les corps, et se fera impitoyable par amour du prochain. Mais qu'importe les desseins? Le résultat est le même. Le droit n'est plus regardé comme étant dans l'individu mais en dehors de lui et dans l'autorité; le pouvoir venant de Dieu n'a pas de limites. C'est, avec un objectif nouveau, l'antique théorie de l'État tout puissant, maître des choses divines et humaines. Il existe des droits dans les rapports des particuliers entre eux, il n'y en a pas au regard de l'autorité, toujours regardée comme en étant la dispensatrice souveraine. L'idéal, tel que le comprend la théocratie du moyen âge, c'est l'absorption de l'homme et de la société dans le plan divin interprété par l'Église.

Telle est bien, en effet, si on néglige les définitions, les divisions et classifications chères à la scolastique, si on laisse, en outre, les vues profondes et les grandes idées qui abondent, la conception où aboutit la célèbre théorie de la loi dans la *Somme théologique*, ce miroir où le Moyen Age à son apogée se reflète tout entier. A côté de la loi humaine, règle pratique et mesure des actes, objet du droit positif, saint Thomas d'Aquin admet

1. C'est la doctrine de saint Augustin, V. *Epist.*, 113, 135 et 185.

trois sortes de lois, dont la combinaison amène un merveilleux enchaînement de prémisses et de conséquences[1] : la loi éternelle, la loi naturelle et la loi divine. La loi éternelle, qui dépasse la raison de l'homme, c'est la raison des choses préexistant en Dieu : « *Summa ratio in Deo existens* » ; la loi naturelle, c'est l'inclination innée qui porte la créature vers sa véritable fin ; la loi divine enfin, à la fois positive et infaillible, c'est la loi révélée, la loi ancienne et la loi nouvelle : elle trace à l'homme sa voie, et il faut bien qu'elle la lui trace, car on ne peut s'en remettre à lui pour la trouver puisque ses jugements sont obscurs et incertains, puisque sa raison erre dans les ténèbres quand elle cherche son guide en elle-même, et qu'elle ne peut entrer en communication avec la lumière qui éclaire tout homme venant en ce monde qu'en renonçant à elle-même. Vaste conception, qui germe et se développe dans les régions les plus élevées de la pensée, pour aboutir à la théocratie pure. La religion est la fin de l'État ; la loi divine dirige les affaires humaines ; si obéissance est due à l'autorité, c'est à la condition que l'autorité sera Dieu : donc il n'y a pas de pouvoir plus élevé que celui qui représente la divinité, et l'autorité pleine, l'autorité spirituelle comme l'autorité temporelle, appartient au Souverain pontife.

Qu'est-ce autre chose que le platonisme, à cela près que, sous cette forme nouvelle, il s'inspire de l'idéal révélé, et non plus d'un idéal philosophique ? L'antiquité a

1. *Summa theologica*, *I*, 2, q. XC et XCI. Cons. Paul Janet, *op. cit.*, t. I, p. 370 et s.

placé l'Église dans l'État; la théocratie place l'État dans l'Église, que la politique envahit aussitôt.

45. Dès lors, la personnalité humaine disparaît dans un ordre imposé. Si le pouvoir est regardé comme venant de Dieu, l'autorité comme étant le justicier du ciel, le glaive devient l'expression de la volonté d'en haut ; à moins de renier son principe, la théorie du droit divin aboutit forcément à l'absolutisme.

De la liberté de conscience, il ne peut plus être question. Que de fois n'a-t-on pas relevé le passage célèbre où saint Thomas, reprenant la doctrine de saint Augustin, prétend établir le droit de réduire les hérétiques par la contrainte. Etonnante contradiction d'une morale divine, exposée par l'Ange de l'École, et aboutissant à la violence ! Est-ce donc être vertueux que de ne l'être que par crainte, et des actes accomplis par force peuvent-ils servir à quelque chose pour le salut éternel ? « Il est bien plus grave, dit la *Somme*, de corrompre la foi, qui est la vie de l'âme, que de falsifier la monnaie, qui ne sert qu'au besoin du corps. Si les faussaires et autres malfaiteurs sont justement punis par les princes séculiers, à plus forte raison les hérétiques convaincus doivent-ils être non seulement condamnés, mais punis de mort. L'Église témoigne d'abord sa miséricorde pour les égarés en vue de leur conversion, car elle ne les condamne qu'après une première et une seconde réprimande ; mais si le coupable s'obstine, l'Église, désespérant de sa conversion et veillant sur le salut des autres, le sépare de l'Église par l'excommunication, et le livre au jugement séculier pour être séparé du monde par la mort. Car, ainsi que le dit saint Jérome, les chairs putrides doivent être coupées, et la brebis galeuse séparée du troupeau, de peur que la maison toute entière, tout le corps, tout le troupeau, ne soient atteints par la contagion, gâtés, pourris et perdus. Arius ne fut qu'une étincelle à Alexandrie; pour n'avoir pas été étouffée d'un seul coup, cette étincelle a enflammé l'univers[1] ».

La discipline catholique devient en toute chose la loi du monde. « Je vous prie et requier, que vous déclairiez que c'est que droit vous appelez », dit le chevalier dans le songe du Verger ; et le clerc répond : « J'appelle et repute pour droit les décret et décrétales des saints Peres de Rome, qui lient et obligent tous vrais chrétiens comme sujets de notre sainte mère l'Église[2] ».

Sur les deux questions fondamentales de l'esclavage et de la propriété, sauf des distinctions parfois subtiles, où se révèle au plus haut point l'effort, qui fait la grandeur de la *Somme*, à associer la loi divine et la philosophie humaine, saint Thomas se rencontre également ou à peu près avec l'antiquité. Exemple bien frappant de la logique inhérente aux doctrines ! L'esclavage : il l'admet, non comme conforme à la loi éternelle ou à la loi divine, mais comme un fait utile, utile à l'intérêt général, utile au maître et parfois à l'esclave lui-même, comme conforme dès lors à la loi naturelle. La propriété : la loi éternelle ne la connaît pas, la loi divine l'admet quant à la possession des choses, non quant à leur usage qui doit rester commun à tous ; sans résulter de la loi naturelle, elle ne lui est pas contraire, et alors son uti-

1. *Summa*, II, 2, q, XI, a. 3.
2. L. 1, ch. VI et VII.

lité justifie la « convention humaine » qui l'a établie [1].

Quels que soient le point de départ et les desseins, quels que soient les systèmes, dès que la personnalité humaine est méconnue en ses prérogatives essentielles, la propriété cesse d'être regardée comme légitime, c'est-à-dire comme constituant un droit naturel.

46. Où l'influence du christianisme a été sans mélange et devait rester sans retour, c'est, sans parler de la morale, dans le développement et la puissance donnés aux sentiments d'humanité. A ses débuts, il a flétri la force et condamné les œuvres de l'épée ; partout et toujours, il a répandu l'esprit de commisération, presque de respect pour les souffrants et les opprimés. Il a ainsi appris aux hommes à protéger les faibles ; et c'était leur enseigner à être justes. Assurément, la protection, même érigée en devoir social, n'est pas le droit ; toutefois elle en implique la reconnaissance et la consécration, et, par là, elle y touche de si près qu'elle en fait en quelque sorte partie, et se confond presque avec lui.

En 829, le sixième Concile de Paris, résume ainsi le rôle dévolu au souverain : « La justice royale consiste à n'opprimer personne, à rendre à tous une justice impartiale, à protéger les étrangers, les mineurs et les veuves, à réprimer le vol, à punir les adultères..., à protéger les Églises et secourir les pauvres, à placer des hommes justes à la tête des affaires du royaume, à s'entourer de conseillers expérimentés prudents et intègres, à défendre la patrie... [2] ». Ne sont-ce pas, nettement tra-

1. Pour plus amples détails, cons. Paul Janet, *op. cit.*, t. 1, p. 374, 396.

2. Voir sur ce concile, Flach, *Les origines de l'ancienne France*, p. 146, 151.

cées dès cette époque, les fonctions essentielles de l'État moderne : la défense du pays au dehors, la police à l'intérieur, la gestion des intérêts communs, la justice pour tous ?

Ce qu'elle conseillait aux souverains quand elle fut leur alliée, l'Église le pratiqua quand elle domina le monde ; même au Moyen âge, devenue oppressive en matière de religion et par sa théorie du droit divin, elle demeura le refuge des opprimés et par conséquent l'asile de la justice. Là est une des causes qui ont contribué le plus au développement de sa puissance temporelle après Charlemagne. Les organes gouvernementaux ont cessé de fonctionner par suite des défaillances du pouvoir central ; le corps social a perdu sa cohésion ; chacun se prend à vivre aux dépens d'autrui. C'est la féodalité ; et, dans le groupement féodal, comme à l'état d'indépendance naturelle, malheur au faible ! Or, le besoin de sécurité, et, par suite, d'un pouvoir médiateur qui la procure est tellement impérieux que ceux que leur faiblesse expose à succomber dans la lutte, c'est-à-dire le plus grand nombre, vont infailliblement à qui se présente pour les défendre. Ce fut alors le rôle de l'Église, comme ce sera plus tard celui de la royauté.

47. Le monde s'était habitué et comme façonné à cette discipline à la fois bienfaisante et impitoyable ; l'abus perdit le système, qui se brisa quand, après les formidables luttes du XIVe siècle entre la papauté et le pouvoir civil, la cité terrestre conquit son indépendance au regard de l'autorité pontificale, et, par suite, le droit de se gouverner elle-même, sans l'intervention du pouvoir ecclésiastique. La fin du conflit entre le Sacerdoce

et l'Empire marque le déclin du Moyen Age et l'aurore des temps modernes ; dans la cité terrestre affranchie, l'homme, à son tour, va réclamer contre le pouvoir civil sa personnalité méconnue.

Toutefois, un siècle entier s'écoulera avant que la pensée humaine prenne vraiment son essor, siècle d'aspirations agitées, d'élans désordonnés, d'universelle confusion. La théologie avait été pendant si longtemps la source de toute lumière, que le monde, privé de la boussole qui l'avait guidé, en fût comme affolé et s'égara en quelque sorte. L'honnêteté des mœurs quitte la terre : c'est le temps des Borgia ; l'honnêteté de l'esprit fait place au mépris de la justice et de l'humanité : c'est le temps de Machiavel. En France, d'ailleurs, le XVe siècle, comme le précédent, fut une époque d'effroyables calamités, de crimes et de sang ; et si, dans la mêlée, on rencontre çà et là le germe ou la trace des idées philosophiques qui domineront les siècles suivants, c'est l'œuvre d'esprits isolés, ce n'est pas encore la tendance de l'esprit public.

A partir du XVIe siècle, au contraire, le siècle des passions fortes et des idées fécondes, celui peut-être où la pensée a déployé le plus d'activité et de hardiesse, le mouvement s'accentue et se développe avec une inexorable logique. Le XVIe siècle, c'est la revendication du droit des peuples contre les rois, la lutte contre l'esprit autoritaire ; le XVIIe, c'est la revendication des droits de l'individu contre l'État, l'effort de l'homme à s'organiser pour vivre par lui-même ; le XVIIIe enfin, c'est la reconnaissance définitive de la notion du droit individuel comme principe de la société civile et fondement du droit naturel.

II. — *Le développement.*

48. Le nouveau réveil, la Renaissance comme l'histoire l'a si heureusement nommée, se fit cette fois encore au nom de la liberté de la foi. Elle fut l'enjeu des guerres de religion. L'édit de Nantes, comme au IVe siècle l'édit de Milan, consacre une fois de plus le droit de la conscience religieuse à ne relever que d'elle-même. 15 avril 1598: date mémorable entre toutes! Pour Henri IV, il est vrai, de même que pour Constantin, le problème fut plutôt politique que religieux ; mais qu'importe ! Le résultat n'est pas moins acquis. Une force irrésistible s'est développée au milieu des événements tragiques de la lutte ; l'esprit public a eu son chemin de Damas, et s'est ouvert à cette conception toute nouvelle qu'il faut non seulement tolérer mais respecter les dissidences, que la concorde n'est possible que par la liberté; la cité qui s'appuyera sur ces idées sera vraiment la cité du droit.

On attribue communément, mais à tort, l'honneur de cette évolution à la Réforme ; il faut le reporter à tout le monde : aux besoins du temps, au sentiment qui a grandi de la dignité humaine, à la transformation universelle qui s'accomplit vers un ordre politique nouveau.

49. L'idée de liberté de conscience est sortie des entrailles populaires. Elle a soufflé en même temps des quatre points cardinaux ; en elle se sont résumées en quelque sorte les aspirations complexes d'une époque confuse, elle est devenue le thème simple sans lequel il

n'est pas de mouvement populaire puissant. Elle était le vœu de tous les grands esprits, de ceux du moins, soit dans le camp catholique soit dans le camp protestant, qui furent assez forts pour échapper aux passions du temps et rester modérés ; L'Hôpital, catholique et royaliste, la réclame au nom du bien de l'État ; Bodin, philosophe et théoricien politique, lui aussi catholique et royaliste, même assez exclusif, la réclame au nom de la justice.

Quoi de plus saisissant que cette page de la *République*, écrite pendant que la guerre civile sévissait ? « Je ne parle point ici laquelle des religions est la meilleure..... ; mais si le prince qui aura certaine assurance de la vraie religion veut y attirer ses sujets, divisés en sectes et factions, il ne faut pas, à mon avis, qu'il use de force : car plus la volonté des hommes est forcée, plus elle est revêche ; mais bien en suivant et adhérant à la vraie religion sans feinte ni dissimulation, il pourra tourner les cœurs et volontés des sujets à la sienne, sans violence, ni peine quelconque : en quoi faisant non seulement il évitera les émotions, troubles et guerres civiles, mais aussi il acheminera les sujets dévoyés au port de salut ». Puis Bodin cite à l'appui l'exemple de Théodoric qui, « ayant trouvé l'empire romain plein d'ariens....., ne voulut pas les forcer ni punir, quoiqu'il fut leur ennemi, mais au contraire permit à chacun de vivre en liberté de conscience, et fit ordonner deux évêques en chaque ville .... » ; il cite aussi en exemple le roi des Turcs, « qui garde sa religion aussi bien que Prince du monde et ne force personne, mais au contraire permet à chacun de vivre selon sa conscience, et, qui plus est, entretient auprès de son sérail, à Péra, quatre religions toutes diverses,... et envoie l'aumône aux beaux pères du Mont Athos, afin de prier pour lui, ... » ; il rapporte cette parole, qu'il attribue à Théodoric, d'après Cassiodore : « *Religionem imperare non possumus, quia nemo cogitur ac credat invitus* » ; enfin il termine en disant : « Autrement il adviendra que ceux qui sont frustrés de l'exercice de leur religion, et dégoûtés des autres, deviendront du tout athéistes, comme nous voyons, et, après avoir perdu la crainte divine, fouleront aux pieds et lois et magistrats, et ils déborderont en toutes sortes d'impiétés et méchancetés, auxquelles il est impossible de remédier par lois humaines. Et tout ainsi que la plus forte tyrannie n'est pas si misérable que l'anarchie, quand il n'y a ni prince ni magistrat, ainsi la plus forte superstition du monde n'est pas à beaucoup près si détestable que l'athéisme. Il faut donc fuir le plus grand mal quand on ne peut établir la vraie religion. Et on s'émerveille sans cause pourquoi du temps de Théodose, vu les sectes qui étaient alors, qu'il n'y avait point de guerres civiles : car il y avait pour le moins cent sectes, au compte de Tertullien et d'Épiphane, ce qui tenait en contrepoids les unes et les autres. Or, en matière de séditions et tumultes, il n'y a rien plus dangereux que les sujets soient divisés en deux opinions, soit pour l'État, soit pour la religion, soit pour les lois et coutumes ; et au contraire s'il s'en trouve de plusieurs opinions, les uns moyennent la paix, et accordent les autres qui ne s'accorderaient jamais entre eux [1] ». On n'a rien écrit depuis qui soit plus net, plus complet et plus décisif.

1. *Les six livres de la République*, L. IV, c. 7, 1576.

50. Quant à la Réforme, loin d'avoir été l'origine du mouvement qui aboutit à l'édit de Nantes, isolée du courant général du siècle elle y eût été plutôt défavorable. A ses débuts, pendant les années de Wittemberg et de Worms, elle y fut certainement étrangère ; née des colères soulevées par les désordres de la Cour de Rome, elle ne représentait alors qu'une querelle théologique mêlée à des questions de discipline ecclésiastique. Si plus tard, aspirant à se constituer comme parti, elle réclama la liberté, ce fut pour elle seulement et à son profit ; l'indépendance individuelle n'était ni dans ses tendances, ni dans son esprit, ni en tout cas dans son programme. Elle y fut opposée quand elle put ; elle ne s'y rallia que par nécessité, on peut dire par calcul, et afin de pouvoir vivre. Les preuves abondent : c'est au moment même où les réformés, encore interdits, protestaient contre les résolutions de la diète de Spire que Melanchton, le plus doux des luthériens, affirmait doctrinalement et prétendait justifier au point de vue politique le droit et la nécessité de punir les hérétiques[1] ; c'est l'année qui suivit le traité de Passau, par lequel Charles-Quint venait de permettre l'exercice du culte dissident dans l'Empire, que Calvin, poursuivant l'idée de régler sur le christianisme l'économie entière de la société, assignait au pouvoir civil le droit et le devoir d'ôter la vie à qui s'écarte des doctrines orthodoxes, et faisait brûler Servet ; enfin l'histoire ne peut oublier qu'au lendemain du supplice de Servet, pour le justifier, ce fut un protestant, Théodore de Bèze qui lança le plus

1. *Opera*, L. XII, p. 696.

violent des plaidoyers connus contre la liberté de conscience[1].

Ce qui est vrai seulement, c'est que dans les polémiques et les luttes du temps, le protestantisme, devenu parti politique, abandonna la cause du pouvoir absolu et inclina vers la démocratie, pendant que les catholiques, au contraire, inclinaient vers l'omnipotence monarchique.

51. Considérée dans son essence et dans son ensemble, la crise du XVIe siècle fut politique, et par là même, générale. La réforme n'en fut qu'une manifestation particulière ; les guerres de religion, qu'un épisode. Entre les deux mouvements, l'un religieux, l'autre politique, il y a concordance chronologique, non rapport de cause à effet ; si l'un des deux est sorti de l'autre, c'est la Réforme qui est sortie de l'évolution politique. En tout cas, ils se sont développés séparément. S'ils se sont mêlés parfois, c'est pour se prêter un mutuel appui et parce que les partis exploitent toutes les idées comme moyens de propagande et de force ; mais, même confondus, ils sont restés indépendants l'un de l'autre, et sous plus d'un rapport, notamment quant à la liberté de conscience, opposés de tendances.

Le problème qui tourmentait la Renaissance n'était rien moins que celui du fondement de la souveraineté, en d'autres termes du principe du droit. Tous les polémistes du temps le discutent spéculativement ; c'est lui, au su ou à l'insu des acteurs, qui se débat dans les disputes des partis et dans le tumulte des événements.

52. Depuis que l'Église a été vaincue comme puis-

1. *De hæreticis a civili magistratu puniendis.*

sance temporelle, et que le groupement féodal est brisé, l'État, c'est le roi.

Au XIIe siècle, la royauté était apparue comme le sauveur, comme l'expression du droit contre l'oppression féodale et ecclésiastique. Le droit, en effet, dans l'acception populaire du mot, c'est l'ordre, la protection et la justice ; or, il n'y a ni ordre, ni justice, ni protection possibles sans unité parce que sans unité il n'y a pas d'autorité. Louis le Gros en s'alliant aux communes contre les vassaux, Philippe-Auguste, saint Louis, Philippe le Bel et leurs successeurs en reconstituant le domaine royal furent dans la logique de l'histoire ; les légistes, en travaillant à l'affermissement et à l'extension du pouvoir royal furent les libéraux avisés du temps. Personne n'explique plus aujourd'hui par un épisode du siège d'Amalfi, le réveil et la propagation du Droit romain au déclin de la féodalité ; s'il prit un si rapide ascendant, c'est tout simplement parce qu'il répondait à merveille aux besoins de l'époque. Pour les esprits en quête de l'avenir il fut comme une révélation. A la France morcelée et cherchant son unité, il apportait le modèle d'un pouvoir fortement constitué ; à tous ceux qu'avait froissés la rudesse féodale, il offrait l'image d'une justice raisonnée et régulièrement organisée ; enfin à la royauté qui se relève, il fournissait une organisation toute préparée. Aussi se plaça-t-il tout naturellement à côté de la coutume ; et il ne tarda pas à obtenir la même autorité qu'elle. Son enseignement fut comme un apostolat. Si l'Église le prit en ombrage, c'est précisément parce qu'il donnait à la société civile une aide puissante, tandis qu'elle prétendait toujours faire prédominer la théologie dans la science, comme le droit canonique dans la pratique; la bulle *Sujer speculam*, qui prohiba à Paris l'enseignement du Droit romain, ne fut qu'un incident de la lutte entre deux conceptions qui s'excluaient: le Droit romain était un obstacle à la suprématie politique et législative que la Papauté voulait encore exercer [1]. Tout s'enchaîne dans l'œuvre qui s'accomplit, c'est bien une affirmation nationale du droit ; le sentiment populaire ne s'y est pas mépris quand il a figuré la royauté qui reprend son rang dans la légende de saint Louis rendant la justice sous un chêne de la forêt de Vincennes.

53. Cependant le triomphe de la royauté ne devait être qu'un nouveau déplacement du pouvoir, après tant d'autres, non un changement de système. En vain les formes se succèdent, le fond demeure ; il en sera ainsi tant que le principe théorique de l'autorité n'aura pas été changé. Resté maître incontesté et seul maître, le pouvoir royal ne tarda pas à reprendre la tradition de l'État antique, fortifiée encore, s'il est possible, par l'idée canonique du droit divin. Les jurisconsultes romains avaient dit: « *Quidquid principi placuit legis habet vigorem* »; la coutume dira : « *Qui veut le roi, si veut la loi* [2] »; la royauté inclina tout naturellement à l'absolutisme. Tantôt par philantropie mal éclairée, tantôt par inintelligente présomption, elle s'ingéra de régler les mœurs et les croyances, de fixer tous les devoirs, de résoudre tous les doutes ; morale, science, religion, détails

1. M. Marcel Fournier a tout récemment mis ce point d'histoire en pleine lumière dans son intéressante étude : *L'Église et le Droit romain au XIIIe siècle*.

2. Loysel, *Institutes coutumières*, L. I. I. R. 19.

même de la vie journalière, dans ce qu'il y a de plus frivole comme dans ce qu'il y a de plus grave, elle eut la prétention de tout régenter ; elle finit, cherchant l'équilibre dans l'unité, par absorber l'individu dans un plan artificiel, et, à la place de la vie naturelle, avec les variétés et les contrastes qui font son charme et aussi sa fécondité imposer, par un rôle uniforme et factice. Qu'on lise, par exemple, les ordonnances somptuaires depuis le XIIIe siècle jusqu'à la fin du XVIIe ; ainsi que le voulait Platon, dans la *République*, elles règlent pour chacun selon sa classe et son rang, sans grand succès, il est vrai, les détails les plus minimes de toilette ou de cuisine.

Sous des appellations qui ont changé, les deux éternels rivaux, le principe d'autorité et le principe de liberté, se retrouvent en présence ; et, s'étant reconnus, la lutte recommence entre eux. De là la grande crise du XVIe siècle, d'où est sortie définitivement la civilisation moderne. Affranchi du joug de l'école, l'esprit humain s'est avisé que l'institution politique, c'est-à-dire l'organisation de la société civile, est de droit positif, qu'elle est dès lors l'œuvre du consentement mutuel des intéressés ; soumise au libre examen, l'idée mystique, admise jusque là, que l'autorité vient de Dieu, s'évanouit comme un mirage : la souveraineté populaire se dresse en face du pouvoir royal.

La thèse n'était pas nouvelle. On la trouve, dès le XIVe siècle, chez les polémistes engagés dans la lutte du pouvoir civil contre la papauté ; ils s'en font une arme contre la tutelle devenue oppressive de l'Église, et quelques-uns la poussent d'un bond à ses conséquences les plus extrêmes, voire jusqu'à la démagogie[1]. Au xve siècle, Philippe Pot, celui que ses contemporains nommaient la Bouche de Cicéron, l'introduit avec éclat aux États généraux de 1484 [2]. Lentement et depuis longtemps propagée, elle fait explosion au xvie siècle ; les questions de liberté individuelle, d'égalité, de droit populaire, que le Moyen Age avait ignorées ou étouffées surgissent de toute part.

54. L'élément principal de la révolution qui s'accomplit, c'est une conception nouvelle sur l'origine, la nature et le rôle de l'État. L'idée antique est écartée d'emblée, en quelque sorte par prétérition. L'autorité cesse d'être regardée comme appartenant au souverain par un droit propre, comme un attribut de la force ou un don divin ; on la considère comme résultant de la soumission réfléchie des sujets, comme sortie de la volonté et du consentement des intéressés. La souveraineté dès lors, est d'institution humaine ; et, par suite, au lieu d'être omnipotente comme jadis, alors qu'elle puisait en elle-même sa raison d'être et sa légitimité, elle est essentiellement limitée puisque l'homme, en l'instituant, lui assigne sa mission et circonscrit par là même ses attributions.

C'est l'idée démocratique. Tous les polémistes du xvie siècle l'admettent, sans conteste en quelque sorte, ceux-là même qui par les tendances ou les desseins y sembleraient le plus opposés : Suarès [3] comme François

1. Sur les polémiques politiques aux xive et xve siècles, cons. Paul Janet, *op. cit.*, t. 1, p. 457 et s.

2. Picot, *Histoire des États généraux*, 2e édit., t. 2, p. 4.

3. *De legibus*, 1611, L. III, c. 11.

Hotmann[1] et Hubert Languet[2]. Recherchant l'origine et le fondement de la souveraineté, ils la placent, non plus dans le pouvoir qui l'aurait par lui-même, mais dans la société qui la confère, dans la société toute entière. Pour Suarès, la délégation résulte de l'institution même du corps politique, c'est-à-dire de la société civile qu'il considère comme un organisme naturel ; elle est tacite et indirecte. Languet va droit à l'idée d'un contrat social, aux clauses débattues et convenues, obligatoires de part et d'autre ; la délégation serait formelle et directe. Tous partent de ce principe que les hommes naissent indépendants et libres, que l'autorité est établie par le peuple et dans son intérêt, qu'elle n'est dès lors qu'une charge déléguée. C'est pourquoi, catholiques et protestants proclament à l'envie la primauté des peuples sur les rois, et, par suite, le droit des peuples à juger et à punir les rois qui abusent du pouvoir. Même dans la bouche des plus sages la vérité prend une forme séditieuse ; Bodin, le judicieux et prudent Bodin, qui plus que tout autre place haut la majesté souveraine, souscrit à la doctrine du tyrannicide[3]. Quelle lumière les idées qui ont cours ne jettent-elles pas sur les événements ? Elles expliquent les fureurs des partis, les guet-apens incessants, le drame de Blois, Jacques Clément, Chatel et Ravaillac. Pour les agitateurs de la Ligue, l'autorité royale ne compte plus ; rude et logique, le siècle se ferme sur

1. *Franco Gallia, sive tractatus de regimine regum Galliæ et de jure successionis*, 1573. Trad. en français par Simon Gaulard.

2. *Vindiciæ contra tyrannos*, publié sous le nom de Junius Brutus, 1579. Trad. en français par François Estienne.

3. La *République*, L. II, c. 5 : « S'il est licite d'attenter à la personne du tyran, et après sa mort annuler et casser ses ordonnances ».

la retentissante apologie du régicide par laquelle Mariana a rendu son nom fameux et compromis pour longtemps l'ordre des jésuites[1].

55. Rien ne marque davantage à quel point la notion nouvelle de l'État a pénétré profondément l'opinion, que les efforts de doctrine tentés par quelques-uns en vue d'éluder, de limiter au moins les conséquences d'un principe qu'on ne songe plus à contester.

Chose singulière, en effet, quoique l'accord fut unanime sur le point de départ, la polémique, selon les écoles, arrivait à des résultats diamétralement opposés ; alors qu'Hotman et Hubert Languet aboutissent à la démocratie, au moins sous la forme atténuée de monarchie élective, Suarès conclut encore au pouvoir absolu.

C'est que, malgré l'adhésion à un principe commun, la controverse continue sur un point : sur le caractère et la portée de la délégation, qui est admise par tous comme étant le fondement de la souveraineté. Deux hypothèses à cet égard, et, par suite, deux systèmes, dont les conclusions sont opposées. D'après Suarès, la souveraineté populaire est « aliénable », puisqu'il dépend de la société d'instituer un corps politique ou de vivre à l'état d'indépendance naturelle ; par le contrat qui institue le corps politique et lie l'un à l'autre le prince et le peuple, celui-ci transmet et aliène sa souveraineté toute entière. Le prince, dès lors, peut en user à son gré ; il n'est pas même tenu d'observer ses propres lois ; il n'est responsable que devant Dieu ; le droit populaire une fois exercé se fond dans le droit divin. Et cependant par une contradiction qui révèle au plus haut point les embarras

1. *De rege et regis institutione*, 1599.

de la doctrine, peu importe qu'elle soit une concession ou un expédient, le célèbre jésuite admet une limite au pouvoir du prince : à moins, ajoute-t-il, que ce pouvoir ne dégénère en tyrannie, auquel cas le peuple peut lui faire la guerre [1]. Pour Hotman et Languet, au contraire, la souveraineté du peuple est « inaliénable »; car elle est un droit inhérent à la nature humaine, un droit naturel. Le contrat social n'est qu'une délégation conditionnelle, et l'autorité, qu'une charge ; le peuple ne se dépouille pas en choisissant le roi, qui n'est que le ministre et l'exécuteur des lois ; dès lors, il garde le droit de le contrôler, de lui résister et de le punir en cas d'abus au détriment du bien commun. De là encore, car ici tous se rencontrent, la doctrine de la rébellion légitime et du tyrannicide.

56. Thèmes à vaines controverses d'école que tout cela [2] ! Les raisonnements artificiels abusent parfois leur auteur, car l'esprit est aisément dupe des desseins qu'il nourrit ; ils sont ensuite acceptés par la confiance docile des adeptes, toujours prêts à accueillir, à défaut de raisons, toute subtilité qui vient à l'appui des idées favorites ; mais le bon sens public, en sa robuste logique, les dédaigne tôt ou tard et passe outre. En cherchant le fondement de la souveraineté, les théoriciens politiques ont rencontré le droit populaire ; il n'y a plus d'hypothèse qui puisse donner le change à l'opinion, ni d'expédient dialectique qui puisse ramener la pensée de la voie où elle est engagée. Le droit populaire collectif

1. *De legibus*, L. III, c. IV et XXXV.
2. On trouvera une étude très complète des idées successivement émises sur l'aliénabilité ou l'inaliénabilité de la souveraineté dans les *Principes fondamentaux du droit* de M. de Vareille-Sommières, p. 273 et s.

implique à sa base le droit individuel de chacun ; dès lors l'indépendance morale de l'homme ne pouvait manquer de sortir toute entière du débat engagé. La science du droit naturel a trouvé son principe et son idée directrice.

La liberté réclamée jadis par le christianisme naissant au nom de la conscience religieuse, est ainsi transportée dans l'ordre politique. Elle s'élargit par là même, et se généralise ; le droit de la personne humaine se dégage avec toute l'autorité d'une loi de nature. L'homme devient le centre de la société civile ; il est la source du pouvoir, qu'il exerce par lui-même ou par délégation, et par suite, il le domine ; c'est pour lui que les lois sont faites. Le rôle de l'État apparaît sans équivoque : c'est le droit de défense personnelle transportée à une force publique au profit de la liberté commune.

57. Les applications de la doctrine sont directes ; elles se résument en ceci : le droit positif tout entier n'a pas d'autre but que d'assurer à l'individu les légitimes prérogatives qu'il tient de sa nature, des besoins et des aspirations de son être. L'enfant vient au monde faible et nu : de là son droit, que lui vaut son impuissance à se suffire à lui-même, d'être élevé par ceux qui ont la responsabilité de son existence ; de là l'autorité paternelle qui n'est, et ne doit être que l'ensemble des pouvoirs reconnus nécessaires et l'accomplissement des devoirs de paternité. L'homme est doué de facultés physiques, intellectuelles et morales ; les utiliser est son devoir, les développer sous sa responsabilité et par suite à sa guise est une prérogative aussi légitime que la propriété de sa personne. Elles sont des droits considérées en elles-mêmes : de là la faculté d'être soi pour tout ce qui con-

cerne l'âme, l'esprit et le corps, de tirer de soi-même la direction de son activité, de se comporter, de penser et d'agir à son gré ; elles sont des droits considérés dans leur exercice : de là la faculté de faire soit individuellement, soit en mettant en rapport avec ses semblables, tous les actes qu'elles comportent, et de se défendre contre les agressions d'autrui ; elles sont enfin des droits considérés dans leurs résultats : de là la propriété qui n'est qu'une extension de la personnalité, et le respect des contrats, c'est-à-dire tout le droit positif, car, directement ou indirectement toute question du droit naît d'une question de propriété ou y aboutit.

On peut suivre dans Bodin le développement du principe, presque complet dès le début [1]. Il réclame la liberté de conscience, non comme une tolérance ou une concession mais comme un droit, au nom de la justice [2] ; il a le grand honneur d'avoirle premier attaqué de front l'esclavage, au moment où la découverte de l'Amérique venait d'en raviver l'usage, d'avoir réfuté en termes définitifs ceux qui l'avaient soutenu, d'avoir démontré qu'il n'est pas moins injuste en soi que funeste dans ses conséquences [3] ; il perçoit très nettement que l'autorité dans la famille, qu'il s'agisse de la femme ou des enfants, repose non sur une idée de puissance mais sur une idée de protection [4] ; enfin il pressent la propriété individuelle et libre, considérée jusque-là comme une conséquence et une délégation de la souveraineté, et il

1. Sur la doctrine et l'influence de Bodin, voir le bel ouvrage de M. Baudrillart, *Bodin et son temps*.
2. L. IV, c. 7.
3. L. I, c. 5.
4. L. I, c. 3 et 4.

démontre qu'elle n'est pas seulement une nécessité sociale, mais la condition et le corollaire nécessaire de la liberté [1]. Un à un les éléments constitutifs de la personnalité humaine se dégagent et s'affirment.

58. La bonne semence est déposée, la moisson est proche : en matière religieuse, le libre examen où aboutit la Réforme en dépit d'elle-même ; en matière philosophique, l'affranchissement définitif de la raison et Descartes ; en matière politique, la notion du droit individuel antérieur et supérieur à la loi, et à l'horizon la Déclaration des droits de l'homme.

Grand entre tous est assurément le siècle qui a eu une telle part dans le développement de la pensée humaine ! Cependant, il ne devait laisser ni une théorie, ni une formule, même approximative, de l'idée qu'il vit éclore, et d'où l'esprit moderne est sorti. C'est que, s'il fut le siècle des grandes polémiques et des batailles, il fut aussi, plus encore peut-être, celui des pamphlets et des guet-apens ; ses savants d'ailleurs, même Bodin dont la pensée est cependant si personnelle et si lucide, étaient trop hérissés de l'érudition compliquée et encombrante de la Renaissance pour dégager les idées générales, et les énoncer en termes définitifs ; il devait rester jusqu'au bout violent et confus. Il a soulevé les questions, marqué les principes, entrevu les solutions et laissé au siècle suivant la tâche de constituer la doctrine. Ce sera l'œuvre de Grotius, de Puffendorf et surtout celle de Locke, qui ouvre le XVIIIe siècle.

59. Grotius a créé le droit des gens, au sens moderne du mot, c'est-à-dire cette partie du droit qui règle les

1. L. V, c. 3.

rapports des nations entre elles, le droit international. C'est l'objet de ses deux principaux ouvrages, son titre de gloire devant la postérité : le traité de la liberté des mers, et le droit de la guerre et de la paix [1].

On le tient communément comme étant, en outre, le « père du droit naturel ». Il doit ce titre que la postérité lui a donné à ce qu'il est le premier qui ait essayé de systématiser les origines, le caractère et le but du droit positif, de le ramener à des principes raisonnés et fixes. Les Prolégomènes placés en tête des trois livres du traité de la guerre et de la paix sont une sérieuse tentative de généralisation; et, avec ce caractère, ils sont en même temps l'introduction naturelle au droit international. Ce droit, en effet, à la différence du droit civil, ne repose pas sur des textes, en dehors des traités conclus; ses règles et ses pratiques, la plupart coutumières, ne peuvent être discutées, justifiées ou combattues, qu'à la lumière des données de la raison remontant aux principes; il touche par conséquent de très près au droit naturel, de si près qu'on l'a d'abord confondu avec lui. De même qu'à Rome, quoique pour des motifs différents, car les mots sont pris désormais dans des acceptions autres, le droit de la nature et le droit des gens sont regardés comme ne faisant qu'un. L'usage de ces formes de langage se perpétuera jusqu'à nos jours.

60. Dès le début, Grotius admet l'existence d'un droit qui a sa source en lui-même; il serait bien vain, dit-il, qu'on entreprît de traiter du droit s'il n'y avait pas de droit: « *Cùm vero frustra de jure disputatio suscipiatur, si*

1. *De mari libero*, 1608; — *De jure belli et pacis libri tres, in quibus jus naturæ et gentium, item juris publici præcipua explicantur*, 1624.

ipsum jus nullum[1] ». Plus loin, il expose que la doctrine du droit naturel ne pourra être constituée tant qu'on ne distinguera pas ce qui est de création humaine d'avec ce qui est fondé sur la nature : « *Nisi ea quæ ex constituto veniunt a naturalibus recte separentur*[2] ». Finalement il proclame l'existence d'un droit immuable comme la nature et la raison d'où il découle, immuable au point que Dieu même n'y pourrait rien changer : « *Est autem jus naturale adeo immutabile, ut ne a Deo quidem mutari queat*[3] ».

Où est ce droit ? C'est de la nature de l'homme, et par conséquent de la nature même des choses que Grotius le fait dériver. Il en place l'origine dans une idée toute subjective : dans l'instinct de sociabilité, dans l'inclination innée chez l'homme pour la société de ses semblables, et dans le besoin qu'il a des sociétés régulières et paisibles[4]. Il en cherche les règles et les applications dans la convenance ou la disconvenance des actes avec une nature raisonnable et sociable, comme est celle de l'homme : « *Jus naturale est dictatum rectæ rationis, indicans actui alicui, ex ejus convenientia aut disconvenientiâ cum ipsâ naturâ rationali ac sociali, inesse moralem turpitudinem, aut necessitatem moralem, ac consequenter ab auctore naturæ Deo talem actum aut vetari aut præcipi*[5] ». Enfin il en trouve le principe premier dans la dignité humaine et ses légitimes prérogatives. De là cette conception pénétrante de la justice sous-

1. Prolégomènes, V.
2. Id. XXX.
3. Id. L. I, c. 1, § 10.
4. Prolégomènes, VIII.
5. L. I, c. 9, I et aussi XIII, 1.

traite désormais à toute équivoque ; la justice, disent les Prolégomènes, consiste à respecter le droit d'autrui, l'injustice à empiéter sur lui : « *Cùm tamen injustitia non aliam habet naturam quàm alieni usurpationem* [1] ». Formule simple, banale, au dire de quelques-uns, qui est cependant toute une révélation ; elle restera celle de l'École libérale. Le point d'appui, cherché depuis si longtemps, où le levier puisse être posé est enfin trouvé : le droit individuel est érigé en principe fondamental du droit naturel. Qui y porte atteinte, État ou particulier, va contre la nature ; la loi, lien des sociétés civiles, a mission d'en assurer la paisible jouissance, et elle ne peut elle-même le mutiler parce que ce serait aller contre son objet : l'ordre, c'est le respect du droit de tous et de chacun.

61. Toutefois, si les idées générales des Prolégomènes sont fidèles à la pensée du XVIe siècle, la doctrine, dans les questions d'application, reste souvent hésitante, parfois même contradictoire avec le principe admis. L'auteur glisse sur le grand problème de la souveraineté, qui avait tant agité le XVIe siècle ; il la rattache bien au consentement des sujets, mais il reconnaît en même temps qu'elle peut résulter de la force heureuse, en d'autres termes de la conquête, et il va jusqu'à admettre qu'un peuple peut aliéner sa liberté s'il le juge utile à son intérêt, notamment pour assurer sa subsistance [2]. Quant à la propriété, il l'explique, non plus comme Bodin qui voyait en elle le corollaire de la liberté, mais par l'occupation, c'est-à-dire en définitive par

1. Prolégomènes, XLIV.
2. L. I, c. 3, § VIII, 7.

un simple fait, un fait de hasard ou de force [1]. Enfin sur la question de l'esclavage, sa solution surprend plus encore ; moins de cinquante ans après la *République* de Bodin, il reprend la these antique et admet la servitude comme pouvant dériver de la convention ou de la guerre [2]. D'où l'on est autorisé à se demander en fin de compte si Grotius voit réellement quelque chose au-dessus et au delà de la puissance du fait.

Pour être grande, la place de l'illustre Hollandais dans le développement du droit naturel n'est pas celle d'un créateur. Son influence a été considérable, et elle dure encore ; mais elle vient moins de la doctrine qu'il a édifiée que des efforts qu'il a faits pour introduire l'idée du droit dans la guerre et dans les traités : dans la guerre qu'il regarde comme trouvant sa justification dans la nécessité de défense, et ses limites dans la sociabilité naturelle aux nations comme aux individus ; dans les traités auxquels il applique le système rigoureux des conventions privées. L'œuvre respire l'idée du droit, mais elle ne l'exprime pas scientifiquement ; elle en rend à un haut degré le sentiment, mais elle n'en fait vraiment pas la théorie. Il lui manque, pour être vraiment classique, la rigueur et la sûreté des déductions, et surtout la clarté de la pensée ; c'est encore une œuvre de la Renaissance, confuse en sa méthode, encombrée d'une érudition inutile qui l'alourdit toujours et l'égare souvent.

62. Puffendorf [3] n'est qu'un disciple de Grotius, dont

1. L. II, c. 2, § 11.
2. L. II, c. 5, § XXVII et s.
3. *De jure naturæ et gentium*, 1672. Trad. de Barbeyrac.

il suit l'esprit et la méthode, disciple généralement terne, sans originalité, diffus surtout au point que sa pensée, faute de se résumer jamais, échappe indéfiniment à qui la cherche.

N'est-ce pas beaucoup de consacrer tout un chapitre à établir que le droit c'est la liberté, mais la liberté limitée par les obligations qu'impose à l'homme sa nature, et par les restrictions que rendent nécessaires sa malice naturelle [1] ? Est-ce jeter une bien vive lumière sur le problème que de consacrer un autre long chapitre à exposer que les règles du droit naturel découlent d'une raison éclairée, et qu'il faut pour les découvrir « considérer avec soin la nature, la constitution et les inclinations de l'homme [2] » ? Le tout pour aboutir à cette formule, présentée comme la loi fondamentale du droit naturel : « Chacun doit être porté à former et entretenir autant qu'il dépend de lui une société paisible avec les autres, conformément à la constitution et au but du genre humain tout entier ;..... d'où il suit que tout ce qui contribue nécessairement à cette sociabilité universelle doit être tenu pour prescrit par le droit naturel, et que tout ce qui la trouble doit au contraire être censé défendu par le même droit » [3]. Ce n'est là que la paraphrase, obscurcie par d'inutiles circonlocutions, de l'idée déjà si peu suggestive de sociabilité dont parle Grotius, et des obligations de réciprocité qu'elle impose. A défaut d'une démonstration rigoureuse, Puffendorf la justifie par la réflexion suivante, tirée d'une considé-

1. L. II, chap. 1er.
2. L. II, chap. 3.
3. L. II, chap. 3, § XV.

ration d'intérêt, et assurément très prévoyante : « La nature n'a donné à personne le privilège de s'attribuer sur les autres un droit dont ils ne puissent user à leur tour par rapport à lui... ; il n'y a même personne d'assez puissant pour avoir lieu de croire qu'on ne soit pas en état de lui rendre la pareille[1] ».

63. Sur un point, cependant, le disciple est allé plus avant que le maître ; il a consommé la séparation de la théologie et de la morale d'avec le droit, et, par là, il a déterminé avec plus de précision que par le passé le domaine de la loi et le rôle de l'État. Sa tendance constante à confondre les sources diverses où il puise les éléments de la discipline qu'il trace à l'homme, ou loi générale, lui imposait de distinguer avec d'autant plus de soin la sanction distincte des obligations qui découlent de chacune d'elles[2].

Désormais les principes à cet égard sont arrêtés. La théologie parle au croyant, la morale s'adresse à l'homme, le droit s'impose au citoyen. La théologie et la morale ont pour organe l'une la religion, l'autre la science, qui procèdent toutes deux par la persuasion ; le droit a pour organe la loi, qui procède seule par la contrainte. Or, dès que la justice consiste pour l'État à protéger le droit individuel, pour les particuliers à le respecter, la liberté humaine échappe à toute limitation, et l'usage qu'on en fait à toute répression tant que la liberté d'autrui n'est pas exposée ou atteinte. D'où la conséquence que l'État ne peut user de la puissance législative et

1. L. II, chap. 3, § X.
2. V. le chap. 5 du L. I : *De la règle des actions morales*. V. aussi le chap. 3, *passim*.

s'interposer que pour garantir le droit de chacun ; au delà commence pour tous le domaine de la liberté nécessaire. La loi réprime légitimement le vol, la violation des contrats, l'adultère, l'oubli des devoirs de réciprocité et généralement toute atteinte au droit des personnes ; mais elle est sans action contre les erreurs ou les égarements de l'esprit et du cœur, contre les vices même, paresse, intempérance, égoïsme ou mensonge, si ce n'est, quand ces vices deviennent préjudiciables à autrui.

64. Est-ce à dire qu'il n'y ait rien de vrai ou de bien en soi, et que la société soit sans intérêt à la direction des idées ou des mœurs ? Non assurément. Un peuple n'est puissant que par la place qu'il occupe dans les annales de l'esprit, et il ne prospère que par sa moralité ; mais c'est la plus chimérique des illusions, et ça a été l'erreur du platonisme sous toutes ses formes, de croire qu'on puisse assurer par la contrainte le règne de ce qui est, de ce qu'on estime au moins être la vérité et le bien.

L'homme a une double destinée à remplir, comme individu d'une part, d'autre part comme être sociable et vivant en société, c'est-à-dire comme citoyen. A lui, dans son indépendance, de résoudre l'énigme de sa destinée individuelle ; le pouvoir civil, par le caractère et le but de son institution, ne connaît que le citoyen, et il n'a action sur lui que dans la mesure indispensable pour que le droit de chacun soit compatible avec celui de tous. Franc jeu pour tous : c'est la loi de nature. Qui s'impose et prétend se substituer au libre effort méconnaît le plan de la création qui a livré le monde à l'éternelle controverse.

Oh ! sans doute, il serait d'un prix inestimable pour la

société d'être composée de membres pensant tous avec justesse, tous moraux, tous dévoués au pays et bienfaisants à leurs semblables, de même qu'il lui serait avantageux qu'ils fussent tous sains de corps et robustes. Mais la question n'est pas là ; elle est de savoir si la contrainte peut efficacement conduire l'homme à l'idéal de vérité et de moralité. Or, à la question posée en ces termes la réponse n'est pas douteuse : l'emploi de la contrainte, dans l'ordre des faits intellectuels et moraux, est vain, illégitime et dangereux. Il est dangereux, car admettre la liberté du vrai et du bien, et prétendre écarter celle du mal ou de l'erreur, c'est, sciemment ou sans le vouloir, consacrer à l'encontre de tous la suprématie d'un point de vue individuel. Il est illégitime, car la valeur subjective d'une opinion et le mérite intrinsèque d'un acte dépendent des qualités internes de cette opinion ou de cet acte, c'est-à-dire d'éléments où la force ne peut rien ; la vérité n'est telle que si elle l'est métaphysiquement, elle n'éclaire l'esprit que s'il va à elle de son propre élan, de même que le mérite d'un acte se mesure à l'intention libre et éclairée de l'agent ; d'où il suit que l'État ne peut se substituer à la volonté individuelle, sous prétexte d'imposer le vrai ou le bien, sans détruire par là même le principe essentiel de l'un et de l'autre. Enfin l'emploi de la contrainte est vain, car la force n'a de prise ni sur la pensée ni sur la conscience ; elle ne peut obtenir dès lors que des résultats extérieurs, simplement apparents, absolument sans vertu par là même au point de vue psychologique, à peu près stériles au point de vue social. On démontre le vrai par la dialectique afin de convaincre ; on conseille le bien afin d'y conduire, on incite au besoin à le pratiquer par exemple, avis, remontrances ou prières ; on ne les impose pas par voie d'autorité. Comment l'homme serait-il équitablement obligé d'agir ou de s'abstenir parce que dans l'opinion d'un de ses semblables, fût-ce de tous, ce serait raisonnable ou sage, ou meilleur et plus utile pour lui, s'il en juge autrement lui-même? L'intervention de l'État sur ce domaine constitue l'intolérance ; et l'intolérance n'a jamais eu finalement d'autre résultat que de faire des malheureux ou des hypocrites. C'est aux controverses doctrinales, aux luttes d'opinion, à la propagande et à l'exemple, en un mot à l'action de la société sur elle-même de former les idées et les mœurs, de les rectifier quand elles s'égarent ou se corrompent ; là où ces influences salutaires échouent, c'est qu'il y a germe de mort et que la société va périr, la loi n'a jamais entrepris à cet égard sans démontrer son impuissance ou sans devenir elle-même corruptrice. Horace a eu l'intuition d'une des règles les plus certaines de la philosophie de l'histoire quand il a dit :

> Quid leges sine moribus?
> Vanæ proficiunt[1]...

Tout autre est le caractère des prescriptions de la justice. L'observation forcée, quant à elles, vaut l'observation volontaire ; et l'État puise alors son pouvoir d'intervention dans la charge qu'il a d'exiger ce qui est nécessaire au besoin social qu'il représente. Ainsi, il importe à l'ordre que la propriété soit assurée, et la loi punit le vol ; dès qu'on ne vole pas, que ce soit par res-

1. L. 3, XVII.

pect réfléchi du droit ou par crainte de la peine, le résultat est atteint.

65. Peu à peu la doctrine se constitue, principe et applications. Ses parties, écloses d'abord séparément, vont maintenant se rapprocher et se souder entre elles; l'heure est venue d'un exposé didactique, déduit scientifiquement : c'est l'*Essai sur le gouvernement civil* de Locke [1].

L'esprit si profondément individualiste de la race saxonne la préparait mieux et plus que toute autre à l'idée des droits de l'homme et du self government. C'est pourquoi l'Angleterre a pu poser et résoudre au XVIIe siècle, avec une décision merveilleuse, le problème qui agitait le reste de l'Europe depuis la Renaissance, et qui devait l'agiter longtemps encore. Ses barons, pour défendre leurs privilèges, eurent l'habileté d'associer le pays à la résistance des Parlements contre les tendances autoritaires de la royauté; et, en prenant la direction du mouvement, ils surent éviter à la liberté de se perdre dans la démagogie. La révolution de 1640 avait été calviniste et démocratique ; celle de 1688 fut anglicane et conservatrice ; toutes deux, avec des tendances différentes, ont été une revendication nationale au nom de la Grande Charte, base des libertés anglaises, contre le principe du droit divin ou de l'omnipotence royale représenté par les Stuart.

Deux noms résument les idées alors en présence et en lutte : Hobbes, royaliste et homme de parti, qui entreprend l'apologie de l'absolutisme à outrance et écrit dans

1. Londres, 1690. Traduit en français par Coste en 1780.

ce but le *De cive*[1] et le *Leviathan*[2]; Locke, philosophe et politique, le représentant du libéralisme anglais à cette époque. L'*Essai sur le gouvernement civil*, malgré quelques vues reconnues depuis erronées, reste le livre classique de l'idée moderne du droit.

66. La thèse du *De cive* et du *Leviathan* n'est pas autre au fond que celle de Suarès ; à cela près qu'au lieu d'être circonspecte et pleine de précautions comme dans le *De legibus*, elle est poursuivie dans ses résultats les plus extrêmes avec une logique dédaigneuse de tout ménagement, et va délibérément jusqu'à la brutalité, sinon jusqu'à l'absurde.

De même que presque tous les théoriciens politiques depuis le XVIe siècle, Hobbes part de l'idée d'un contrat, origine de la société civile, par lequel l'homme passerait de l'état de nature à l'état social. Par ce contrat, dit-il, les particuliers abdiquent et aliènent leur indépendance toute entière, et s'abandonnent sans réserve sous la condition d'être protégés les uns contre les autres, ce qui est le but et l'objet de l'institution du corps politique ; il en conclut que l'autorité, le roi dans la monarchie ou la majorité dans les démocraties, est investie d'un pouvoir sans limites sur les personnes et sur les choses, sans être elle-même soumise à aucune loi. C'est elle qui fixe librement ce qui est bien ou mal, juste ou injuste, qui autorise ou interdit les opinions et les croyances, qui donne ou retire les biens... etc. ; son droit ne s'arrête que là où le sujet aimerait mieux la mort que l'obéissance. Le pacte conclu est définitif ; il lie les

1. 1642-1647. Traduit en français par Sorbières en 1649.
2. 1651. Traduit en latin en 1668.

partis tant que l'État est assez fort pour l'exécuter, c'est-à-dire pour demeurer le maître, après quoi l'état de nature recommence [1].

Le philosophe démontre-t-il ces propositions ? Nullement, il les affirme ; elles sont l'hypothèse d'un système. L'état de nature, c'est celui où l'homme n'a d'autre guide que son désir et n'obéit qu'à la loi de l'instinct et du besoin ; il ne connaît ni juste ni injuste, ni tien ni mien, ni propriété ni droit quelconque, car tous ont un droit égal à tout ; il n'a pas d'autre loi que l'intérêt et la force. Conséquemment, c'est l'état le plus malheureux qui se puisse concevoir, un état de guerre de tous contre tous : *homo homini lupus* [2]. Comme d'autre part la conservation de la personne et de la vie est le suprême bien, de même que le plus grand mal est la destruction, il est de l'intérêt de l'homme de fuir l'état de nature, qui est un fléau, et, pour cela, d'élever au-dessus des individus une autorité qui puisse établir et faire régner la sécurité. De là le contrat social par lequel les individus se démettent aux mains de l'État de la puissance illimitée qu'ils ont naturellement, attendu qu'elle ne peut être que périlleuse pour eux. Ainsi investi des droits qu'avait l'homme auparavant, et que celui-ci lui communique, l'État est créé tout puissant. Pas plus qu'avant il n'y a après le contrat rien de juste ou d'injuste en soi ; la seule loi c'est la volonté du maître, à laquelle tous doivent désormais obéissance [3]. Il est utile d'ailleurs, qu'il en soit ainsi, car l'autorité n'est assez forte

1. *De cive*, sect. 2, c. VI, 13, 14 et 16.
2. Léviathan. c. XIII.
3. *De cive*, sect. 2. c. V, 9.

pour protéger que si elle est assez forte pour opprimer. Hobbes ne recule devant aucune conséquence de son principe : il ne voit rien que de légitime dans l'esclavage, et il traite la propriété individuelle de « droit séditieux[1] ».

De sorte que finalement ni à l'état de nature, ni à l'état social il n'y aurait d'autre droit que la force. L'homme peut tout dans l'état de nature : la force y est au service des appétits ; le prince peut tout dans l'état social : la force y est au service de l'utilité commune. Pas de milieu entre la guerre de tous contre tous ou la sujétion de tous. Le droit individuel et son corollaire ou son origine, la souveraineté populaire, voilà, à l'état social, l'idée fausse, contradictoire et fatale, le Léviathan de la légende, dont le prince doit écraser la tête. Étrange conception qui suppose le droit illimité de tout faire à l'état de nature pour conclure à la servitude nécessaire à l'état social ! On dirait une gageure, ou le cri d'une doctrine perdue qui a voulu, avant de disparaître, outrer son principe et le jeter à l'opinion comme un défi.

67. Locke part également de l'état de nature ; seulement, au lieu d'y voir, comme Hobbes, un état de guerre où règnent exclusivement l'instinct des appétits et la force, il y voit l'état où l'homme est régi par la morale, qui, elle, est antérieure à toute convention et indépendante de tout pacte humain[2]. De même encore que Hobbes, il admet l'hypothèse du contrat social ; seulement il le regarde comme conférant à l'État, non pas l'omnipotence, mais une mission limitée par la fin

1. *De cive*, sect. 2. c. XII, 7.
2. C. 1.

même de la société civile qui est la protection et non la servitude, mission qui ne peut être outrepassée sans que le contrat soit rompu, ce qui ramènerait à l'état de nature[1]. A ceux qui avancent, ce qui est supposition pure, que le contrat social aurait entraîné abdication par l'homme de tous ses droits au profit du pouvoir politique, il répond, ce qui est l'évidence et le bon sens, qu'un contrat n'a d'effet que dans une mesure conforme à l'intention des parties, et que dire que les hommes se sont abandonnés à la discrétion de l'État afin d'être protégés par lui les uns contre les autres, c'est leur prêter gratuitement la plus absurde des conceptions : leur imputer d'avoir songé à se garantir contre les fouines et les renards en consentant, dans ce but, à se laisser dévorer à merci par les grands carnassiers. L'apophthegme est décisif en sa forme humoristique. Et alors, tout à l'inverse de Hobbes qui conclut à la force comme seule loi de la société, Locke conclut à la liberté comme étant le premier des droits, et, par suite, le principe et but de la politique. Il la définit ainsi : au point de vue moral, autrement dit à l'état de nature, c'est le pouvoir de faire ce que l'on doit vouloir ; au point de vue civil, autrement dit à l'état social, c'est le pouvoir de faire usage de ses facultés et de ses biens sous la garantie des lois. En définitive, l'idée de justice, telle que Grotius l'a entrevue d'intuition, est obtenue dialectiquement.

La protection des facultés humaines en elles-mêmes, dans leur exercice, dans leurs résultats devient ainsi l'objet du droit positif tout entier, du droit public, comme du droit privé. Du droit public : l'État, chargé de tout ce

1. C. 2.

qui concerne le but de la communauté, police et justice, défense du pays, gestion des intérêts matériels et politiques, doit être organisé de manière, d'une part, à suffire à sa mission, d'autre part, à ne rien pouvoir contre le but de son institution ; du droit privé : il règle les relations des particuliers entreeux, et cherche la limite juste, c'est-à-dire ramenée à son minimum, qui doit être imposée à l'usage extérieur de la liberté afin que le droit de chacun soit respecté et l'égalité assurée. Pénétrant ensuite, guidé par ces vues, dans les diverses parties de la législation, Locke déduit des principes posés, qu'il illustre pour ainsi dire par leurs applications, les règles essentielles sur l'organisation de l'État, la constitution de la famille, le règlement de la propriété et des contrats. L'esprit du droit moderne est là tout entier.

68. Il n'est guère qu'un sujet où la doctrine de l'*Essai* soit restée en défaut, au moins inachevée : c'est quant à la propriété. Locke la place en tête des droits qui rentrent dans l'ordre des biens. De même que Bodin, il la regarde comme étant de droit naturel : « Bien que la nature ait donné toutes choses en commun, dit-il, l'homme néanmoins étant le maître et le propriétaire de sa personne, de toutes ses actions, de tout son travail, a toujours en soi le grand fondement de la propriété ». Cependant il la rattache plutôt à l'idée économique de valeur, de valeur créée : « La nature, ajoute-t-il, ayant imposé à l'homme l'obligation du travail, lui permet par là même de considérer comme sien ce qu'il produit, ce qu'il utilise, modifie ou améliore [1] ». Sous une forme moins heureuse car elle est moins claire, et en même

1. C. 4.

temps moins élevée car elle incline à la notion d'utilité, c'est en définitive le système de Bodin.

Toutefois Locke se sépare de l'auteur de la *République* sur un point. Tout en proclamant la légitimité théorique et la nécessité sociale de la propriété, il assigne une limite à l'appropriation qu'il n'admet que sous une réserve ; l'appropriation par l'un cesserait d'être légitime là où elle ne laisserait pas possible l'appropriation éventuelle par les autres. Or, si cette limite devait être acceptée, elle n'aboutirait à rien moins qu'à la négation du principe, ou, ce qui reviendrait au même en fait, au désaveu de ses conséquences. La logique, il est vrai, l'imposait en quelque sorte à Locke ; car, dès que l'idée fondamentale du système est que la liberté individuelle, complète à l'état de nature, doit s'arrêter dans l'état social là où elle empiéterait sur celle d'autrui, ne faut-il pas que l'appropriation, puisqu'elle n'est qu'une des formes de la liberté exercée, s'arrête, elle aussi, là où elle ne respecterait pas l'appropriation éventuelle par autrui ? L'objection était plus qu'embarrassante, elle était péremptoire dans un état économique qui ne connaissait pas d'autre richesse que le sol, pas d'autre propriété que la propriété foncière, laquelle est limitée ; elle a disparu depuis que la propriété immobilière n'entre plus que pour une part décroissante dans la somme des richesses, depuis que la richesse mobilière s'est constituée sous ses mille formes, avec son élasticité en quelque sorte indéfinie. L'appropriation n'ayant plus de limite, la propriété individuelle peut et doit être reconnue avec sa portée intégrale.

C'est la doctrine que les économistes de la fin du

XVIIIe siècle, notamment Mercier-Larivière et Adam Smith, devaient achever de mettre en lumière. La théorie de la propriété, en effet, touche essentiellement à celle de la richesse ; elle y touche sous deux rapports : d'abord, parce que la propriété n'est, en définitive, que l'expression juridique de la richesse elle-même, en outre, parce que sans elle l'expansion de l'activité, qui est la source de la production et du progrès en tout genre, serait arrêtée. Les fondateurs de l'économie politique ne pouvaient dès lors manquer d'en aborder le problème ; c'est à eux que revient le grand honneur d'en avoir donné la solution définitive. La propriété, d'après eux, procède du travail, et l'échange ne fait ensuite que la déplacer ou la transformer ; or, la liberté du travail implique l'appropriation du produit, car confisquer le résultat de l'exercice des facultés équivaudrait à confisquer ces facultés elles-mêmes : donc la propriété est de droit naturel, comme la liberté elle-même dont elle est une des formes, dont elle est le corollaire nécessaire [1]. Les plus fines analyses de la philosophie contemporaine n'ont pas trouvé autre chose, ni mieux. M. Fouillée a écrit excellemment : « Ramenez l'idée de liberté des hauteurs de la métaphysique abstraite sur le domaine de la réalité positive, elle y prendra une forme nouvelle et un nom nouv au, elle s'appellera la propriété » ; ailleurs, condensant davantage sa pensée, il dit de la propriété qu'elle est « la liberté faite visible [2] ».

69. L'Histoire a ses contrastes, on pourrait dire ses ironies. Pendant que s'accomplissait la révolution d'An-

1. V. sur les origines et le développement de ces idées. Cauwès, *Précis d'économie politique*, 2e édit. t. 1, p. 160 et s.
2. *L'idée moderne du droit*, p. 189 et 191.

gleterre, et que Locke, son fervent et son philosophe, construisait scientifiquement la théorie de la liberté civile, en France le siècle de Louis XIV relevait avec ses conséquences les plus extrêmes l'idée antique du droit. C'est l'époque brillante de la monarchie ; elle devait en être le chant du cygne, car elle marque l'apogée de l'absolutisme, et l'absolutisme, quand il arrive à son plein développement, a ses fatalités inexorables.

Bossuet est le théoricien du régime. Ébloui du spectacle qu'il avait sous les yeux, subissant d'autre part l'influence des traditions théocratiques, il écrit la *Politique tirée de l'Écriture Sainte* [1], qui n'est pas autre chose que l'apologie doctrinale de l'absolutisme le plus complet. On n'y trouve ni la subtilité ingénieuse de Suarès, ni la dialectique brutale de Hobbes, car, dans le grand siècle, tout doit être noble et s'exprimer noblement ; mais la conclusion, si elle est autrement déduite et autrement formulée, se retrouve la même en définitive : c'est l'omnipotence de l'État personnifié dans le roi, sans autre contre-poids que le sentiment chez le prince de ses devoirs et de sa responsabilité devant Dieu. Il y a bien un droit universel qui consiste dans l'ordre supérieur qui régit les créatures [2] ; mais c'est au prince de l'interpréter dans sa volonté libre et sa toute-puissance. La souveraineté vient de Dieu ; la justice est un don divin ; de même que Dieu est tout dans l'univers, de même le prince est tout dans l'État ; il est l'État lui-même, et ses droits sont illimités comme ses devoirs. L'absolutisme ainsi compris devient

1. Composée en 1677, imprimée en 1709.

2. « Sous un Dieu juste, il n'y a pas de puissance qui soit affranchie par sa nature de la loi naturelle divine ». *Op. cit.*, L. VIII, art. 1, prop. 4.

un dogme; la foi monarchique, par une sorte de mystère, absorbe dans l'hérédité les droits de la nation et ceux de l'individu.

Louis XIV n'était que trop disposé à écouter ces leçons. On a maintes fois rappelé le mot cruel qu'eût sur lui Saint-Simon : « Le croirait-on, dit-il, il était né bon et juste »? Comment le fut-il resté quand les philosophes lui soufflaient que le prince n'a pas à connaître d'autre loi que sa volonté, quand les courtisans épuisaient pour lui et jusque pour ses faiblesses les adulations et les flatteries, quand, ne se contentant pas de le comparer à Dieu, on l'y comparait, comme le dit Mme de Sévigné, « d'une manière où l'on voit clairement que Dieu n'est que la copie[1] »? Épris de son droit, comme c'était le devoir de sa charge, comment eût-il admis que rien pût limiter un pouvoir qui, dans l'opinion reçue, s'il avait le bien public pour fin, avait la grâce divine pour fondement?

70. De même que les idées font les mœurs, les doctrines expliquent les institutions et les actes. Dès que les remontrances allégoriques du *Télémaque* étaient taxées d'irrévérence, et ses allusions voilées au respect dû à la dignité humaine d'utopie, il est bien clair qu'il ne pouvait plus être question de droits appartenant à l'homme.

Bossuet, reprenant la thèse de saint Augustin et de saint Thomas, conteste la légitimité de la propriété, ou du moins il ne voit en elle, de même qu'en tout prétendu droit, qu'une concession de l'État: « Otez le gouvernement, dit-il, la terre et tous les biens sont aussi communs entre les hommes que l'air et la lumière. Selon

1. Lettre du 13 juin 1685.

le droit de la nature, nul n'a de droit particulier sur quoi que ce soit, et tout est la proie de tous. Du gouvernement est né le droit de propriété, et, en général, tout droit vient de l'autorité publique [1] ». C'est la traduction presque littérale du passage cité plus haut de saint Augustin. Quoi de surprenant à ce que Louis XIV écrive au dauphin : « Vous devez être persuadé que les rois ont naturellement la disposition pleine et libre de tous les biens qui sont possédés aussi bien par les gens d'Église que par les séculiers, pour en user en tout temps, comme sages économes, c'est-à-dire suivant le bien général de l'État [2] ». De là les confiscations et les impôts arbitraires ; c'est, résolue par voie d'autorité, la fameuse question de la Directe universelle du roi, si discutée par tous les anciens domanistes.

Même transition directe de la théorie aux actes quant à la liberté de conscience. Bossuet, de même que saint Augustin et saint Thomas, enseigne, au nom de la vérité révélée, la nécessité de réduire les hérétiques par la force; Louis XIV, en 1685, révoque l'édit de Nantes, la grande conquête du XVIe siècle, et il ouvre une fois de plus l'ère des persécutions. On a essayé de bien des manières d'expliquer l'édit de révocation; on en a rejeté la responsabilité sur Louvois et sa dureté hautaine, sur Mme de Maintenon et l'influence qu'elle avait su prendre sur le roi vieilli, sur d'autres encore. Qu'est-il besoin de chercher tant, et pourquoi vouloir à toute force de petites causes aux grands événements ? L'erreur a sa logique; en consommant l'acte inique et funeste qui pèse sur sa

1. *Politique*, L. 1, art. 3, propos. 4.
2. *Œuvres de Louis* XIV, L. 1, p. 57.

mémoire, Louis XIV avait pour complices les doctrines politiques qui régnaient dans les sphères officielles, les gens de cour qui enchérissaient sur elles pour flatter le maître. « Rien n'est si beau que tout ce qu'il contient », disait de l'édit Mme de Sévigné au plus fort des dragonnades, « Jamais aucun roi n'a fait et ne fera rien de plus mémorable [1] ». Que répondre à de tels jugements, sinon qu'il y a des cas de cécité morale ou politique, comme de cécité physiologique.

La notion du droit individuel, qui paraissait au siècle précédent définitivement acquise, a tout à coup subi une éclipse ; comme dans la cité antique, les particuliers ont bien des droits dans leurs rapports les uns avec les autres, mais ils n'en ont pas au regard de l'État qui est redevenu le maître des choses divines et humaines, le gardien de la vérité et le pasteur du troupeau humain. Le retour à l'antiquité est complet, Bossuet défend jusqu'à l'esclavage [2] ; et il le fait pour rendre en quelque sorte hommage aux principes, puisque c'est depuis longtemps une règle acquise que l'esclave qui touche terre française est par cela seul affranchi [3].

71. La réaction ne se fit pas attendre après la mort de Louis XIV. En 1699 le *Télémaque* avait fait scandale et entraîné la disgrâce de Fénelon ; vingt ans après, cinq ou six ans après la fin du grand règne, les *Lettres persanes* faisaient fureur et rendaient en un jour le nom

1. Lettre du 28 octobre 1685.
2. L. L.
3. « Toutes personnes sont franches en ce roiaume ; et sistot qu'un esclave atteint les marches d'icelui, se faisant baptizer, est affranchi » (Loysel *Institutes coutumières*, L. I. R. 24). Sur l'état de la question en fait aux XVIIe et XVIIIe siècles, cons. Viollet, *Précis de l'histoire du droit français*, p. 280.

de Montesquieu célèbre et populaire. On s'en délectait partout, même à la Cour, un peu sans doute à cause des épisodes anacréontiques et des scènes légères qui y abondent, mais surtout, cela est certain, à raison de l'esprit frondeur qui les anime et de la hardiesse des allusions politiques ou sociales. Le maître disparu, ceux-là même qui l'avaient le plus adulé se vengeaient par le rire du joug qu'ils venaient de porter.

La lutte recommence, envenimée par l'obstination des résistances et de trop longues alternatives de succès et de revers. Toutefois elle ne recommence pas dans les mêmes conditions ; la philosophie politique change de direction et même d'objet. L'idée du droit individuel semble acquise en théorie ; ses principales conséquences semblent n'être plus contestées ; l'effort se porte vers l'organisation des garanties. La notion de la liberté politique se dégage, envisagée comme garantie de la liberté civile. Les principes sont indépendants de leur application ; de ce qu'ils sont ou peuvent être méconnus, il ne faut pas conclure qu'ils soient vains ; mais c'est une raison suffisante d'aviser à les faire respecter. Après la poursuite du but, la recherche des moyens, c'est l'ordre rationnel. De là, au XVIIIe siècle, une suite non interrompue d'écrits en quête d'un gouvernement idéal, et parmi eux, au premier rang, par droit de génie, l'*Esprit des Lois*[1].

72. On y chercherait en vain une théorie sur le fondement du droit. A maintes reprises, il est vrai, Montesquieu proclame l'existence d'une justice universelle et éternelle, antérieure aux conventions et lois humaines,

1. Paris, 1748.

existant en dehors et au-dessus d'elles [1] ; il la suppose et s'y réfère incessamment dans ses déductions et jugements, mais nulle part il n'a entrepris de remonter à sa source pour en découvrir la nature, le caractère et la portée. La tendance de son génie, plutôt observateur que spéculatif, ne le portait pas aux abstractions ; sa donnée sur la cause première des lois, d'où procède leur fin idéale, se réduit à une conception toute formaliste.

La justice, d'après l'*Esprit des Lois*, ne serait pas une réalité objective, mais seulement un rapport, « un rapport de convenance ». C'est là pour Montesquieu l'idée maîtresse, à propos de laquelle il dit : « Quand j'ai eu découvert mes principes, tout ce que je cherchais est venu à moi [2] ». Elle apparaît déjà dans les *Lettres persanes* où Usbeck écrit à Rhedi : « La justice est un rapport de convenance qui se trouve réellement entre deux choses, rapport qui est toujours le même, quelque être qui le considère, soit que ce soit Dieu, soit que ce soit un ange, ou enfin que ce soit un homme [3] ». L'idée s'accentue et se transforme en principe essentiel dans l'*Esprit des lois*; c'est elle qui explique les deux célèbres définitions des lois qu'on y trouve : les lois sont « les rapports qui se trouvent entre la raison primitive et les différents êtres, et les rapports de ces êtres entre eux », ou, en termes plus généraux, « les rapports nécessaires qui résultent de la nature des choses »[4]. Dans sa généralité, l'aperçu, on peut l'admettre, est d'une incontestable vérité ; seulement, en l'énonçant, Montesquieu s'arrête à ce genre intermé-

1. V. spécialement, L. 1, ch. 1, *suprà*, n°. 20.
2. Préface.
3. Lettre 84.
4. L. 1, chap. 1.

diaire de vues que donne la réflexion spontanée, et c'est pourquoi sa notion de la justice n'est qu'une entité flottante, un postulat qui n'autorise aucune conclusion, à moins qu'elle ne se réduise à l'énoncé d'un simple fait.

73. En effet, tout rapport suppose un rapprochement entre deux termes; un rapport de convenance, dans l'ordre des idées, suppose deux idées par rapport à l'une desquelles la conformité de l'autre puisse s'apprécier. Or, dans les définitions présentées, où est l'idée première au regard de laquelle le rapport de convenance constituerait la justice? Avant Montesquieu, Grotius, lui aussi, a cherché la règle du droit dans la convenance ou la disconvenance des actes ; seulement il ajoutait : dans leur convenance ou leur disconvenance avec l'instinct de sociabilité, et les conditions que suppose la satisfaction de cet instinct [1]. Nulle part, au contraire, l'*Esprit des Lois* ne dégage un terme constant de rapprochement. Ici c'est une considération d'utilité, là l'action d'un fait accidentel et fortuit ; la nature du sol, l'étendue du territoire, le chiffre de la population, la forme du gouvernement, la religion, les mœurs, les précédents, toutes les influences extérieures en un mot d'où résulte et qui expliquent la relativité des lois humaines, autant d'éléments de la nature des choses.

Vainement Montesquieu dit : « Je n'ai point tiré mes principes de mes préjugés, mais de la nature des choses [2] » . Telle qu'il l'entend, cette nature des choses, contrairement au sens habituel des mots, n'a rien de

1. *Suprà*, n° 60.
2. *Esprit des Lois*, préface.

permanent ; elle est, au contraire, variable à l'infini, puisqu'elle n'est que ce qui amène les choses et les explique. D'où il résulte que si l'idée d'un rapport avec elle est absolue, la justice, réduite à n'exprimer que le résultat de ce rapport, devient indéfiniment relative et contingente ; avec cette façon de la comprendre, on est inévitablement conduit à transformer toutes les combinaisons et transactions, amenées par les circonstances en règles définitives. C'est à quoi aboutit l'*Esprit des Lois* ; et, dès lors ce n'est pas sans raison qu'on a reproché à Montesquieu d'avoir tout légitimé par sa notion de la justice en expliquant tout par elle, et à sa méthode de conduire au fatalisme historique.

L'autorité qu'a obtenue dès son apparition et dont jouit encore aujourd'hui l'*Esprit des Lois* ne lui vient ainsi ni de son principe, ni de sa méthode, puisque son principe est vide et fragile, et que sa méthode n'est qu'un perpétuel paralogisme ; elle lui est venue de ce qui, dans la pensée de Montesquieu, ne devait être qu'un accessoire : des développements qui accompagnent, illustrent en quelque sorte l'exposition de la thèse.

74. Les lois dont il expose l'esprit, où mieux peut-être le système, ne sont pas les lois philosophiques au caractère absolu, ou droit naturel, ce sont les lois humaines au caractère relatif, ou droit positif. Il en trace ce que M. Janet appelle ingénieusement « les causes secondes [1] » ; il les observe dans les nécessités qui les amènent et le but qu'elles visent, dans leurs rapports avec les mœurs et les tendances du pays, dans leurs conséquences et leurs conditions d'efficacité se-

1. *Op. cit.*, t. 2, p. 382.

lon les temps, les lieux et les circonstances. C'est là, il le dit formellement lui-même, ce qu'il appelle l'esprit des lois [1]. Dès lors, le livre auquel il a donné ce titre n'est pas un traité de philosophie, pas plus qu'un traité d'histoire ou de droit, mais un traité de législation, prenant ce mot dans son acception technique ; il a pour objet la politique du droit, l'art de la législation. De propos délibéré, Montesquieu s'est placé et a entendu se maintenir sur ce terrain intermédiaire où les principes rencontrent les applications, et où l'on peut suivre leur action réciproque. Empruntant ses exemples à toutes les législations connues, il cherche l'origine et la raison d'être des institutions soit dans la nature de l'homme, soit dans des causes locales et particulières ; il montre sous quelles influences elles naissent, se transforment et disparaissent ; et de l'étude qu'il en fait jaillissent incessamment des aperçus lumineux, des réflexions pénétrantes, exprimées en style d'aphorisme, qui résument en peu de mots de longs raisonnements et des méditations assidues, et sont sur chaque sujet comme des jets de bon sens spontané et de clairvoyance réfléchie. Ainsi se forme peu à peu sous sa plume un ensemble d'idées générales déduites des faits observés, un corps de doctrines suggérées par l'étude des besoins de l'homme et révélées par l'expérience comparée des sociétés humaines ; et si ce n'est pas là, dans son essence, « la raison humaine en tant qu'elle gouverne tous les hommes de la terre », ainsi que l'*Esprit des Lois* définit le droit [2], c'en est à coup sûr l'écho fidèle.

1. L. 1, ch. 3.
2. L. 1, ch. 3.

Qu'importe après cela que dans ce magnifique inventaire d'observations sociales, modèle de belle ordonnance et de clarté, il se soit glissé des erreurs historiques, qu'on y trouve des rapprochements forcés ou des déductions raffinées à l'excès ! On ne peut le nier, et là est le titre de gloire de Montesquieu, nul n'a déduit de l'observation des maximes de gouvernement plus sages et plus suggestives ; nul en aucun temps, avant ou depuis, n'a mieux mis en lumière le rapport qui existe entre l'état social d'un peuple et les lois qui lui conviennent, ni mieux démontré les ménagements que le législateur doit aux influences qui gouvernent l'enchaînement des faits, l'esprit, en d'autres termes, dans lequel les lois doivent être faites. En cela et pour cela l'*Esprit des Lois* est demeuré depuis un siècle et demi la plus admirable école d'expérience et le meilleur conseil des nations civilisées. On n'a rien exagéré quand on l'a appelé le code de la raison et de la liberté. Fût-on le philosophe le plus exigeant au point de vue de la rigueur des méthodes, on se demande « si cette philosophie des causes secondes et moyennes n'est pas plus instructive qu'une théorie abstraite du droit qui laisse indécise la question de savoir comment ce droit pourra être appliqué dans telle ou telle circonstance[1] ».

75. Si maintenant on s'enquiert dans quelle mesure Montesquieu a finalement contribué à l'affermissement ou au développement des idées en travail à son époque, il faut, pour répondre, distinguer ce qui est le fruit des tendances naturelles de son esprit, et ce qui vient de la thèse admise. Ses tendances : elles s'inspirent invariable-

1. Paul Janet, *op. cit.*, t. 2, p. 332.

ment du sentiment le plus vif de ce qui est dû à l'homme, de la liberté morale qui est bien, elle aussi, un élément de la nature des choses, qui même domine tous les autres; par elles il se rencontre avec Locke et l'école anglaise, et c'est d'elles que procèdent les grandes et utiles réformes dont il a été le promoteur. Sa thèse : elle se réduit en définitive à l'étroite conception qu'il s'est faite de la justice ; elle lui a malheureusement voilé l'idée progressivement dégagée par les philosophes que la source du droit est dans l'homme même, que son fondement est dans la liberté morale, et, c'est d'elle que procèdent les imperfections de l'*Esprit des Lois*. Tout Montesquieu s'explique par cette opposition des tendances de son esprit et des sujétions que lui imposent son système.

Il n'a rien laissé à dire sur la question toujours pendante de l'esclavage ou de ses dérivés; il l'a résolue en démontrant, sans réplique possible désormais, que ce prétendu droit qui fait d'un homme la chose d'un autre homme est injuste en soi, qu'il n'est utile ni pour le maître ni pour l'esclave, qu'il est pernicieux pour l'État puisque « la liberté de chaque citoyen est une partie de la liberté publique [1] ».

Sa démonstration n'est pas moins décisive dans l'éternelle question de la liberté de conscience, posée de nouveau depuis l'édit de révocation ; la remontrance aux inquisiteurs qu'il met dans la bouche du juif portugais rappelle, avec la concision en plus et par suite avec une force plus grande, les belles paroles de Bodin au XVIe siècle [2].

En matière pénale, il a été vraiment un novateur et

1. L. XV, ch. 2.
2. L. XXV, ch. 9 et s.

un initiateur ; il a frayé la voie à Beccaria et à Filangieri en s'élevant contre la torture et la barbarie des peines, en montrant qu'elles compromettent la répression loin de la servir, et qu'il faut respecter le droit même dans la personne de ceux qui l'ont violé [1].

Enfin, pour la pénétration et la clairvoyance, rien n'égale l'analyse si fine qu'il fait du caractère respectif des libertés philosophique, civile, légale et politique [2].

76. La liberté philosophique consiste « dans l'exercice de la volonté [3] ». Elle n'est que le libre arbitre, ou faculté qu'a l'esprit de se déterminer en n'obéissant qu'à lui. Elle est individuelle et interne, l'homme l'a par lui-même, et, à l'état normal, il dépend toujours de lui de l'avoir et de l'avoir complète ; elle n'est pas un but, car elle consiste en définitive dans la faculté de choisir, elle n'est que le moyen d'arriver au vrai et au bien.

La liberté civile n'est plus dans la seule volonté ; elle est dans les actes extérieurs, et elle rentre par là dans le domaine du droit positif. C'est la faculté d'exercer sa volonté en agissant ou n'agissant pas. Elle n'est plus individuelle et interne, mais sociale puisqu'elle concerne et intéresse l'homme dans ses rapports avec ses semblables ; elle devient, car elle représente ce que l'État a mission d'assurer à l'homme, le but de la société civile et l'objet du droit ; elle consiste « à pouvoir faire ce que l'on doit vouloir, et à n'être pas contraint de faire ce que l'on ne doit pas vouloir [4] ». En s'exprimant de la sorte, Montesquieu admet avec Locke la

1. L. VI, ch. 9 et s.
2. L. XI, ch. 2.
3. L. XII, ch. 2.
4. L. XI, chap. 3.

préexistence de la morale aux conventions humaines et le caractère impératif de ses prescriptions ; mais comme l'homme doit être seul juge de ce que la morale lui commande puisqu'il est responsable et que sans détermination volontaire et libre il n'y a pas de moralité dans les actes, la liberté civile devient, en définitive, dans l'ordre pratique, le droit pour chacun d'user à son gré de ses facultés dans leurs diverses applications, de les employer à sa guise à la recherche du vrai, du bien, de l'utile ou de l'agréable, sous la réserve de respecter celles d'autrui. Et alors, comme dans une société organisée les sacrifices imposés à l'indépendance naturelle pour assurer l'égalité des libertés, autrement dit la sûreté commune, doivent être tracés par la loi sous peine d'arbitraire, la liberté de fait, ou légale, ne peut plus être que le droit de faire ce que les lois permettent. Montesquieu reprend, à ce propos, l'aperçu exprimé déjà par Puffendorf[1] : « Il faut se mettre dans l'esprit, dit-il, ce que c'est que l'indépendance et ce que c'est que la liberté. La liberté est le droit de faire ce que les lois permettent ; et si un citoyen pouvait faire ce qu'elles défendent, il n'aurait plus de liberté parce que les autres auraient tout de même ce pouvoir[2] ». Avant Puffendorf et Montesquieu, Cicéron exprimait la même pensée : « *Omnes legum servi sumus, ut liberi esse possimus*[3] ». Philosophiquement la liberté n'a de limite que dans les prescriptions de la morale; civilement, c'est-à-dire à l'état social, elle s'arrête là où elle empièterait sur celle d'au-

1. *Suprà*, n° 62.
2. L. XI, ch. 3.
3. Pro Cluentio, 53.

trui; légalement, dans une société organisée, elle n'existe que dans les limites tracées par la loi.

77. Très différente est la liberté politique ; elle l'est par l'origine, par le caractère et par l'objet. Elle consiste « dans cette tranquillité d'esprit qui provient de l'opinion que chacun a de sa sûreté [1] » ; ou mieux encore, « dans la sûreté elle-même, ou du moins dans l'opinion que l'on a d'elle [2] ». Un pays est libre, au point de vue politique, quand nul n'y abuse du pouvoir, ou plus exactement quand l'opinion règne que nul n'en abusera, soit contre la liberté civile en interdisant à l'homme ce qu'il doit vouloir ou en le contraignant à faire ce qu'il ne doit pas vouloir, soit contre la liberté légale en méconnaissant la loi.

L'idéal à cet effet serait que l'homme « ne fut gouverné que par lui-même [3] » ; le possible, puisque la vie sociale consiste précisément dans l'existence d'un pouvoir coactif, c'est que ce pouvoir soit organisé de telle façon que puissant pour le bien il soit impuissant pour le mal. Or, « c'est une expérience éternelle que tout homme qui a du pouvoir est porté à en abuser, et va jusqu'à ce qu'il trouve des limites » ; par conséquent il est nécessaire « que par la disposition des choses le pouvoir arrête le pouvoir [4] ». Ainsi s'explique l'importance, qui paraît exagérée aujourd'hui, qui ne l'était pas au XVIIIe siècle, que Montesquieu attache à l'organisme politique, à la théorie des formes de gouvernement, au principe de la division des pouvoirs qui

1. L. XI, ch. 6.
2. L. XII, ch. 2.
3. L. XI, ch. 6.
4. L. XI, ch. 4.

passera bientôt à l'état d'axiome. C'est en se plaçant à ce point de vue qu'il démontre l'excellence du gouvernement représentatif, où la nation intervient dans l'exercice du pouvoir comme garantie des droits et de l'intérêt de ses membres contre les envahissements de l'État, et particulièrement de la forme la plus parfaite mais en même temps la plus délicate du gouvernement représentatif: le régime parlementaire de l'Angleterre. Non qu'il espère que les combinaisons gouvernementales soient une garantie certaine contre l'oppression; car, de quelque manière que le pouvoir soit divisé et organisé, si ceux qui l'exercent sont d'accord, il est bien clair qu'ils pourront toujours opprimer une partie du pays. Ce n'est que dans une mesure limitée que l'autorité est protégée par la vertu des institutions contre sa tendance naturelle à l'envahissement; elle ne l'est d'une façon vraiment certaine que par la puissance des principes et par la force de l'opinion à les faire respecter. C'est pourquoi Montesquieu conclut que « la liberté politique ne se trouve que dans les gouvernements modérés [1] »

78. La distinction des droits en droits civils et droits politiques, qui va bientôt passer dans les faits avec des corollaires nombreux, se dégage de là comme une conséquence naturelle, et avec une netteté parfaite : les droits civils, dont la jouissance constitue la liberté civile, consistent dans les facultés que l'homme trouve en lui-même, qu'il tient des besoins de sa nature et des aspirations de son être ; les droits politiques, dont la jouissance constitue la liberté politique, consistent dans l'action exercée sur le gouvernement à titre de garantie

1. L. XI, ch. 4.

par l'opinion et par le suffrage, dans la participation, sous des formes diverses, à l'exercice du pouvoir.

Entre eux l'importance est inégale, quant à l'intérêt qui s'attache à leur possession, car dit Montesquieu « il ne faut pas confondre le pouvoir du peuple avec la liberté du peuple[1] ». Dans l'antiquité, à raison de l'esclavage, la liberté était toute civique : on la confondait avec l'exercice de la souveraineté parce que c'était par lui qu'elle se manifestait ; de nos jours, au contraire, elle est essentiellement privée : elle consiste dans la paisible jouissance de l'indépendance individuelle sous l'égide des lois. De là une double conséquence, qui marque au plus haut point le caractère de la civilisation moderne et la sépare de la civilisation antique. Les droits civils seuls sont un bien par eux-mêmes, seuls ils constituent de véritables droits et sont, par suite, un but et un but légitime ; ils appartiennent à l'être humain en sa seule qualité, sans distinction de sexe, d'âge ou de capacité. Les droits politiques n'ont aucune valeur par eux-mêmes, ils ne valent que comme garanties, et, de même que le gouvernement auquel ils associent les particuliers, ils ne sont pas un but mais seulement un moyen ; si on voit en eux des droits, ce sont au moins des droits d'une nature particulière, ce sont plutôt des fonctions exercées dans l'intérêt commun, qui ne doivent rationnellement être confiées qu'à qui peut les remplir avec discernement, c'est-à-dire aux citoyens. Quand les mœurs se développent dans le sens du progrès, l'importance des prétendus droits politiques décroît ; c'est un signe certain d'une déviation et d'un recul vers le passé quand ils

1. L. XI, ch. 2.

passent au premier plan dans les préoccupations de l'esprit public, et tendent à primer les droits civils.

79. A tous ces points de vue, Montesquieu est admirable. Ses idées éveillent un monde de réflexions salutaires; elles ont été fécondes car il a su les défendre avec tant d'art qu'il a concilié aux nouveautés les esprits les plus timides, et aux changements ceux qui avaient le plus à y perdre.

Mais, sous d'autres rapports, que de lacunes, d'inégalités, de contradictions, et même d'erreurs sous sa plume!

Sur la question fondamentale de la propriété, qui en implique tant d'autres, il est inférieur à tous ses devanciers depuis le XVIe siècle. Il ne semble pas avoir aperçu, lui qui cherchait partout les rapports, celui qui relie la propriété à la liberté; comme les anciens il ne voit en elle qu'un effet de la loi civile, qu'une concession de l'État, ce qui lui retire tout caractère de véritable droit; il ajoute seulement qu'il est de l'intérêt de l'État qu'elle soit respectée[1].

Faute d'avoir placé la source du droit dans l'homme même, dans la liberté de la volonté, il n'a pas compris, ce qui paraissait cependant n'être plus contesté depuis Locke, que l'autorité est inhérente à l'individu; par suite il n'a pas trouvé l'explication de l'État et de ses attributions. Lui, individualiste par toutes les tendances, il garde le préjugé de l'État providence: il croit à la légitimité et à l'utilité des lois somptuaires[2]; il admet que l'État dirige la répartition des richesses et fixe une limite

1. L. XXVI, chap. 15.
2. L. VII, chap. 1 et s.

aux fortunes particulières[1]; ni plus ni moins qu'un simple socialiste de nos jours, il lui impose l'obligation de donner à chaque citoyen « une subsistance assurée, sa nourriture, un vêtement convenable et un genre de vie qui ne soit pas contraire à la santé[2] ».

Enfin, tant il est vrai que les esprits même les plus libres subissent le joug des traditions tant qu'un principe net ne les défend pas contre elles, Montesquieu, qui a de si chaleureux accents contre l'intolérance religieuse quand il s'en occupe principalement, écrit ailleurs, passage qu'on lit et relit, car on a peine à y croire : « Je n'ai pas dit qu'il ne fallait pas punir l'hérésie ; je dis seulement qu'il faut être très circonspect à la punir[3] ». Décidément la loi du rapport avec la nature des choses, si elle rend compte des faits, n'est pas celle de la justice idéale.

80. Malgré ses défauts et ses taches, l'*Esprit des Lois* ne reste pas moins le grand livre du XVIIIe siècle. D'autres ont plus occupé ou plus passionné les contemporains ; aucun ne les a davantage éclairés. Grâce à lui, les tendances nationales, jusque-là plus ou moins confuses, possèdent leur formule, et tous les termes de cette formule sont éclaircis et précisés dans leur sens comme dans leur portée : liberté civile, liberté religieuse, égalité devant la loi, liberté politique, en d'autres termes sûreté de la personne et des biens, ou droit individuel. Tout cela était dans les esprits depuis longtemps ; sous la plume de Montesquieu les aspirations se sont transformées en

1. L. VII, chap. 1.
2. L. XXIII, chap. 29.
3. L. XII, chap. 5.

théories raisonnées. L'heure n'est pas éloignée de la réalisation dans les faits. Si la France eût eu alors des hommes d'État dignes de ce nom, la vieille querelle entre l'idée ancienne et l'idée moderne du droit pouvait se terminer par une évolution réfléchie.

Il était dit qu'elle ne finirait que par un cataclysme. L'art de gouverner consiste à tenir compte des changements survenus dans le tempérament du pays, dans les idées et dans les besoins des générations nouvelles, et à savoir prendre les devants en temps utile sur les événements afin de les diriger. Or, pendant que l'opinion réitère et accentue ses revendications, Louis XV déconsidère la royauté par les hontes de son règne ; Voltaire et l'*Encyclopédie* ébranlent les influences traditionnelles qui servaient d'assises à l'ancien régime ; l'édifice se désagrège en quelque sorte de lui-même, et le respect traditionnel qui le soutenait s'en va. Vers 1730 on souriait, et encore avec précaution, aux traits malicieux des *Lettres persanes ;* cinquante ans plus tard on bat des mains ouvertement et en public, gentilshommes comme gens du tiers, aux saillies irrévérencieuses d'un valet de comédie, du Figaro de Beaumarchais. Signe des temps ! Après des siècles de polémique, la question non résolue à temps est descendue des sphères de la philosophie ; elle est posée et s'agite maintenant sur la place publique ; ce que les penseurs n'ont pu faire, les agités et les brouillons vont le tenter. Il suffira d'un incident pour que la crise éclate.

III. — *La formule définitive.*

81. Louis XVI parut un moment avoir la perception

élevée et claire des besoins du temps et des exigences de la situation. Aussi, dans ces belles premières années du règne, tout fut à la confiance et à l'optimisme. On croyait à l'avènement de la justice pour tous, à la disparition des rigueurs inutiles, à la liquidation prochaine de la féodalité civile et des charges intolérables qu'elle faisait peser sur les personnes et sur les biens, à la fin des abus et à l'apaisement des haines ; on eut dit l'aurore d'un nouvel âge d'or, comme plus tard, une fois encore et pour la dernière, à la fête de la Fédération.

Ce ne fut, hélas, que le rêve d'un jour ! La vertu ne suffit pas pour gouverner dans les temps difficiles ; il y faut la résolution et la vigueur, le don de s'approprier la force des événements et de l'utiliser au profit de ses desseins, l'habitude d'être sourd au sentiment et de n'écouter que la raison, de l'adresse souvent, un peu de rouerie parfois. Or, le malheureux roi, honnête et bon, mais irrésolu devant les influences qui l'entouraient, n'avait rien de tout cela. D'ailleurs il ne comprit jamais ce droit nouveau, en vertu duquel la nation et les particuliers prétendaient vivre indépendamment de lui. Sans cesse incertain entre ses sentiments personnels et ses préjugés de race, impuissant à prendre parti entre l'avenir et le passé, entre Turgot, ce grand esprit qui résumait si merveilleusement et avec tant de sagesse les idées du siècle, et le Parlement rétabli qui n'usait de son indépendance que pour servir la cause des abus, il ne sut ni résister ni céder, et il fut le jouet des événements en attendant qu'il devint la victime expiatoire de fautes qui n'étaient pas les siennes. Lors du sacre, quand se posa la question du serment, Turgot insistait pour l'abandon du passage où le roi devait jurer d'exterminer les hérétiques, Maurepas pour son maintien; Louis XVI, longtemps indécis finit par se ranger à l'avis de Maurepas; puis au dernier moment, en prononçant la formule traditionnelle, on dit qu'il se troubla et balbutia des mots inintelligibles[1]. C'est l'histoire de tout son règne. Après la chute de Turgot le sort en est jeté. Les griefs s'exaltent sous une déception nouvelle ; la conscience nationale trop longtemps comprimée fait explosion ; tout espoir d'une transformation pacifique est perdu. La responsabilité en reste à la Cour, au Parlement et à la haute finance. Vainement Necker reprendra quelques-uns des projets de son prédécesseur, il est trop tard ; le temps des réformes est passé, le drame de la Révolution française est commencé.

L'intervention de la violence dans la solution des problèmes humains est toujours pleine des plus redoutables éventualités ; elle eut cette fois tout ce qui pouvait l'excuser : des griefs suffisants et justifiés contre le passé, une résistance aveugle des puissances du jour à laisser s'accomplir l'œuvre du temps, une grande cause à faire triompher dans l'avenir.

82. Le 17 juin 1789, les députés du tiers aux États généraux, en réponse aux prétentions des ordres privilégiés dans la question de la vérification des pouvoirs, se constituent en « Assemblée nationale ». C'était résoudre d'un mot la question du fondement de la souveraineté discutée depuis des siècles, et consommer officiellement un déplacement de l'autorité ; la nation prend possession d'elle-même.

1. Henri Martin, *Histoire de France*, t. 16, p. 352.

Le 20 du même mois, à la célèbre séance du jeu de paume, l'Assemblée nationale jure de ne pas se séparer « jusqu'à ce que la Constitution soit établie et affermie sur des fondements solides ». C'était tracer dès la première heure la mission que la Constituante allait poursuivre, mission politique, sociale et philosophique. En effet, d'après les idées du temps, la Constitution devait avoir un double objet : consacrer la liberté civile en mettant les droits essentiels des citoyens, autrement dit le droit individuel, à l'abri de toute atteinte, consacrer, en outre, la liberté politique en organisant la forme du gouvernement de manière à opposer une barrière efficace aux entreprises du pouvoir ; et puisque l'Assemblée voulait non seulement établir la Constitution, mais « l'affermir sur des fondements solides », elle allait être conduite, au delà et en dehors des institutions, à chercher le souffle qui doit les animer, en d'autres termes les principes philosophiques qui les dominent. Le mot « constitution » pris alors dans son sens le plus large, comprenait tout cela : tout ce qui est nécessaire, comme on disait « à la régénération de l'État ».

83. Dans son œuvre politique, l'Assemblée nationale a échoué. La Constitution des 3-14 septembre 1791, trompant l'attente de ses auteurs, ne devait avoir qu'une existence éphémère et troublée. Non que ses dispositions aient toutes sombré avec elle ; loin de là, il en est resté ce qui forme encore aujourd'hui les données essentielles aux institutions des peuples libres : d'abord la notion de l'État moderne ramené à son rôle normal qui est d'assurer l'égalité des libertés en les maintenant dans la limite où elles n'empiètent pas l'une sur l'autre ;

puis la reconnaissance des éléments nécessaires de la liberté politique : la participation du pays au gouvernement par une représentation permanente, le vote de l'impôt... ; etc. Mais le mécanisme gouvernemental organisé n'a pas fonctionné utilement. Est-ce exclusivement la faute des combinaisons adoptées ? N'est-ce pas, dans une mesure au moins, celle des circonstances ? La critique moderne a été impitoyable à cet égard pour les hommes de la Constituante, qu'elle accuse d'avoir « opéré comme une académie d'utopistes [1] ». L'expérience devrait cependant nous inspirer quelque modestie, car depuis un siècle que nous y travaillons, après maints essais, nous n'avons guère mieux réussi ; et notre impuissance après tout n'est pas la faute de nos pères. Les peuples dont les institutions ne sont pas réformées à temps subissent cette fatalité : poussés tôt ou tard à rompre brusquement avec le passé, ils sont jetés pour leur malheur hors des voies de l'expérience progressive, dans les hasards du rationalisme.

L'œuvre sociale a été au contraire promptement accomplie, profonde et durable. Il n'y a pas exagération à dire qu'une société nouvelle est sortie des délibérations de la grande Assemblée, des quatre mille décrets qu'elle a rendus. La population était divisée en classes rivales et devenues hostiles : la Constituante les rapproche par la suppression des privilèges, elle prépare la paix et l'adoucissement des mœurs par l'égalité devant la loi ; les personnes et les biens étaient soumis à des sujétions sans nombre, qui paralysaient l'essor de l'activité indi-

1. Taine, *Les Origines de la France contemporaine : La Révolution*, t. 1, p. 277.

viduelle et le développement de la richesse : la main morte personnelle ou réelle est supprimée, l'autorité domestique est ramenée à n'être qu'un pouvoir de protection et de tutelle, la propriété féodale est transformée en propriété libre, en un mot la liberté des personnes et celle des biens est proclamée, de sorte qu'il ne subsiste entre les personnes que les obligations résultant d'engagements volontairement contractés, comme entre les biens que les servitudes volontairement établies et qu'explique l'intérêt de la propriété foncière ; enfin la société était gouvernée par la force ou le bon plaisir, blessée et humiliée par l'intolérance : elle reçoit le bienfait d'un régime fondé sur une justice légale, sur le respect de la conscience et du droit de chacun. Partout, en d'autres termes, dans la société comme dans la famille, dans la condition des personnes comme dans celle des terres, l'Assemblée nationale a remplacé l'arbitraire par la loi, le privilège par l'égalité, la sujétion et la dépendance par la liberté ; elle a ainsi préparé le développement large et complet des facultés de l'individu, ce qui est le but normal de la société civile et l'idéal de la justice. N'est-ce pas dire que toutes les conditions d'existence de la nation ont été changées comme d'un coup de baguette ? Les peuples ont la mémoire si courte qu'au bout d'un peu de temps ils ne savent plus d'où leur viennent les biens dont ils jouissent. Il n'est pas rare d'entendre aujourd'hui juger la Constituante par les événements qui l'ont suivie, et nier ses bienfaits parce que pendant son étonnante carrière elle n'a pas su éviter toute faute ou tout excès ; un mot suffit à la venger et à mesurer la reconnaissance qui lui est due : qui donc, parmi les plus ardents à la dénigrer tolérerait un instant le moindre des abus de l'ancien régime qu'elle a fait disparaître, si on le ressuscitait à ses dépens ?

Enfin l'œuvre philosophique est dans la « Déclaration des droits de l'homme et du citoyen », votée le 2 octobre 1789 sur la proposition du comité de constitution[1], qui prendra place plus tard comme préambule, après acceptation par le roi, dans la Constitution de 1791.

84. Cet acte mémorable a eu depuis des imitations[2]; il était en 1789 sans précédents dans l'histoire, au moins sans précédents dont il se soit directement inspiré. On l'a comparé souvent aux trois acts qui sont en Angleterre la base du régime constitutionnel : la Grande Charte du XIIIe siècle que les barons imposèrent au roi Jean, le Bill des droits de février 1689 où la Révolution de 1688 a ins-

1. M. Thiers, et après lui la plupart des historiens de la Révolution attribuent la première idée d'une déclaration des droits à Lafayette, qui lui-même l'aurait empruntée aux Américains (*Histoire de la Révolution française*, t. 1, p. 134). C'est là une erreur. Le vœu d'une déclaration des droits est exprimée dans un grand nombre de cahiers (Voir, dans les *Archives parlementaires*, la table des cahiers rédigée par M. La Taste. V[is]. *Droits des citoyens*. 1re série, t. 7, p. 266). Quelques-uns, notamment ceux du tiers-état de Paris-ville et du baillage de Nemours, celui-ci principalement, accompagnent le vœu émis de projets qui diffèrent très peu de la rédaction finalement adoptée (V. t. 4, p. 161 et t. 5, p. 281). Il est vrai que c'est Lafayette qui, le 11 juillet 1789, a proposé le premier des nombreux essais de rédaction soumis successivement à la Constituante (V. t. 8, p. 221); mais il ne le fit, il le déclare formellement lui-même, qu'en exécution du plan de constitution présenté trois jours avant par Mounier, à la séance du 9 juillet, au nom du Comité de constitution, qui avait proposé qu' « une déclaration des droits dont les hommes doivent jouir dans toutes les sociétés » fût placée en tête de la Constitution et comme préambule, « afin d'assurer invariablement les droits de l'homme avant d'établir ceux de la société » (V. *Archives*, t. 8, p. 214 et 216).

2. Sur les Constitutions modernes qui contiennent des déclarations semblables, V. Dareste, *Les constitutions modernes*, t. 2, p. 435, et table, V[is] *Droits généraux des citoyens*.

crit ses conquêtes, enfin l'Act d'établissement du 12 juin 1701 voté sous Guillaume III, « for better securing the Rights and Liberties of the subjects » ; maintes fois aussi on l'a rapproché des articles additionnels ou amendements qui font suite à la Constitution des États-Unis du 17 septembre 1787, et que les commentateurs américains groupent habituellement sous le titre de « Déclaration des droits ».

Avec les trois acts anglais de 1205, 1689 et 1701, l'analogie n'est qu'apparente ; elle est dans les mots, non au fond des choses. Ces acts, en effet, ont un caractère exclusivement politique ; les droits qu'ils consacrent ne sont pas ceux des particuliers mais ceux du pays : ce sont les libertés historiques et traditionnelles de la nation, ou mieux les institutions qui les représentent, méconnues par le roi Jean et par Jacques II, et relevées contre eux comme garanties politiques. C'est pourquoi le Bill des droits fut incorporé à la déclaration qui appelait au trône Guillaume III et Marie d'Orange, comme condition de leur avènement ; c'est aussi pourquoi l'Act d'établissement ne fit qu'un avec la déclaration qui donnait la couronne à la maison de Hanovre. La monarchie anglaise n'a jamais été de droit divin, elle repose sur une idée de contrat ; le respect des droits de la nation est ainsi la condition du contrat intervenu entre le pays, représenté par le Parlement, et le chef qu'il s'est donné. En cas d'inexécution, le contrat est rompu ; la garantie suprême des libertés publiques, consacrées par la tradition et les trois acts, se trouve placée, au-dessus du serment du roi, dans le droit de résistance, qui est la forme constitutionnelle du droit d'insurrection.

Rien dans tout cela, malgré certaines analogies de mots, qui ressemble à la Déclaration des droits de l'homme[1].

85. L'analogie est plus réelle et plus étroite avec les « Déclarations » des États-Unis. Non pas, il est vrai, avec les Amendements qui font suite à la Constitution de 1787, car, de même que les trois acts anglais, ils sont exclusivement, eux aussi, d'ordre politique et constitutionnel. Ajoutés après coup, sous forme d'annexes, à la Constitution fédérale, ils représentent les conditions stipulées de l'accession des États à l'Union, de leur adhésion au pacte fédéral; ils ont pour objet de délimiter les attributions respectives du pouvoir fédéral et des législatures d'États. Leur caractère est ainsi très spécial, local en quelque sorte ; les droits qu'ils réservent ne sont, au moins directement, ni ceux des particuliers, ni ceux de la nation, ce sont ceux des États, dont ils assurent l'autonomie au regard du congrès. Mais, où la ressemblance devient complète, c'est avec la Déclaration d'indépendance votée par le congrès de Philadelphie en juillet 1776 ; c'est surtout avec les « Déclarations de droits » inscrites dans les Constitutions particulières des États, dans la plupart au moins. Là, ce n'est plus simplement analogie, c'est identité ; les droits consacrés sont bien ceux des particuliers : mêmes idées, mêmes formules, mêmes expressions quelquefois que dans la Déclaration française.

N'est-il pas curieux que le génie anglo-saxon, si fier de son bon sens pratique, et le génie français auquel on reproche volontiers d'être enclin à sacrifier à l'idéo-

1. Sur les trois acts, V. Glasson, *Histoire du droit et des institutions d'Angleterre*, t. 3, p. 6, t. 5, p. 355 et s.; — Boutmy, *Études de droit constitutionnel*. p. 37 et s. — Pour les textes, V. Dareste, *op. cit.*, t. 1, p. 31 et s.

logie, se soient ainsi rencontrés dans la même conception comme fondement de la société civile, dans un appel à l'absolu, au droit naturel, à l'idéal[1] ?

86. Tel est bien, en effet, le caractère dominant de la Déclaration de 1791. Elle n'eut pas seulement pour objet de relever ou d'établir les garanties de la nation contre les entreprises du pouvoir ; sa pensée va plus haut : elle affirme une thèse philosophique qui domine et éclaire toutes les institutions, celle de la volonté libre par essence. Elle proclame que l'homme, pris d'une façon abstraite et universelle, a, comme tel, des prérogatives antérieures et supérieures aux conventions et lois humaines : c'est placer le principe du droit dans l'homme lui-même; elle érige ces prérogatives en droits formels placés au-dessus de toute autorité : c'est mettre le fondement de la souveraineté dans l'individu, et, par suite, dans la nation ; enfin elle fait de ces droits le but et la fin des institutions politiques : c'est ériger la notion de droit individuel en principe du droit général.

Depuis des siècles, la triple question du principe du droit, du fondement de la souveraineté et du but des sociétés civiles s'agite dans la spéculation et dans les faits; l'Assemblée nationale la résout par voie d'autorité. La monarchie en dépit du travail accompli dans les idées, et auquel pour son malheur elle est restée étrangère, a continué de prendre l'homme tout entier, faisant de lui

1. Pour plus amples détails, cons. la très intéressante Étude de M. Janet sur « *Les déclarations de droits en Amérique et en France* » insérée comme introduction dans la 3e édit. de l'*Histoire de la science politique.* p. XIII et s. On y trouvera le texte de la Déclaration de 1776, et celui de quelques Déclarations d'États particuliers. Sur les Amendements, V. Boutmy, *op. cit.*, p. 97 et s. et Dareste, *op. cit.*, t. 2, p. 387.

un sujet, comme la cité antique en faisait un citoyen ou la théocratie un fidèle ; la Déclaration substitue définitivement l'homme au sujet, et, dans l'homme, elle respecte les prérogatives qu'il tient de la nature. C'est l'idée jetée dans le monde par le christianisme dix-huit cents ans auparavant ; c'est celle de Bodin, de Grotius, de Montesquieu et de Locke ; les antécédents historiques en disent avec une clarté parfaite le sens et la portée.

87. Kant, quelques années plus tard, arrive aux mêmes données, autrement déduites il est vrai et englobées dans un système, mais identiques au fond. La *Métaphysique du droit* est de 1796. Si on dégage l'idée des formules contournées familières au philosophe de Kœnigsberg et de la langue qui lui est particulière, elle se résume dans la conception de l'homme considéré comme fin en soi, dans le principe de l'autonomie de la volonté. « L'homme, dit Kant, existe comme fin en soi, et non pas seulement comme moyen pour l'usage arbitraire de telle ou telle volonté » ; conséquemment il a une valeur propre, il est le maître de sa pensée et de ses actes puisqu'il se fait à lui-même sa règle ; dès lors il a droit au respect dans l'usage qu'il fait de sa volonté libre. Or, le principe du droit dans la Déclaration n'est pas autre ; il n'y a que cela qui soit absolu en doctrine, tout le reste est contingent, et rentre dans le domaine indéfiniment mobile de la politique. « Cette théorie de l'homme considéré comme fin en soi, dit à ce propos M. Janet, c'est-à-dire comme ayant une valeur absolue, est une des plus belles idées de la morale de Kant. Il est à regretter qu'elle ne soit exposée expressément que dans les *Fondements de la Métaphysique des mœurs*, qu'elle reparaisse à peine

dans la *Critique de la raison pratique*, et qu'il n'y soit pas fait allusion dans la *Doctrine du droit*. C'est là pourtant qu'est le vrai principe du droit ; c'est dans ce principe que sont la justification et la raison d'être de la philosophie du XVIIIe siècle [1] ».

Pour beaucoup, la Déclaration ne fut qu'un épisode, un manifeste dans la lutte engagée entre la Cour et la nation ; « elle ne sera que l'almanach d'une année », aurait dit Mirabeau. Pour qui suit de plus haut l'enchaînement des choses, son importance et sa signification sont bien autres ; elle est le terme dès longtemps entrevu d'une lointaine évolution, le dénouement du drame qui se déroule depuis le XVIe siècle. Elle n'a été rien moins qu'une révolution ; elle est à vrai dire toute la Révolution : l'axe sur lequel repose l'organisation de la société est par elle déplacé.

88. Nul ne put s'y tromper ni ne s'y trompa. Dans le *Rapport contenant le résumé des cahiers en ce qui concerne la Constitution*, présenté à la séance du 27 juillet 1789 [2], Stanislas de Clermont-Tonnerre le reconnaît de la façon la plus explicite. « Nos commettants, porte le rapport, sont tous d'accord sur un point : ils veulent la régénération de l'État. Mais les uns l'ont attendue de la simple réforme des abus et du rétablissement d'une Constitution existant depuis quatorze siècles, et qui leur a paru pouvoir revivre encore si l'on réparait les outrages que lui ont faits le temps et les nombreuses insurrections de l'intérêt personnel contre l'intérêt public ; d'autres ont regardé le régime social existant comme telle

1. *Op. cit.*, t. 2, p. 581.
2. *Archives parlementaires*, 1re série, t. 8, p. 283.

ment vicié, qu'ils ont demandé une Constitution nouvelle, ... et nous ont donné tous les pouvoirs nécessaires pour créer et asseoir sur des principes certains et sur la distinction régulière de tous les pouvoirs, la prospérité de l'Empire français ». Cherchant ensuite où les deux tendances se distinguent et se séparent par les projets, le rapport le ramène à un seul point : « Ceux qui veulent une Constitution nouvelle, dit-il, ont cru que le premier chapitre de la Constitution devrait contenir la déclaration des droits de l'homme, de ces droits imprescriptibles pour le maintien desquels la société fut établie ; » et il ajoute : « La demande de cette déclaration des droits de l'homme, si constamment méconnus, est pour ainsi dire la seule différence qui existe entre les cahiers qui désirent une Constitution nouvelle, et ceux qui ne demandent que le rétablissement de ce qu'ils regardent comme la Constitution existante [1] ».

C'est donc bien un ordre nouveau qui commence, fondé sur une idée nouvelle. Qu'on lise, en effet, et on en restera convaincu, les divers projets successivement présentés : celui de Lafayette [2], celui de Mounier [3], celui de Target [4], celui de Thouret [5], celui de Boislandry [6], même celui de Servan quoique, à l'inverse des autres qui s'inspirent tous de Montesquieu, il se rattache exclusivement au contrat social [7] ; qu'on lise surtout celui de Siyes [8] et l'admirable exposé de motifs qui le pré-

1. *Archives parlementaires*, 1re série, t. 8, p. 283.
2. Id., p. 222.
3. Id., p. 285.
4. Id., p. 288.
5. Id., p. 325.
6. Id., p. 468.
7. Id., p. 306.
8. Id., p. 256.

cède, chapitre digne de Montesquieu, celui-là précisément qui manque à l'*Esprit des Lois*, genèse lumineuse de l'idée du droit individuel, démonstration souveraine, décisive de sa légitimité et de l'action qu'elle doit avoir sur le droit positif ; qu'on lise enfin, après tous les projets, la discussion qui précéda le vote. Ceux-là mêmes qui, comme Malouet, contestent l'utilité d'une déclaration formelle, proclament à l'envie que « les droits de l'homme et du citoyen doivent être sans cesse présents à tous les yeux, qu'ils sont la lumière et doivent être la fin du législateur[1] ».

89. Les divergences ne portaient que sur une question de méthode. Les adversaires de la Déclaration n'y faisaient à vrai dire qu'une seule objection : ils craignaient qu'elle n'égarât les simples d'esprit en propageant l'illusion de droits illimités, et qu'elle ne devînt pour les violents un prétexte à prétendre au droit d'insurrection. « Remarquons bien, disait le judicieux Malouet, qu'il n'est aucun des droits naturels qui ne se trouve modifié par le droit positif. Or, si vous présentez les principes et l'exception, voilà la loi ; si vous n'indiquez aucune restriction, pourquoi présenter aux hommes dans toute leur plénitude des droits dont ils ne doivent user qu'avec de justes limitations ?... Pourquoi commencer par les transporter sur une haute montagne et leur montrer un empire sans limites, lorsqu'ils doivent en descendre pour trouver des bornes à chaque pas[2] » ?

L'objection n'a rien de sérieux. Est-il donc nécessaire de rappeler la vieille distinction, banale depuis la sco-

1. *Archives parlementaires*, 1re série, t. 8, p. 322.
2. Id., p. 323.

lastique, entre la thèse et l'hypothèse? La thèse, c'est le principe dans toute sa rigueur, auquel la doctrine doit demeurer attachée : c'est le vrai absolu ou le bien en soi ; l'hypothèse, c'est la concession imposée par les éléments de l'espèce, et conseillée soit dans le raisonnement soit dans la conduite : c'est le vrai relatif ou le moindre mal. Si le droit, en thèse, se confond avec la liberté idéale, c'est-à-dire illimitée, le droit positif, qui est l'hypothèse c'est-à-dire la pratique, n'admet qu'une liberté limitée, et limitée doublement : par le respect dû au droit d'autrui, et par les nécessités sociales reconnues par la loi. Ce n'est pas là seulement une donnée d'expérience, c'est une donnée de raison. Dès que tous les hommes ont un droit égal, découlant de la même origine, celui qui entreprend sur le droit des autres franchit par là même les bornes de son propre droit ; conséquemment la liberté civile s'arrête là où elle rencontre celle des autres. Puisqu'il est fin en soi, l'homme a individuellement la plénitude de l'être ; mais la morale sociale lui dit : « Agis extérieurement de telle sorte que l'usage de ta liberté puisse s'accorder avec celle des autres, suivant une loi générale de liberté[1] » ; il est le sujet du droit, et le droit est « la contrainte générale et réciproque d'après laquelle la liberté de chacun peut s'accorder avec celle des autres d'après un principe général de liberté[2] ». La contrainte employée pour assurer la réciprocité dans le conflit des droits est elle-même conforme à la liberté : donc elle est juste.

Si tels sont les principes, fallait-il reculer à les pro-

1. Kant, *Principes métaphysiques du droit*. Traduct. Tissot, p. 43.
2. Id. p. 46.

clamer par considération pour les sots ou les violents? « Les abus que les sectes révolutionnaires font de la notion du droit, dit avec grande raison M. Janet, ne viennent pas de cette notion elle-même, mais de l'oubli qu'ils font de la réciprocité [1] ».

90. Qu'importe après cela que l'acte soit par sa forme inférieur à son objet, qu'il soit défectueux dans son ensemble, emphatique et déclamatoire en plus d'un endroit, puéril parfois si l'on veut ? Ses articles n'ont pas d'importance en eux-mêmes, c'est-à-dire comme dispositions précises et pratiques ; sa portée est d'autre sorte, et ne procède pour ainsi dire que d'un effet d'imagination : il représente la victoire d'une idée, et c'est par là, en dépit de ses défauts avérés au fond et en la forme, qu'il compte dans l'histoire. L'acte passera, mais l'idée restera ; et l'idée résume ce qu'on appelle les principes de 89.

On peut même à bon droit lui reprocher plus que la pauvreté de sa teneur; car il a ce défaut, autrement grave, d'être en contradiction avec l'idée même d'où il est sorti. En effet, c'est par la libre discussion seulement que les doctrines doivent se transformer; on ne décrète pas la vérité, on la démontre et on la propage ; l'État fausse la libre évolution d'où jaillit le progrès et il abuse quand il intervient par voie d'autorité dans l'ordre intellectuel. Cela est certain; la raison l'enseigne, et l'expérience le démontre. L'objection fut faite; et il n'y avait vraiment rien à répondre à Malouet et à Delandine quand ils disaient : « Nous ne sommes pas venus pour établir des principes que nous devons connaître, mais pour en promulguer

1. *Les déclarations de droits*, p. XLI.

les résultats..... Gardons-les pour nous, qui faisons les lois, et donnons-en au peuple les conséquences, qui sont les lois elles-mêmes..... ; hâtons-nous de lui restituer tous ses droits, et faisons l'en jouir plus sûrement que pour une dissertation [1] ». Tout cela est exact assurément, absolument correct au point de vue des principes purs. Mais qu'importe encore ? On était en révolution depuis la chute de Turgot. L'insuccès final des réclamations contre les abus officiels de l'ancien régime était avéré ; et il n'y avait guère rien non plus à répondre à Mathieu de Montmorency, à Barnave et au comte d'Entraigues quand ils disaient : « Pour élever un édifice, il faut poser des fondements; on ne tire pas de conséquences sans avoir posé de principes ; et, avant de se choisir des moyens et de s'ouvrir une route, il faut s'assurer du but..... La nécessité de la Déclaration des droits est démontrée avec évidence ; cette Déclaration a deux utilités pratiques : la première est de fixer l'esprit de la législation, afin qu'on ne le change pas à l'avenir ; la seconde est de guider l'esprit sur le complément de cette législation qui ne peut pas prévoir tous les cas..... Il est indispensable de faire une Déclaration des droits pour arrêter les ravages du despotisme ; et si nos ancêtres nous eussent laissé ce grand ouvrage, nous ne nous occuperions pas de le procurer à nos neveux [2] ».

91. Quelque parti qu'on prenne dans ce débat qui passionna nos pères, toujours est-il que la Déclaration des droits est, dans le domaine des idées, l'acte capital de la Constituante. En déplaçant l'axe de l'ordre social,

1. *Archives parlementaires*, 1re série, t. 8, p. 323 et 325.
2. Id. p. 320, 322 et 325.

tel que la monarchie absolue le comprenait, elle marque la fin d'un monde fondé sur le bon plaisir ou la force, et l'avènement d'un monde nouveau fondé sur les idées de liberté et d'égalité.

Permis aux attardés de l'ancien régime de la poursuivre d'anathèmes ou de railleries[1] ; libre au Positivisme contemporain de la renier[2] ; loisible enfin à des lettrés désabusés de ne voir en elle qu' « un fatras métaphysique[3] », ou aux hommes d'État de la traiter de « lieu commun[4] », enclins qu'ils sont trop souvent à mettre au-dessus de la justice les calculs et les expédients de la politique. En dépit des irréconciliables, des renégats, des frondeurs ou des raffinés, l'idée de liberté envisagée comme principe du droit n'en reste pas moins la tradition nationale et vraiment française, la pure tradition de 89. Ceux qui la méconnaissent, la dénigrent

1. Que de fois n'a-t-on pas rappelé la boutade de Joseph de Maistre ? « Il n'y a pas d'hommes dans le monde, dit-il. J'ai vu dans ma vie des Français, des Italiens, des Russes ; je sais même, grâce à Montesquieu, qu'on peut être Persan ; mais quant à l'homme, je déclare ne l'avoir rencontré de ma vie, et, s'il existe, c'est bien à mon insu » (*Considérations sur la France*, chap. VI). Qu'est-ce que l'homme ? Étrange question, en vérité, dans la bouche d'un des fidèles les plus résolus de la Religion qui a délivré la conscience humaine absorbée par le droit antique ! V. également Freppel, *La Révolution*, p. 19.

2. Courcelle-Seneuil, *Préparation à l'étude du droit*, p. 212; — *infra* Chap. III, § 5.

3. Taine, *La Révolution*, t. 1. p. 162, 174 et s.

4. C'est ainsi que Thiers qualifie la Déclaration. « Au reste dit-il, parlant des projets et des débats qu'ils occasionnèrent, il n'y avait là qu'un mal, celui de perdre quelques séances à un lieu commun philosophique » (*Histoire de la Révolution*, t. 1, p. 135). Il est vrai que l'illustre historien n'a qu'une idée assez confuse du sens philosophique du mot droit. « Qu'est-ce qu'un droit, ajoute-t-il ? C'est ce qui est dû aux hommes. Or, tout le bien qu'on peut leur faire leur est dû ; toute mesure sage de Gouvernement est donc un droit ». Si tel était le sens du mot, la Déclaration ne serait pas un « lieu commun », elle serait un non-sens, et un non-sens des plus dangereux.

ou l'oublient, ne prennent pas garde qu'ils rappellent ces enfants dont parle La Bruyère, « drus et forts du bon lait qu'ils ont sucé et qui battent leur nourrice. »

La lumière est faite, et pleinement faite. Les idées d'abord instinctives et confuses se sont précisées peu à peu ; le sens des mots en usage pour les exprimer échappe désormais à l'équivoque.

Le droit, c'est l'autonomie de l'être humain, la faculté inhérente à sa nature de ne dépendre que de lui-même dans la direction de sa pensée et de ses actes : inviolabilité de la personne, liberté dans ses diverses manifestations, propriété enfin qui n'est qu'un corollaire de la liberté individuelle.

La justice, c'est le respect des droits égaux de chacun ; elle s'impose aux particuliers, à l'État et à la loi ; l'intérêt soit individuel, soit social ne peut chercher sa satisfaction en dehors d'elle. Grotius a le premier donné la formule et déduit les conséquences qu'elle entraîne ; la philosophie contemporaine n'a rien trouvé de mieux : « Le respect des droits d'autrui s'appelle la justice, dit Cousin ; toute violation d'un droit est une injustice [1] ».

L'État, c'est la force collective qui protège le libre développement des facultés de chacun, et qui veille à ce que personne n'usurpe le droit de personne. Dans la cité antique, on le regardait comme pouvant et devant tout pour le bonheur des hommes : il avait charge d'âmes ; dans la société moderne, la formule est renversée : l'individu, pris en lui-même, n'a rien à attendre que de ses propres efforts. Frédéric Bastiat résume à merveille, dans un de ses plus lumineux pamphlets, l'idée maîtresse

1. *Le beau, le vrai et le bien*, p. 382, 392.

de la Déclaration : « Le droit collectif, dit-il, a son principe, sa raison d'être, sa légitimité dans le droit individuel ; et la force commune ne peut avoir rationnellement d'autre but, d'autre mission que les forces isolées auxquelles elle se substitue..... Et comme chaque individu n'a le droit de recourir à la force que dans le cas de légitime défense, la force collective, qui n'est que la réunion des forces individuelles, ne saurait être rationnellement appliquée à une autre fin [1] ».

La loi enfin, c'est l'arme mise aux mains de l'État pour organiser la discipline sociale. « Elle est uniquement, ajoute Bastiat, l'organisation du droit individuel préexistant de légitime défense [2] » ; elle a pour objet de réaliser l'accord et l'équilibre des libertés : elle est « la juste limite imposée à l'usage extérieur de la liberté humaine, à raison de la coexistence des hommes [3] ».

92. Maintenant, quelle est cette juste limite, où est-elle exactement ? La question n'est plus du ressort des principes ; elle relève de l'art de la législation, et, par suite, elle appartient à l'éternelle controverse.

La seule donnée générale que la théorie fournisse est celle-ci : dès que le droit de chacun est circonscrit par le devoir corrélatif de respecter celui des autres, la limite de la liberté est au point où, en allant plus loin, elle usurperait sur celle d'autrui ; la seule garantie formelle réservée est celle-ci : dès que la souveraineté réside dans la nation, cette limite ne peut être établie que par la loi, qui, étant l'expression de la volonté commune,

1. *La loi,* œuvres complètes, t. 4, p. 343, 388.
2. *Id.*, p. 387.
3. Roussel, *Encyclopédie du droit,* p. 3.

est seule juge des sacrifices qu'exige l'intérêt commun. L'article 2 de la Déclaration résume très exactement cet ensemble d'idées : « La liberté consiste à pouvoir faire tout ce qui ne nuit pas à autrui. Ainsi l'exercice des droits naturels de chaque homme n'a de bornes que celles qui assurent aux autres membres de la société la jouissance de ces mêmes droits. Ces bornes ne peuvent être déterminées que par la loi ».

Aucune précision plus grande n'est possible. Hors de là, il n'y a plus place que pour l'appréciation des hommes ; c'est le lot de la politique qui est un art expérimental, non une science spéculative : affaire d'évolutions plus ou moins laborieuses, de risques à courir, d'opportunité en quelque sorte.

93. C'est pourquoi la droiture des mœurs, la force de l'opinion et la modération du législateur sont, dans l'ordre des faits, des conditions nécessaires de la liberté civile, sans lesquelles elle ne saurait exister. Pour banal qu'il paraisse, l'aperçu n'en est pas moins essentiel; heureuses les sociétés où les axiomes du bon sens sont entrés dans la région des lieux communs !

Toute loi, en soi, est un mal ; car elle ne peut avoir pour objet que de régler l'usage des droits, et régler l'usage d'un droit c'est inévitablement le limiter. Mais, d'autre part, toute loi est bonne qui consacre un droit, le préserve d'une atteinte, le soustrait à un péril, car elle répond par là à son but légitime. Si donc la loi est un mal, elle est un mal nécessaire. Dire d'une loi qu'elle est contraire à la liberté, ce n'est pas relever contre elle un grief particulier, c'est dire simplement qu'elle est une loi ; en inférer qu'elle est mauvaise par là seul, c'est un sophisme, c'est confondre la liberté civile avec l'indépendance qui, en fait, est son contraire. Les meilleurs esprits, même les plus grands, tombent parfois dans cette méprise. Adam Smith, parlant de deux lois qu'il désapprouve, dit : « Ces deux lois sont des violations de la liberté naturelle, par conséquent elles sont mauvaises [1] ». Bentham observe très exactement : « Ce par conséquent anéantirait toutes les lois [2] ». La valeur d'une loi doit être appréciée et jugée autrement : eu égard à la mesure dans laquelle, d'après les circonstances, elle contribue au respect d'un droit.

Là où les mœurs sont par elles-mêmes respectueuses du droit d'autrui, où l'ascendant de l'opinion suffit à redresser les inclinations selon la rectitude de la règle et à refouler les hommes de violence, où la justice dès lors est spontanée, la contrainte sociale peut être ramenée à son minimum : la loi reste simple, et la liberté grande ; là où règne l'esprit d'agression et d'intolérance, où le jeu de la vie sociale ne se fait pas naturellement, la contrainte sociale pénètre forcément davantage : la loi devient plus étendue, et la liberté est moindre. Rousseau rapporte que de son temps on lisait, à Gênes, sur le fronton des prisons et sur le fer des galériens le mot « *libertas* » ; et il ajoute : « Cette application de la devise est belle et juste ; en effet, il n'y a que les malfaiteurs de tous états qui empêchent les citoyens d'être libres. Dans un pays où tous ces gens-là seraient aux galères, on jouirait de la plus parfaite liberté [3] ». Vraie parole

1. *Richesse des nations*, L. IV, ch. 1.
2. *Vue générale d'un corps de législation*, ch. XIV. Édit. Dumont, t. 2, p. 297.
3. *Contrat social*, L. 4. ch. 2.

de législateur ! La Bruyère parle en moraliste profond, quoique sous une forme légère quand il dit: « Légistes... quelle chute pour vous, si nous pouvions tous nous donner le mot de devenir sages [1] ».

La liberté est le régime des sociétés saines ; le despotisme attend fatalement les sociétés dégénérées. C'est par application de cette loi de l'histoire que les excès amènent toujours le césarisme ; de tout temps les sages ont été victimes de la sottise des fous.

§ 2. — Le contrat social.

94. Deux générations étaient entrées en même temps sur la scène en 1789 ; l'une, élevée à l'école de l'*Esprit des Lois*, forma la grande majorité de la Constituante, l'autre, élevée à l'école du *Contrat social*, entra en masse à la Législative et domina la Convention.

Acquises l'une et l'autre à la pensée commune d'une réforme dans l'État, elles différaient à tous autres égards: par les doctrines, par les aspirations, et même par le tempérament. Montesquieu a été la lumière et la sagesse de la Révolution ; J.-J. Rousseau en a été la passion et la flamme, et aussi le mauvais génie. Du jour où le *Contrat social* supplanta définitivement l'*Esprit des Lois* en influence et fut écouté en oracle, il jeta la confusion dans les idées et dans la politique ; dans les idées, en faisant prévaloir une fois de plus le principe rétrograde du droit social, c'est-à-dire de l'absorption de l'individu par l'État ; dans la politique, en inclinant la Révolution vers la démocratie absolue, en la livrant par là aux

1. Ch. XII.

instincts anarchiques qui fermentent dans toute société en crise, et finalement à une poignée de visionnaires et de forcenés.

95. Rousseau était comme prédestiné à l'apostolat néfaste qu'il a rempli[1]. Né chagrin, les vicissitudes de sa vie le rendirent misanthrope. Jugeant la société établie par ce qu'il lui reproche de n'avoir pas fait pour lui, il n'en voit que les abus et les excès ; il ne trouve rien à conserver d'elle. La guerre à la civilisation, sous toutes ses formes, devient sa vocation en quelque sorte ; il attaque les lettres et les arts au nom des mœurs, l'éducation au nom de la nature, la propriété et la hiérarchie sociale au nom de l'égalité. Toutes ses aspirations vont vers le passé, vers les sociétés disparues. Pour retrouver l'âge d'or, il remonte au temps où l'homme n'avait pas encore été dépravé par la civilisation, où n'avaient pas été inventés « les mots odieux de tien et de mien », à l'état de nature ; pour retrouver l'idéal politique, il remonte à la cité antique, et s'éblouit aux visions de Platon.

Quand l'esprit de critique en arrive à absorber ainsi toutes les facultés, il tourne vite à l'esprit d'utopie, car il implique une exaltation maladive du sens propre. Si Rousseau n'avait fait que trouver tout mauvais, il n'eût été qu'un misanthrope ; mais à la propension à l'universelle censure, il joint une confiance illimitée dans la perfection de l'homme. A ce qui est, et qu'il blâme, il sait ce qu'il faudrait substituer, non de meil-

1. Sur Rousseau, et l'influence de sa vie sur sa doctrine, voir l'intéressante série d'articles de Saint-Marc Girardin, dans la *Revue des Deux-Mondes*, 1852-1855.

leur mais de parfait ; à ce point le sens de la réalité lui est échappé, et il a appartenu aux chimères. Jamais cœur d'homme ne s'est montré ni ne fut réellement plus ému du sort des déshérités ; nul n'a éprouvé plus que lui la soif de la justice, ni cru autant que lui au bien absolu et à la possibilité de le réaliser. Là est sa grandeur, là est aussi le secret de ses erreurs : « A force de fixer le soleil, ses yeux ont été plus d'une fois frappés de cécité[1] ». Il a eu le sentiment du bien et du juste, effet chez lui d'un élan de la pensée, mais il n'en a pas connu la théorie, qui ne peut être que le fruit de la réflexion ; de là vient que tout en lui, sa vie, ses actes, ses idées, tout fut inquiet et tourmenté, inégal et contradictoire.

96. Nulle part n'éclate à un plus haut degré que dans le *Contrat social*[2], la contradiction entre le dessein et le système. C'est au nom d'un idéal de liberté que Rousseau y forge le plus perfectionné des instruments d'oppression qu'on ait jamais conçu.

Sur l'existence des droits naturels de l'homme, il ne s'écarte pas de la doctrine générale du XVIIIe siècle ; il en place la source dans la liberté de la volonté, il affirme leur préexistence à la société civile et leur inaliénabilité. « Renoncer à sa liberté, dit-il, c'est renoncer à sa dignité d'homme, aux droits de la liberté, même à ses devoirs. Il n'y a nul dédommagement possible pour quiconque renonce à tout. Une telle renonciation est incompatible avec la nature de l'homme ; et

1. Lanfrey, *Essai sur la Révolution française*, p. 58.
2. Amsterdam, 1762.

c'est ôter toute moralité à ses actions que d'ôter toute liberté à sa volonté[1] ».

Sur le but de la société civile, sa doctrine reste conforme à la doctrine courante sous un rapport, mais elle s'en détache profondément sous un autre. Si la garantie réciproque des droits individuels est un des objets de l'institution politique, elle n'est pas le seul ; peut-être même n'en est-elle que l'objet secondaire, et simplement originel. « A considérer humainement les choses, faute de sanction naturelle, les lois de la justice sont vaines parmi les hommes, elles ne font que le bien du méchant et le mal du juste, quand celui-ci les observe avec tout le monde, sans que personne les observe avec lui. Il faut donc des conventions et des lois pour unir les droits aux devoirs, et ramener la justice à son objet[2] ». Le but de la société civile est donc de « trouver une forme d'association qui défende et protège de toute la force commune la personne et les biens de chaque associé, et par laquelle chacun, s'unissant à tous, n'obéisse pourtant qu'à lui-même, et reste aussi libre qu'auparavant[3] ». Jusque là, sauf en la forme, c'est la thèse de Locke et de Montesquieu. Mais à cette idée Rousseau en joint une seconde, qui n'est pas autre que celle de Platon, et de toute l'antiquité ; la société, outre sa fonction de force négative protégeant l'essor individuel, aurait pour fin le bonheur de l'homme et la réalisation de ses aspirations. « Quelle est, se demande-t-il, la fin de l'association politique » ? Et il répond : « C'est

1. L. I, ch. 4.
2. L. II, ch. 6.
3. L. I, ch. 6.

la conservation et la prospérité de ses membres[1] ». En conséquence, la Constitution du 24 juin 1793, fille du *Contrat social*, application directe et complète du système, modifiera la formule de 1789 et de 1791. Elle porte bien, il est vrai : « Le gouvernement est institué pour garantir à l'homme la jouissance de ses droits naturels et imprescriptibles » ; mais, en outre, et même auparavant, elle porte aussi : « Le but de la société est le bonheur commun[2] ». Formule fatale ! Elle n'est pas seulement contraire à toute la tradition de l'École libérale, elle est dangereuse au plus haut point ; en effet, si on pose en principe que la société a pour but le bonheur commun, il n'y a qu'un pas à faire pour en conclure que tout associé a le droit d'exiger qu'elle le lui procure. C'est le principe même du socialisme, la forme moderne du droit social, et par là même la plus rétrograde des doctrines.

97. Là où la pensée de Rousseau devient vraiment personnelle et distincte de toute autre, c'est sur le problème de la souveraineté. A la suite des grands polémistes du XVIe siècle, de même aussi que Hobbes et Locke, il la place, non dans le pouvoir qui l'aurait par droit propre, mais dans la société elle-même, dans « les particuliers qui la composent[3] », dans le peuple, en d'autres termes. Les hommes naissent indépendants et libres : c'est l'état de nature ; le pouvoir politique résulte du passage à la vie sociale, d'une convention libre : le contrat social ; or, il n'appartient qu'à ceux qui s'as-

1. L. III. ch. 9.
2. Déclaration, art. 1.
3. L. I, ch. 7.

socient de régler les conditions de la société : donc la souveraineté réside dans le peuple-lui-même.

Suarès et Hobbes, considérant cette souveraineté comme aliénable en soi, et comme aliénée en fait par l'institution de la société civile, concluaient à l'omnipotence du pouvoir politique, de l'État. Hotman, Languet et Locke, la considérant au contraire comme inaliénable par essence, ne reconnaissaient à l'État qu'une mission limitée par la fin de la société civile qui est la protection de l'homme et de ses droits. Rousseau prend dans le débat une position à part. Il déclare la souveraineté inaliénable, parce qu'elle n'est « que l'exercice de la volonté générale », et que « si le pouvoir peut se transmettre, la volonté ne le peut pas [1] » ; mais il admet en même temps que le pacte social implique et entraîne « l'aliénation totale de chaque associé avec tous ses droits à la communauté [2] ». Chose inattendue, c'est au nom même de l'inaliénabilité de la souveraineté que le système conclut à l'aliénation de tous leurs droits par ceux qui la détiennent, « afin que chaque individu n'ait pas, comme homme, une volonté contraire et dissemblable à la volonté générale qu'il a comme citoyen ;..... afin que son intérêt particulier ne lui parle pas autrement que l'intérêt commun ;..... afin de le soustraire à toute dépendance personnelle ». Sans cela, le pacte social ne serait « qu'un vain formulaire [3] ».

Quoique les procédés de déduction et l'objectif poursuivis soient différents, c'est, au moins par le résultat,

1. L. II, ch. 1.
2. L. I, ch. 6.
3. L. I, ch. 7.

la thèse de Suarès et de Hobbes. Seulement, et à ce point la conception du *Contrat social* devient vraiment particulière, alors que Suarès et Hobbes regardaient l'aliénation comme faite aux mains du prince et concluaient, par suite, à l'absolutisme royal, Rousseau la regarde comme consentie au profit de la communauté, et il conclut, au nom de la liberté et dans l'intérêt de tous, à l'omnipotence de « la Volonté générale ». La souveraineté n'est que l'exercice de cette Volonté ; elle peut tout parce qu'elle est inaliénable et indivisible ; en conséquence tout droit dépend d'elle : « Comme la nature donne à chaque homme un pouvoir absolu sur ses membres, le pacte social donne au corps politique un pouvoir absolu sur tous les siens ; et c'est ce pouvoir qui, dirigé par la Volonté générale, porte le nom de souveraineté [1] ».

98. Explique qui pourra le mystère d'une souveraineté inaliénable, dont le pacte social entraîne l'aliénation totale ! « Telle est, dit Rousseau, la condition qui fait l'artifice et le jeu de la machine politique [2] ». L'esprit d'utopie ne connaît pas d'obstacle.

Le droit ainsi compris n'est plus une idée logique, mais une idée de force. Le *Contrat social* livre à la Volonté générale l'homme tout entier, sa conscience, ses biens, sa vie.

Sa conscience : car il est du devoir du citoyen d'admettre le dogme et le culte établis par le souverain. « Il y a une profession de foi purement civile dont il appartient au souverain de fixer les articles, non pas

1. L. II, ch. 4.
2. L. I, ch. 7.

précisément comme dogmes de religion, mais comme sentiment de sociabilité, sans lesquels il est impossible d'être bon citoyen ni sujet fidèle. Sans pouvoir obliger personne à les croire, il peut bannir de l'État quiconque ne les croit pas ; il peut le bannir, non comme impie, mais comme insociable, comme incapable d'aimer sincèrement les lois, la justice et d'immoler au besoin sa vie à son devoir. Que si quelqu'un, après avoir reconnu publiquement ces dogmes, se conduit comme ne les croyant pas, qu'il soit puni de mort ; il a commis le plus grand des crimes, il a menti devant les lois[1] ».

Ses biens : car la propriété n'est qu'une permission du souverain, qui peut, s'il lui plaît, l'abolir. « L'État, à l'égard de ses membres, est maître de tous leurs biens par le contrat social, qui, dans l'État, sert de base à tous les droits[2] ».

Sa vie enfin : « Si la Volonté générale dit à un individu : « Il est expédient que tu meures », il doit mourir, puisque ce n'est qu'à cette condition qu'il a vécu en sûreté jusqu'alors, et que sa vie n'est plus seulement un bienfait de la nature, mais un don conditionnel de l'État[3] ».

Le pacte social veut tout cela. Il n'y a pas de liberté sans égalité, et pas d'égalité sans sujétion de tous : « S'il restait quelques droits aux particuliers, comme il n'y aurait aucun supérieur commun qui pût prononcer entre eux et le public, chacun, étant en quelque point son propre juge, prétendrait bientôt l'être de tous, l'état de

1. L. IV, ch. 8.
2. L. III, ch. 9.
3. L. II, ch. 5.

nature subsisterait, et l'association deviendrait nécessairement tyrannique ou vaine [1] ».

99. Ainsi l'homme ne quitte l'état de nature et n'entre en société politique que pour y voir ses droits mieux protégés ; et, en définitive, il se trouve les avoir sacrifiés entièrement et perdus. En vérité on se le demande: Rousseau est-il sincère, ou raille-t-il ? Il est sincère ; de même qu'il l'est dans son admiration pour Machiavel, quand il dit que « le *Prince* est le livre des républicains [2] », sans soupçonner quelle lumière jette sur le système une aussi étrange affinité. Il y a du Calvin dans ce fils de Genève. Sa chimère lui tient lieu de conscience, et la logique fait le reste. L'antinomie lui est bien apparue ; il la voit clairement, et il la signale ; mais il ne la signale que pour feindre de la croire seulement apparente : « Lecteurs attentifs, ajoute-t-il, ne vous pressez pas, je vous prie, de m'accuser ici de contradiction ! Je n'ai pu l'éviter dans les termes, vu la pauvreté de la langue ; mais attendez [3] ».

100. En effet, la Volonté générale du contrat social, telle que la conçoit Rousseau quand il fait d'elle ce souverain dans lequel l'individu abdique sa volonté sans cesser d'être libre, n'est pas ce qu'annonce l'appellation qu'il emploie pour l'exprimer ; c'est une pure entité. Elle n'a rien d'humain : « Elle est toujours constante, inaltérable et pure,...... malgré les controverses des hommes [4] » ; elle ne peut errer : « Elle est invariable-

1. L. II, ch. 6.
2. L. III, ch. 6.
3. L. II, ch. 4.
4. L. IV, ch. 1.

ment droite, et tend toujours à l'utilité publique [1] ». Ce n'est pas la volonté du plus grand nombre, même la volonté collective de tous : « Il y a certes bien de la différence entre la volonté de tous et la Volonté générale; celle-ci ne regarde qu'à l'intérêt commun, l'autre regarde à l'intérêt privé, et n'est qu'une somme de volontés particulières [2] ». Qu'est-ce donc alors ? C'est une volonté séparée du sujet, indépendante des volontés particulières, impersonnelle et purifiée. « Ce qui la généralise, c'est moins le nombre des voix que l'intérêt commun qui les unit,..... c'est un accord admirable de l'intérêt et de la justice [3] » ; pour la connaître, « il faudrait une intelligence qui vît toutes les passions des hommes et qui n'en éprouvât aucune, qui n'eût aucun rapport avec notre nature et qui la connût à fond, dont le bonheur fut indépendant de nous, et qui voulût bien s'occuper du nôtre... il faudrait des Dieux [4] ».

Oh ! si la Volonté générale est si haut et se reconnaît à ces traits, tout s'explique. Sous une appellation nouvelle, elle est une des formes de l'éternel idéalisme objectif ; c'est le droit non écrit de Socrate, la droite raison de Cicéron, la raison des choses préexistant en Dieu de saint Thomas, la raison éternelle de Montesquieu, ce sera le règne des fins de Kant ; c'est, en d'autres termes, une pure entité, la fin de l'humanité, et l'on conçoit que l'homme doit s'absorber et s'anéantir en elle. L'y soumettre, c'est « substituer dans sa conduite la

1. L. II, ch. 3.
2. L. II, ch. 3.
3. L. II, ch. 4.
4. L. II, ch. 7.

justice à l'instinct,..... ce qui ne signifie autre chose sinon qu'on le force à être libre [1] ».

Mais en concevant de la sorte la Volonté générale, Rousseau n'a oublié qu'une chose : il n'a pas dit par quel procédé on peut la dégager. C'est pourquoi elle reste dans l'ordre des idées une simple vision, et, dans l'ordre pratique, un levier sans point d'appui, une formule sous laquelle peuvent s'abriter toutes les conceptions individuelles.

101. Où l'utopiste reparaît, dupe ouvertement cette fois de sa chimère, c'est, quand passant brusquement de l'abstrait au concret, Rousseau conclut de ce que la Volonté générale séparée du sujet par l'esprit ne peut errer, que cette Volonté considérée dans le sujet est infaillible ; de ce que la Volonté générale considérée en soi est toujours pure, inaltérable et droite, que le pouvoir politique qui l'interprète, « intermédiaire entre elle et les sujets pour leur mutuelle correspondance [2] », est impeccable et tend inévitablement à l'utilité publique. L'affirmation est formelle : « Le souverain n'étant formé que des particuliers qui le composent, n'a ni peut avoir d'intérêt contraire au leur ; par conséquent la puissance souveraine n'a nul besoin de garant envers les sujets, parce qu'il est impossible que le corps veuille nuire à ses membres..... Le souverain, par cela seul qu'il est, est toujours ce qu'il doit être [3] ». On croit rêver, au spectacle d'un tel mépris des faits. N'est-ce pas un sophisme certain que de supposer à l'organe les pro-

1. L. I, ch. 7.
2. L. III, ch. 1.
3. L. 1, ch. 7.

priétés reconnues à l'idée? Mais, peut-on dire encore : « telle est la condition qui fait l'artifice et le jeu de la machine politique ! »

Le résultat est aussi simple que logique ; ne séparant plus la souveraineté de la loi qui l'exprime, le souverain du corps politique qui le représente, c'est finalement au corps politique et à la loi, par-suite à la majorité dans la démocratie, que le *Contrat social* livre l'homme, sa conscience, ses biens et sa vie. De là une conception toute matérialiste du droit : est juste ce que veut le plus grand nombre. La philosophie politique se réduit à cette formule : « Comme la nature donne à chaque homme un pouvoir absolu sur ses membres, le pacte social donne au corps politique un pouvoir absolu sur tous les siens [1] ».

L'arcane a dit son secret : c'est un hymne à la liberté qui aboutit à la négation du droit individuel. Ainsi fit la Constitution du 24 juin 1793, idéal de la démocratie absolue. Elle reproduit, elle accentue même la Déclaration des droits ; mais elle n'organise pour les protéger aucune des garanties par lesquelles le pouvoir se modère lui-même, qui seules font de la liberté une chose réelle et vivante. A quoi bon? Le maître n'a-t-il pas écrit : « Le souverain, par cela seul qu'il est, est toujours ce qu'il doit être? »

102. En bonne conscience, la Volonté générale, si on l'abaisse ainsi, après l'avoir placée d'abord si haut, peut-elle être acceptée comme un principe? Elle n'est plus une idée directrice, tout au plus en est-elle l'interprète ;

1. L. II, ch. 4.

au-dessus d'elle est la fin dont elle s'inspire, elle ne vaut que par la détermination qu'elle se donne.

Comme système politique, elle n'est que l'expression du droit social dans ce qu'il a de plus extrême et de plus brutal ; elle n'organise, ni ne règle la souveraineté, elle la déplace seulement : elle crée la souveraineté du peuple sans limites ni contrôle, comme la théocratie avait créé l'omnipotence de l'Église, comme la théorie du droit divin avait créé la toute puissance du roi. Cependant, ce qui est haïssable dans l'oppression, c'est l'oppression même, et non l'instrument qu'elle emprunte. Qu'importe que l'instrument soit Louis XIV, ou ce souverain qui se compose de tout le monde, qui se personnifie dans chacun, qui ne peut faillir ni être redressé?

La doctrine repose manifestement sur une équivoque, qui est également dangereuse sous l'un ou l'autre de ses aspects. Si la Volonté générale reste impersonnelle et idéale, elle n'a que la valeur d'une hypothèse, et aucune hypothèse si brillante qu'elle soit, ne peut prétendre à gouverner le monde ; si, au contraire, afin d'en faire une réalité, on la met dans le corps politique, elle aboutit à la toute puissance de la loi, à l'omnipotence des majorités, c'est-à-dire finalement au droit du plus fort à chaque époque.

103. Les mots vagues et sonores ont le don d'éblouir et d'entraîner les foules, sans doute parce qu'ils parlent à l'instinct plutôt qu'à la raison. Rousseau a exalté la fin du XVIIIe siècle par l'abus qu'il en a fait ; et, par là, il l'a séduite. Si l'*Esprit des Lois* avait des admirateurs, le *Contrat social* fut l'objet d'un culte ; il eut ses dévots, ses fanatiques, ses inquisiteurs, et même ses bourreaux.

Par les réminiscences de la Grèce et de Rome dont il est rempli, il devait plaire à la société moyenne du temps, frondeuse, sentimentale et naïve ; elle s'éprit des mœurs, des institutions et des usages des Républiques de l'antiquité, sans s'aviser qu'elle allait à rebours de ce que l'humanité poursuivait depuis des siècles. Les abstractions sur la Volonté générale qui en forment vraiment la trame, flattaient les instincts absolutistes toujours prêts à s'éveiller dans les démocraties jeunes ou vieilles ; elles devinrent le programme de la partie turbulente et ambitieuse du Tiers-État, et plus tard le thème et l'arme de la conquête jacobine. Enfin ses formules rigides sur la souveraineté du peuple donnaient aux opprimés de la veille la tentation et la perspective de devenir oppresseurs à leur tour; elles ouvrirent l'ère des représailles. Tout allait ainsi concourir, les idées, les événements et les passions, à la vogue extraordinaire du livre lancé de l'Ermitage.

S'il a contribué à faire la Révolution, il a contribué plus encore à l'égarer. Elle fut prudente et circonspecte, amie de l'ordre, des formes légales et de l'autorité, au moins dans les sphères officielles, tant que dura la Constituante; à partir de la Législative, d'où les membres de l'assemblée précédente avaient commis l'impardonnable faute de s'exclure, le mouvement démocratique devint irrésistible. « La Révolution est finie, avait dit Barnave dans un de ses derniers discours à la Constituante ; si elle fait un pas de plus dans la ligne de la liberté, elle s'attaque au trône, dans la ligne de l'égalité, elle s'attaque à la propriété ». Le pas fut franchi ; d'étape en étape, avec une rapidité vertigineuse, on alla jusqu'à la terreur.

Or, qu'on suive l'état d'esprit des acteurs du drame. En dehors de ceux qui travaillent sans bruit, luttent et se dévouent, et à qui revient l'honneur des grandes choses accomplies pendant les années sanglantes, qu'y a-t-il parmi les politiciens qui occupent la scène, dirigent ou égarent l'opinion ? Quelques-uns sont des visionnaires, confinant à l'aliénation mentale ; d'autres, des drôles assouvissant des haines ou des appétits ; la plupart sont des possédés d'une idée mal définie et néanmoins devenue fixe ; tous, sincèrement ou par feinte, sont des fervents de la Volonté générale, qu'ils créent sous prétexte de l'interpréter, tous invoquent la souveraineté du peuple sans convenir ou s'apercevoir qu'ils l'usurpent. Le *Contrat social* devient le manuel du terrorisme révolutionnaire, comme le *Prince* fut, au xve siècle, celui de la tyrannie sans scrupule. La Convention finit en décrétant l'apothéose de Rousseau [1].

104. L'incarnation finale du système, c'est Robes-

1. Sur l'influence de Rousseau pendant la Législative et la Convention, cons. Lanfrey, *Essai sur la Révolution française*, 1858 ; — Edgard Quinet, *La Révolution*, 1865. — M. Janet conteste absolument que Rousseau ait une part de responsabilité dans les excès de la seconde moitié de la Révolution. « Je ne fais à cette opinion, qu'une objection, dit-il, mais elle me paraît décisive. Le gouvernement révolutionnaire, loin d'être l'application rigoureuse de la doctrine de la souveraineté du peuple, en a été la violation. Il est sorti de l'insurrection contre l'Assemblée nationale ; il a été une oligarchie populaire, une usurpation d'en bas, une dictature oppressive, décorée du nom de salut public. Son principe n'était, en réalité, que le principe machiavélique de la raison d'État, mis au service des fureurs politiques » (*Op. cit.*, t. 2, p. 459). Soit ! Seulement, avant la souveraineté populaire organisée, et même au-dessus d'elle, Rousseau a exalté la volonté générale impersonnelle; il en a déduit, car elle n'est pas autre chose en définitive, sous un autre nom, que la raison d'État, la négation du droit individuel et l'omnipotence impeccable du peuple ; or, c'est de là que sont nées, sous l'action tantôt des visionnaires tantôt des habiles, toutes les idées anarchiques depuis un siècle.

pierre, le « Contrat social fait homme », comme l'appelle Lanfrey [1]. Après l'illuminé, le sectaire.

Regardez cette figure terne, aux yeux de myope, aux lèvres serrées et froides, ce personnage étriqué et austère, à l'esprit étroit, au langage dogmatique et vide : c'est le dépositaire de la foi, le voyant. Il a lu dans le maître : « Voulez-vous que la Volonté générale soit accomplie, faites que toutes les volontés particulières s'y rapportent, et, comme la vérité n'est que la conformité de la volonté particulière à la générale, faites régner la vérité ; ...... qui refusera d'obéir doit y être contraint par le corps social [2] ». Il a lu dans Machiavel, l'oracle des républicains d'après le maître : « Quiconque veut établir une république dans un pays où il y a des gentilshommes ne peut réussir sans les détruire tous [3] ». Enfin le maître lui a rappelé que Montesquieu a dit : « L'usage des peuples les plus libres qui aient jamais été sur la terre me fait croire qu'il y a des cas où il faut mettre pour un moment un voile sur la liberté, comme l'on cachait les statues des dieux [4] ». De tout cela il s'est fait un idéal confus, qui l'obsède d'autant plus que les contours en sont plus incertains. Il porte en lui le secret de la Volonté générale ; ses harangues commencent toutes par la vertu, continuent par le bonheur de l'humanité et finissent par l'Être suprême ; l'idée fixe a pris corps : détruire les nobles, se défaire de ses ennemis, usurper s'il le faut le pouvoir suprême et établir la terreur afin de préparer la liberté par l'égalité.

1. *Op. cit.*, p. 340.
2. *Contrat social*, L. I. ch. 7.
3. *Discours sur Tite Live*, I, 55.
4. *Esprit des Lois*, L. XII, ch. 19.

Le but où il tend lui voile les atrocités qu'il commet ; la guillotine est à ses yeux l'instrument de la purification nationale ; il tuera jusqu'à ce qu'il ait exterminé tous les dissidents, ou qu'il soit frappé à son tour. C'est Torquemada ! Exemple effrayant des ravages que peut faire dans un esprit borné la fascination d'une idée vague. Ou l'homme s'explique ainsi, ou il est inexplicable.

105. Est-ce à dire que la volonté générale, entendue humainement, c'est-à-dire la volonté du plus grand nombre, n'ait pas sa place dans le problème du droit? Non, assurément ; cette place est large, mais elle est nettement circonscrite.

L'opinion dominante doit légitimement prévaloir quand il s'agit de faire une loi, de choisir les combinaisons les plus propres à faire régner le droit. L'art de la législation, en effet, se résout en des questions de tactique ; et dans les questions de tactique, nul ne pouvant prétendre au monopole de la clairvoyance, le plus grand nombre, en cas de désaccord, doit être considéré comme ayant raison. Mais, pour que la majorité puisse ainsi s'imposer, il faut deux conditions : il faut d'abord qu'il s'agisse de problèmes où il est indispensable à l'ordre social que l'unité règne, car sans cela la loi empiéterait sans raison sur le domaine de la liberté ; il faut, en outre, que la règle adoptée ne porte pas atteinte au droit individuel au delà de ce que nécessite le respect du droit d'autrui, car la mission de la loi est de veiller à ce que personne n'usurpe le droit de personne, et elle ne peut faire elle-même, sans mentir à sa mission, ce qu'elle a charge d'empêcher.

Il y a donc quelque chose au-dessus de la Volonté

générale, et ce quelque chose c'est précisément le droit. L'opinion commune peut, quant aux conséquences médiates qu'il entraîne, en être en cas de doute l'interprète et le régulateur ; mais il lui est supérieur. A Rousseau on ne peut que répondre avec Bossuet : « Il n'y a pas de droit contre le droit » ; ou, avec Mirabeau : « Une opinion, fût-elle celle du plus grand nombre, n'a pas le droit de dominer. C'est un mot tyrannique, qui doit être banni de notre législation ; car, si vous l'y mettez dans un cas, vous pourrez l'y mettre dans tous : vous aurez donc un culte dominant, une philosophie dominante, des systèmes dominants. Rien ne doit dominer que la justice ; il n'y a de dominant que le droit de chacun ; tout le reste y est soumis [1] ».

106. En dépit de ses apparences abstraites, de son allure didactique, le *Contrat social* ne fut, en réalité, qu'une protestation contre l'ancien régime, où il y a plus de rancune encore que de rêve. Comme tel on comprend l'effet qu'il dût produire à son apparition, quatorze ans après l'*Esprit des Lois*. Comme système de philosophie politique, il y a longtemps qu'il aurait dû cesser d'être pris au sérieux. Cependant, à plus d'un siècle de distance, son influence est toujours vivante ; sa doctrine a pénétré le XIXe siècle jusqu'aux moelles ; ce qui subsiste de la foi qu'il inspira jadis reste le péril le plus pressant des temps présents.

Au génie français, réputé pour son bon sens et sa clarté, Rousseau, rongé par la mélancolie, a communiqué le mal des perpétuelles inquiétudes, et le goût de l'utopie agitée. Par sa thèse que l'homme né bon n'est

1. Séance du 28 août 1789.

devenu mauvais que par la civilisation, et par sa doctrine du bonheur envisagé comme fin de la société, il a été le précurseur de Mably, de Morelly et de Babeuf, il est le père du socialisme moderne que hante incessamment le rêve de réformer la société, les esprits et les mœurs par l'intervention législative. Enfin par ses abstractions sur la Volonté générale et la souveraineté du peuple il reste le prophète de la démocratie remuante et autoritaire, le fléau du XIXe siècle, toujours prête à s'imposer, et au besoin à se livrer à qui affecte d'épouser ses antipathies ou de servir ses rancunes.

Au nom des principes comme au nom de l'expérience, des traditions de l'esprit national comme de l'avenir des idées libérales, le *Contrat social* ne peut être jugé que sévèrement ; à peine la sincérité de l'effort vers un idéal de justice, et l'incomparable beauté littéraire de l'œuvre peuvent-elles faire pardonner à Rousseau son erreur, tant elle a été funeste en ses conséquences.

§ 3. — L'École utilitaire.

107. A en croire ses représentants à l'époque actuelle, la doctrine utilitaire serait vieille comme le monde. Elle aurait été celle des sages de tous les temps ; elle pourrait se réclamer des plus illustres noms ; c'est elle, dit Stuart Mill, que Socrate affirmait « contre la morale populaire des sophistes [1]. »

N'y a-t-il pas là une illusion de l'esprit de système ? Sans doute l'homme a perçu de tout temps les notions d'utilité et d'intérêt, comme il a eu celles plus immé-

1. *L'Utilitarisme*, trad. Le Monnier, p. 2.

diates de plaisir et de douleur ; et il leur a fait une place parmi les préoccupations légitimes. Socrate, dans le *Protagoras*, reconnaît que le plaisir est un bien et la douleur un mal puisque la nature porte l'homme à chercher le bonheur, qu'il faut tenir pour bon et beau ce qui est utile, et qu'agir conformément à la droite raison, c'est agir d'une façon utile [1] ; il dit même dans le *Gorgias* que si la justice l'emporte sur les autres vertus c'est qu'elle est la plus belle, et que si elle est la plus belle « c'est parce que elle procure les plus grands plaisirs et la plus grande utilité, ou l'un et l'autre [2] ». Sans rechercher si, par les paroles mises en sa bouche, le plus sage des hommes exprime sa propre pensée, ou bien, usant du procédé qui lui est familier, s'il dégage seulement et met par là mieux en relief celle de l'interlocuteur afin de la combattre par elle-même, il est certain qu'il fait une place en morale à l'idée d'utilité. Cicéron la fait plus large dans le domaine du droit ; l'utilité lui apparaît comme le but constant et la fin de toutes les lois : « *Omnes leges ad commodum rei publicæ referre opportet* [3] ». Un auteur ancien, Dosithée, ni plus ni moins qu'un économiste de nos jours, constate déjà la concordance du bien et du juste avec l'utile : « *Quod bonum et justum est omnium utilitati convenit* [4] ».

Il est donc certain qu'une part a été faite de tout temps à l'utilité dans les conceptions de la morale et du droit. Mais ce serait se méprendre singulièrement, en logique

1. *Platon*, trad. Cousin, t. 3, p. 57, 63, 107.
2. *Ibidem*, p. 279.
3. *De inventione*, I.
4. Fragm., § 1. Girard, *Textes de Droit romain*, p. 411.

comme en fait, que de voir dans ces passages, dont on pourrait rapprocher maints autres semblables, l'énoncé d'un système ; ils ne contiennent qu'un aperçu, une notion relative, une première vue.

108. L'utilité, en effet, qu'on se tienne au sens usuel du mot, ou qu'on analyse l'idée qu'il exprime, ne saurait être considérée comme un principe ou un but ; elle n'est qu'une relation, que l'expression d'une concordance. Être utile, c'est servir à quelque chose, c'est être apte à une fin déterminée. L'utilité n'est donc pas un attribut propre, mais une relation de conformité : c'est le pouvoir, en quelque manière que ce soit, de contribuer à un résultat ; elle n'est pas une réalité existant par elle-même, une fin : elle suppose quelque but préétabli au regard duquel on l'apprécie, ou quelque fin supérieure à laquelle on la mesure. En d'autres termes, elle n'est pas le bien en soi ; elle ne consiste que dans une relation et une concordance avec une conception première du bien. Si Socrate marque l'utilité de la justice, c'est en ce sens qu'elle contribue au plus grand bien, qui est la vertu, et qu'elle répond au but de la vie, qui est le bonheur atteint par la raison. Quand Cicéron dit que l'intérêt est l'objet et le but des lois humaines, il n'entend nullement qu'il soit le principe d'où elles découlent. Lorsque Dosithée note la concordance du juste avec l'utile, il ne fait que constater l'harmonie universelle des choses, peut-être même n'énonce-t-il qu'un conseil de morale pratique ; comme Montaigne dira : « Quand, pour sa droiture, je ne suivrais le droit chemin, je le devrais pour avoir trouvé, par expérience, qu'au bout du compte, c'est communément le plus heu-

reux[1] ». Rien de mieux. Mais l'utilité qu'il peut y avoir à suivre le droit chemin n'est pas ce qui fait que le chemin est droit ; et il est également certain que le vrai et le bien sont indépendants de l'utilité qu'il y a à s'en inspirer.

109. Il en est de même de l'intérêt: il n'est également qu'une notion relative. En soi, qu'il s'agisse de l'intérêt individuel ou de l'intérêt collectif, c'est ce qui importe, ce qui convient; subjectivement, par rapport à l'homme ou à l'État, c'est un sentiment : le sentiment de ce qui importe ou convient. Mais qu'est-ce qui importe et convient ? Le mot ne suffit pas à éclairer l'idée. Lorsque Montaigne et Larochefoucauld, l'un avec ironie, l'autre avec amertume, disent que l'intérêt est le mobile habituel des actions, qu'est-ce que l'intérêt, sinon le sentiment plus ou moins vague, instinctif plutôt que raisonné de ce qui importe ? Ce n'est pas le bien ni le juste, dans leur pensée, c'est plutôt le contraire ; ce n'est pas ce qui convient réellement et en vérité, c'est l'égoïsme éclairé ou aveugle. Comment serait-ce un principe, c'est-à-dire une idée absolue, si la notion peut varier à l'infini selon les personnes ou les circonstances ?

Pascal marque ceci d'un trait singulièrement original et expressif. Il reconnaît à l'intérêt une part d'influence dans les jugements ; c'est le fond du fameux argument *a pari*, sorte de calcul de profits et pertes, au moyen duquel il démontre l'existence de Dieu par l'intérêt qu'a l'homme à y croire. Il admet que l'homme est né pour le bonheur, sauf à le discerner bien, et qu'il le poursuit légitimement, sauf à le bien comprendre. « La volonté,

1. *Essais*, III, 1.

dit-il, ne fait jamais la moindre démarche que vers cet objet. C'est le motif de toutes les actions de tous les hommes, jusqu'à ceux qui vont se pendre[1] ». Voilà bien l'intérêt, sentiment instinctif, individuel plutôt que général, éclairé quelquefois, trompeur souvent, faux à l'occasion, de ce qui convient, mais non ce qui convient en vérité. Montesquieu n'entend pas autre chose quand il dit que « l'intérêt est le plus grand monarque de la terre[2] ». En résulte-t-il qu'il faille voir en lui un principe, une idée première, le but rationnel de tout effort individuel ou collectif ? En aucune façon. L'intérêt, de même que l'utilité, n'est qu'une idée de relation ; c'est l'expression d'un désir, qui suppose un bien entrevu et cherché et qui ne vaut que par lui. On peut admettre que le plaisir est un bien, reconnaître la concordance habituelle du juste et de l'utile, recommander la pratique du bien comme le moyen le plus sûr d'arriver au bonheur, sans proclamer l'identité de la moralité avec l'intérêt, du juste avec l'utile, à plus forte raison sans conclure, ce qui est l'axiome de l'Utilitarisme, que le bien et le juste ne sont pas autre chose que l'utile. Tout cela est d'évidence ; autrement il faudrait dire qu'Aristippe fut le disciple fidèle de Socrate, ou que Pascal est le précurseur de Bentham.

110. Quand donc on érige l'utilité ou l'intérêt en principe, en critérium de moralité ou de justice, on s'arrête à une notion insuffisamment analysée et qui n'éclaire rien. On oublie l'idée première et finale pour ne voir plus que l'idée médiate et seconde ; on est forcément conduit,

1. *Pensées*, VIII, 1. Édit. Havet, p. 123.
2. *Lettres persanes*, 107.

détournant les mots de leur signification d'usage et seule philosophique, à se faire de l'intérêt et de l'utilité une conception toute empirique. L'intérêt, individuel ou collectif, c'est le bien-être, non le bien mais exactement le bien-être : le profit, le plaisir sous ses formes diverses, ou plus exactement l'instinct qui les révèle ou les fait rechercher ; l'utilité, individuelle ou collective, c'est le pouvoir qu'ont les choses, les actes, les institutions, voire les opinions de procurer des satisfactions ou des jouissances, d'épargner des privations, des incommodités ou des souffrances, de contribuer au bien-être, au perfectionnement physique, intellectuel et moral de l'homme.

Tel est, en effet, le sens que l'Utilitarisme à son origine donna aux mots. Ce n'est pas dès lors à Socrate, quoiqu'en dise Stuart Mill, qu'il se rattache dans le passé, mais aux sophistes qui professaient la morale du plaisir; ou mieux, car il a des origines plus relevées et plus illustres, il descend en droite ligne de l'École créée par le génie d'Épicure. L'utile, ou souverain bien, c'est le plaisir stable, comprenant les jouissances du cœur, de l'esprit et des sens. Il est la loi des particuliers, et par suite le principe de la morale : l'effort individuel doit tendre à l'obtenir ; il est la loi de l'État, et par suite le principe du droit : l'effort social doit tendre à l'assurer. Horace parle en disciple fidèle de la secte quand il dit que l'utilité est, ou peu s'en faut, la source de la justice :

Atque utilitas prope mater est æqui[1].

111. Jérémie Bentham est le chef de l'École dans les temps modernes. Il procède directement de Hobbes et

1. *Satires*, t. 3.

d'Helvétius ; ceux-ci ont posé les prémisses en philosophes, il a, lui, en réformateur pratique, avec une liberté d'esprit et une logique qui vont jusqu'à l'audace, poursuivi les applications dans les différentes branches du droit positif[1].

Les prémisses sont celles de l'École sensualiste. Le bien-être est la fin de l'homme ; il est et il doit être l'unique motif de toute détermination. Tout ce qui y aboutit ou le procure est légitime ; chacun pour soi-même, et l'État au nom de tous, doivent poursuivre la réalisation du plus grand bonheur par la satisfaction toujours plus large des tendances de la nature humaine.

Bentham accepte cette formule. L'originalité n'est pas dans le principe de sa doctrine, quoiqu'il l'énonce avec une conviction naïve de sa nouveauté ; elle est dans les conséquences qu'il en tire, et qu'il déduit sans aucun doute dans l'esprit, et, par suite, sans aucune réserve dans l'application. De ce qui n'avait été chez ses prédécesseurs qu'un point de vue, il lui était réservé de faire un système. La nature, dit-il, « a placé l'homme sous l'empire du plaisir et de la douleur... ; le principe d'utilité subordonne tout à ces deux mobiles[2] ». Ce principe constitue le fondement de la morale, qui n'est qu'une régularisation raffinée de l'égoïsme : les actes n'ont pas de qualité par eux-mêmes mais seulement par leurs suites, « la vertu n'est un bien qu'à cause des plaisirs qui en dérivent, le vice n'est un mal qu'à cause des peines qui en sont la suite[3] » ; il constitue le fondement du droit, qui n'est

1. Sur les rapports de l'Utilitarisme avec Hobbes et Helvétius. V. Jouffroy, *Cours de droit naturel*, t. 1, p. 371 et s.

2. *Principes de législation*, ch. 1. Édit. Dumont, t. 1, p. 3.

3. *Id.*, t. 1, p. 4.

que l'accord obligé des convoitises : « le droit ne présente que des idées de plaisir, d'abondance, de sûreté[1] ». L'idée d'utilité contient donc tout ; elle est l'unique base d'appréciation des actes, des institutions et des opinions, la seule autorité pouvant résoudre les problèmes humains ; « Un raisonnement en morale ou en législation qui ne peut se traduire par ces mots simples, plaisir et peine, est un raisonnement obscur et sophistique, dont on ne peut rien tirer[2] ».

Pour donner au mot utilité une signification plus précise, pour dégager de l'idée d'utile tout ce qu'elle contient, Bentham dresse le « catalogue » des plaisirs et des peines ; il décrit les procédés à employer pour « évaluer » les actions sous le rapport des avantages et des inconvénients, des biens et des maux qui en résultent, afin qu'on puisse voir de quel côté penche la balance. La législation munie de ces « instruments » devient, comme la morale, « une affaire d'arithmétique[3] » ; le juste et l'injuste, comme le bien et le mal, se déterminent par addition et soustraction, par un calcul de profits et pertes.

112. Quel pouvait être, et quel a été le résultat de la doctrine au point de vue moral ? Je n'ai pas à le chercher ici. A coup sûr, ce n'est pas contribuer à élever l'homme que de lui donner pour guide une formule qui, fût-ce contre la pensée du maître, peut abriter tous les sentiments bas des disciples, sincères ou non. Carlyl, le censeur de son siècle ainsi qu'on l'a nommé, n'est pas tendre pour son compatriote ; voici comme il le juge,

1. *Principes du Code civil*, 1re partie, ch. 9. *Edit. cit.*, t. 1, p. 181.
2. *Principes de législation*, ch. 6. *Edit. cit.*, t. 1, p. 41.
3. Id. ch. 7. *Edit. cit.*, t. 1, p. 50.

quoique Anglais : « L'utilité benthamiste, la vertu par profit et perte, réduisant ce monde de Dieu à une morne et brute machine à vapeur, l'infinie et céleste âme de l'homme à une sorte de balance à foin pour y peser foin et chardons, plaisirs et peines ; si vous me demandez qui, de Mahomet ou d'eux, donne la plus misérable et la plus fausse vue de l'homme et de ses destinées dans cet univers, je répondrai : ce n'est pas Mahomet[1] ».

Appliqué au problème du droit, l'Utilitarisme n'est qu'une des formes du droit social ; il sacrifie l'individu à l'intérêt collectif, comme Rousseau à la Volonté générale. Le résultat est logique et par là même il est forcé. Soumis à la loi de l'utilité, et exposé en la subissant à être le jouet des instincts qui le sollicitent, l'homme peut se faire l'illusion qu'il reste libre ; car, si l'intérêt seul détermine et doit déterminer ses opinions et ses actes, il le comprend en définitive à sa guise et le recherche à son gré : *trahit sua quemque voluptas*. Mais on ne peut faire de l'intérêt le principe du droit qu'en l'abstrayant des diversités individuelles, qu'en dégageant des intérêts particuliers un intérêt collectif qui devient la fin de la société civile, le but de l'État, le mobile de toute détermination des actes de souveraineté. Que devient alors le droit de l'individu ? Il disparaît forcément. L'intérêt général en est le régulateur suprême ; l'État, qui est l'organe de cet intérêt, a charge et pouvoir de subordonner ce qu'on nomme improprement alors le droit aux convenances du plus grand nombre.

113. C'est la conclusion de Hobbes, le tenant de l'absolutisme royal : « Ce que l'homme cherche dans la so-

1. *Les Héros*, trad. Izoulet-Loubatières, p. 120.

ciété civile, dit-il c'est son intérêt : la mesure des droits de chacun est donc dans l'utilité générale[1] ». C'est le point de départ de Bentham, quoique, à l'inverse de Hobbes, il écrive en faveur du gouvernement populaire ; l'idée de droits inhérents à la nature humaine et appartenant à l'individu comme tel, est, d'après lui, une conception sophistique et anarchique.

Il est à cet égard affirmatif jusqu'à la brutalité. « Le droit proprement dit est la création de la loi proprement dite..... Quand on allègue que la loi ne peut aller contre le droit, on emploie le mot droit dans un sens supérieur à la loi, on reconnaît un droit qui attaque la loi, qui la renverse et l'annule. Dans ce sens antilégal, le mot droit est le plus grand ennemi de la raison, et le plus terrible destructeur des gouvernements [2] ». N'y a-t-il donc aucun droit quelconque existant indépendamment des conventions humaines ? Non : « Je puis rester debout ou m'asseoir, entrer ou sortir, manger ou ne pas manger, etc. ; la loi ne prononce rien sur cela. Cependant le droit que j'exerce à cet égard, je le tiens de la loi parce que c'est elle qui érige en délit toute violence par laquelle on voudrait m'empêcher de faire ce qui me plaît [3] ». Qu'on lise, si on veut voir jusqu'où Bentham pousse la logique en ce sens, l'étude curieuse qu'il fait des questions de l'esclavage, de la liberté de conscience, de la propriété foncière ; il admet éventuellement, au nom de l'utilité collective, des solutions allant jusqu'à la méconnaissance complète des droits les plus élémen-

1. *De cive*, c. X.
2. *Principes de législation. Édit. cit.*, t. 2, p. 128 et s.
3. *Id.*, t. 3, p. 195.

taires. Pas de droits, pas d'obligations, pas de propriété en dehors de la loi ; l'innocence elle-même n'existe que parce que la loi le veut bien et ne la frappe pas [1].

En vérité, Bossuet était plus libéral ! Faut-il après cela s'étonner des dédains et des sarcasmes dont le grand prêtre de l'Utilitarisme accable Montesquieu, la Déclaration des droits de l'homme et toute l'École libérale française ?

114. L'utilité dans Bentham aboutit donc au même résultat que la Volonté générale dans le *Contrat social* : à la négation du droit individuel. A peine, d'ailleurs, si les formules diffèrent ; car si, d'après Rousseau, la Volonté générale est infaillible, c'est qu' « elle est toujours droite et tend toujours à l'utilité publique [2] ». En réalité, les deux notions n'en font qu'une ; ce sont deux entités, deux abstractions, d'autant plus dangereuses l'une et l'autre qu'elles sont plus flottantes, qu'elles peuvent abriter toutes les conceptions individuelles, et autoriser toutes les visées de domination du sens propre. Si l'on cherche les différences entre elles, elles se réduisent à ceci : l'utilité de Bentham, c'est la Volonté générale telle que la comprend non plus un philosophe idéaliste et chimérique, mais le peuple le plus pratique de la terre, c'est la Volonté générale appropriée au caractère positif du génie anglais.

Aussi, l'époque qui allait déifier Rousseau ne pouvait manquer d'acclamer l'Utilitarisme. Le 26 août 1792, sur la proposition de Guadet, la Législative, sur le point de faire place à la Convention conféra à Bentham le titre de

1. *Principes du Code civil,* 1re p. ch. 8 ; 2e p. ch. 2. *Édit. cit.,* t. 1, p. 177 et 378.
2. *Contrat social,* L. II, ch. 3.

citoyen français : « Considérant que les hommes qui par leurs écrits et par leur courage ont servi la cause de la liberté et préparé l'affranchissement des peuples, ne peuvent être regardés comme étrangers par une nation que ses lumières et son courage ont rendue libre... ». En vérité l'histoire a de singulières ironies !

115. Les brillants disciples de Bentham, Stuart Mill, Grote, Summer Maine, Herbert Spencer, ont depuis épuré et ennobli la doctrine du maître. Celui-ci avait fait consister l'utilité dans la quantité et la somme du plaisir ; ils ont introduit dans l'évaluation un élément nouveau : la qualité, la dignité et la moralité du plaisir. A l'idée étroite et vulgaire de l'intérêt personnel considéré comme unique facteur de l'intérêt commun, ils ont substitué la notion supérieure du bien public, d'un ordre idéal qui serait comme l'harmonie finale des intérêts de l'humanité. L'utilité, dit Stuart Mill, est toujours « la seule solution suprême de toute question morale et législative » ; mais, ajoute-t-il immédiatement, « ce doit être l'utilité dans le sens le plus élevé du mot, l'utilité fondée sur tous les intérêts permanents de l'homme comme être progressif[1]. »

Et alors les idées de justice et de droit, formellement niées par Bentham, reparaissent. Rien de plus curieux à cet égard, étant données les origines du système, que le chapitre de *L'Utilitarisme* où Mill analyse et discute si finement les rapports de la justice avec l'utilité[2] ; rien de plus conforme aux pures traditions libérales que la distinction qu'il développe entre les devoirs d'obligation

1. *La Liberté*, trad. Dupont White, p. 19. Comp. *L'Utilitarisme*, p. 11.
2. Ch. V, *trad. cit.*, p. 83.

parfaite, qui sont des cas de justice et rentrent par suite dans le domaine de la loi parce qu'ils correspondent à un droit chez autrui, et les devoirs d'obligation imparfaite, qui sont des cas de vertu et appartiennent par suite au domaine de la morale parce qu'ils ne correspondent à aucun droit d'autrui[1]. N'est-ce pas reconnaître et avouer le droit individuel? Herbert Spencer va plus loin encore; contre Bentham et ses disciples trop fidèles, il soutient que l'individu a « des droits naturels » contre la communauté, que la propriété est antérieure à la loi et indépendante d'elle, et il appelle la thèse contraire « la grande superstition politique » de ses compatriotes[2].

La transformation est profonde. Elle explique comment les chefs de la nouvelle Ecole utilitaire sont aujourd'hui, en Angleterre, les représentants du libéralisme le plus avancé. Nul, mieux que Stuart Mill, n'a montré comment la vérité se dégage du libre jeu des intelligences, l'utilité commune du libre jeu des intérêts, la volonté générale toujours perfectible du libre jeu des volontés particulières, comment en conséquence la contrainte sociale doit être réduite au strict nécessaire, à son minimum ; il dit, dans un de ses meilleurs livres : « Le seul objet qui autorise les hommes, individuellement ou collectivement, à troubler la liberté d'action d'aucun de leurs semblables, est la protection de soi-même; la seule raison légitime que puisse avoir une communauté pour user de force contre un de ses membres, est de l'empêcher de nuire aux autres .....; la seule partie de la conduite de l'individu pour laquelle il soit justiciable de la

1. *L'Utilitarisme, trad. cit.*, p. 101.
2. *L'individu contre l'État,* trad. Gerschel, p. 130 et s.

société est ce qui concerne les autres ; pour ce qui n'intéresse que lui, son indépendance est de droit absolu[1] ». Herbert Spencer est non moins explicite ; ayant reconnu l'existence de droits naturels, il en conclut « que la subordination de la minorité à la majorité est légitime tant qu'elle n'implique d'autres restrictions à la propriété et à la liberté d'un chacun que celles nécessaires pour la meilleure protection de cette liberté et de cette propriété; et en même temps qu'une telle subordination n'est pas légitime au delà : en effet, elle impliquerait une atteinte aux droits de l'individu plus forte qu'il n'est nécessaire pour les protéger, ce qui entraîne une violation du principe vital qu'il s'agit de défendre[2] ».

116. Ainsi présenté, l'idéal utilitaire placé dans l'idée d'intérêt ressemble tellement à l'idéal de justice reposant sur l'idée de liberté que les deux systèmes se confondent. Les conclusions de Stuart Mill et d'Herbert Spencer reproduisent, on le voit, jusqu'aux formules de la Déclaration des droits de l'homme.

Néanmoins, l'Utilitarisme reste attaché, on peut dire rivé à son principe originel. Même quand il se rapproche du libéralisme par les résultats, il continue à en différer profondément par l'esprit; vienne l'occasion, les divergences entre eux, quant aux tendances, reparaissent profondes. En effet, les publicistes anglais, et c'est en cela qu'ils restent Benthamistes, regardent tous la liberté non comme un principe ou un but, mais seulement comme un moyen et un instrument. S'ils la préconisent et lui font une large place, ce n'est pas pour elle-même, c'est

1. *La Liberté, trad. cit.* p. 17.
2. *L'individu contre l'État, trad. cit.* p. 153.

seulement parce qu'ils la considèrent comme utile, comme occupant un rang élevé dans la hiérarchie des intérêts ; d'où la conséquence qu'elle est, théoriquement comme en fait, subordonnée aux considérations contingentes d'utilité. On est alors bien loin du principe de la Déclaration des droits. La différence entre les deux systèmes ressort en pleine clarté de la définition si curieuse et si caractéristique que Stuart Mill donne du droit individuel. Il ne voit en lui qu'un pouvoir que la société est intéressée à accorder ; et, après l'avoir ainsi défini, il ajoute : « Si on me demande pourquoi la société doit me le garantir, je n'ai pas de meilleure raison que celle de l'utilité générale[1] ». Le vieil esprit utilitaire, celui de Bentham, reparaît là tout entier et avec toutes ses exigences ; car s'il est admis que le droit n'est qu'une concession intéressée de la société, quelles garanties l'individu aura-t-il contre l'État ? Qu'adviendra-t-il le jour où il serait admis par le souverain, organe de l'intérêt général, que la suppression d'un droit, fut-il le plus élémentaire, est utile à cet intérêt, à ce que les circonstances font considérer à un moment donné comme étant cet intérêt ? Bentham n'éprouvait aucun embarras à ces questions, lui qui considère l'idée de droit comme une conception anarchique. Stuart Mill n'en éprouve guère davantage : « La justice est un nom désignant certaines nécessités morales qui, considérées dans leur ensemble, occupent un rang plus élevé dans l'échelle de l'utilité sociale, et sont d'une obligation supérieure à celles des autres nécessités morales. Cependant, dans des cas particuliers, les autres devoirs sociaux peuvent devenir si

1. *L'Utilitarisme, trad. cit.*, p. 111.

importants qu'ils doivent passer avant toutes les maximes générales de la morale[1] ».

N'est-ce pas dire, en définitive, que la justice doit céder quand l'intérêt parle? L'Angleterre est comme imprégnée de cette maxime depuis Bentham. Ses philosophes l'enseignent ; ses hommes d'État l'appliquent sans scrupule dans la vie publique ; les particuliers la mettent imperturbablement en pratique dans la lutte pour la vie privée. Quelle lumière sur le caractère et la politique du pays ! Seul ou à peu près, Herbert Spencer proteste contre « la grande superstition » ; mais plus il proteste, plus il accuse les dissidences et fait schisme, car par là, il abandonne la théorie utilitaire, qui est l'arche sainte[2]. Il l'abandonne, sinon absolument, au moins, dit-il, « telle qu'elle est généralement reçue » et parce que, « telle qu'elle est généralement reçue, elle n'est pas vraie ». L'aveu est certes précieux à retenir. « Les doctrines courantes des utilitaires, continue-t-il, comme la pratique courante des hommes politiques, témoignent d'une conscience insuffisante des rapports naturels de causalité.... Ni les bons ni les mauvais résultats ne peuvent être accidentels ; ils sont les conséquences nécessaires de la nature des choses, des faits fondamentaux ; et c'est l'affaire de la science de déduire des lois de la vie et des conditions de l'existence, quelles espèces d'actes tendent à la production du bonheur, et quelles à la production du malheur..... Aussi l'utilité, non pas évaluée empiriquement

1. *L'Utilitarisme, trad. cit.*, p. 132.

2. De fait Herbert Spencer n'est utilitaire que parce que tout bon Anglais doit l'être ; il est, en réalité, le représentant le plus illustre aujourd'hui d'une doctrine très différente, de la Sociologie. V. plus loin, n°s 138 et s.

mais déterminée rationnellement, prescrit de maintenir les droits individuels, et, par conséquent, interdit tout ce qui peut être contraire[1] ».

A ce point d'évolution dans la doctrine on n'est plus utilitaire que de nom, par instinct anglais en quelque sorte ; on est rationaliste, ou bien près de le devenir, on est au moins à mille lieues de Bentham. Les « conséquences nécessaires de la nature des choses », les « lois naturelles de la nature humaine », les « droits individuels »..: n'est-ce pas Montesquieu qui parle ?

117. Jouffroy, dans son *Cours de droit naturel*, se refuse à compter Bentham au nombre des philosophes ; il le renvoie aux « légistes[2] ». Les légistes à leur tour, puisque légistes il y a, estiment qu'on le place à tort parmi les théoriciens du droit naturel, et qu'on doit le ranger parmi les économistes. C'est, en effet, dans l'économie politique, que l'idée d'utilité trouve son véritable rôle, et sa sphère légitime d'influence.

Les sciences morales ont toutes un but commun, qui est de dégager les lois de la nature humaine et, par elles, les vrais intérêts de la société. Mais chacune d'elles s'occupe d'un ordre particulier de phénomènes, et elles doivent rester distinctes malgré leurs affinités sous peine de perdre, avec leur individualité, leur vertu propre ; c'est de l'action combinée des vérités qu'elles fournissent séparément que peut sortir une bonne organisation de la discipline sociale. Or l'économie politique a un objet particulier : les besoins de l'homme et les meilleurs moyens de leur donner satisfaction. Si elle est la science favorite

1. *L'individu contre l'État. Trad. cit.*, p 154, 156 et 158.
2. T. 1, p. 376.

du XIXe siècle, c'est parce que le grand souci des temps modernes est le sort des faibles et des malheureux, et que le problème à résoudre, sous le nom de question sociale, est de rendre les conditions de la vie plus faciles et plus équitables. Comme le bien-être de chacun ne peut venir que du développement graduel du bien-être général, l'étude devait tout naturellement se porter sur les conditions les plus favorables au progrès de l'activité humaine. La science nouvelle est ainsi née des besoins du temps ; elle domine toutes les questions qui le préoccupent, il n'est pas un problème législatif qui ne revête aujourd'hui une physionomie économique, parce qu'une bonne législation est l'auxiliaire le plus puissant du développement de la richesse. Qu'il s'agisse des attributions de l'État, de l'organisation de la propriété, de la réglementation des contrats, et même souvent de la condition des personnes, il y a à se demander si les institutions sont favorables ou nuisibles soit à la production, soit à l'équitable répartition des produits, soit à leur emploi avantageux. Il résulte de là que les lois économiques ont marqué un but vers lequel la loi doit être inclinée, qui oriente l'œuvre législative avec une précision plus nette qu'autrefois, et, par voie de conséquence, qu'elles ont dégagé un aspect nouveau sous lequel le droit doit être envisagé [1].

1. Un publiciste ingénieux et fin, M. Boutmy, dans un rapport qui a eu quelque retentissement, a nié l'utilité réciproque de l'économie politique et du droit comme objets d'étude. « Avec le droit, dit-il, l'économie politique n'a que des rapports restreints, spéciaux, à peu près stériles pour elle-même, et peu féconds pour l'autre groupe de sciences... En échange du peu qu'elle apporte au droit civil, l'économie politique n'a rien ou presque rien à en recevoir » (Journal *L'Université*, nº du 25 septembre 1889).

118. Est-ce à dire que le droit se confonde avec l'économie politique, ou en dépende ? La question est posée, et elle se discute. Platon, au nom de la vertu considérée comme fin de l'État, voulait jadis que le gouvernement fut confié aux philosophes ; les économistes le réclament de nos jours au nom de l'utilité, comme leur appartenant, et même, selon quelques-uns, comme leur appartenant exclusivement. Si bien que le droit a aujourd'hui à défendre son indépendance contre l'économie politique, de même qu'il a eu à la conquérir au XIIIe siècle sur la théologie [1]. M. Courcelle-Seneuil, par exemple, émet le vœu de la constitution d'une « Cour suprême », composée d'économistes, ayant charge et pouvoir de faire respecter les principes par « les faiseurs de lois » [2]. Vœu

En ce qui concerne le droit, une longue expérience de l'enseignement public et de la manière dont il est donné me permet d'affirmer que c'est là une appréciation de tous points inexacte. L'introduction de l'économie politique dans les Facultés de droit a eu, au contraire, les plus heureux effets : elle a élargi les horizons ; en moins de vingt ans, l'esprit économique, par l'influence du contact, a pénétré tous les enseignements et éclairé la critique. Qui pourrait dire les aspects nouveaux, les aperçus auparavant négligés qui, sous cette féconde influence, ont enrichi et vivifié toutes les parties de l'enseignement juridique ?

1. Voir plus haut, p. 24 et 83.

2. *Préparation à l'étude du droit*, p. 246. — On lit dans le *Dictionnaire d'économie politique* de Guillaumin, qui peut être regardé comme le monument de l'orthodoxie économique : « Bentham a montré la seule route par laquelle les sciences morales et politiques pourront s'avancer sûrement, et si les nations de l'Europe parviennent un jour à porter la lumière dans le chaos de leurs législations, à les modifier dans le sens de leurs vrais intérêts, ce ne sera pas en suivant un autre principe que le sien. Nous savons que ce principe a été méconnu et décrié, en France, par une école de prétendus philosophes qui ont réussi jusqu'ici à faire accepter les nébulosités de leur esprit comme les conditions nécessaires de l'élévation des sentiments ; mais nous ne pensons pas que la partie instruite de notre population soit, pendant longtemps encore, dupe de ce charlatanisme ; le principe de l'utilité, tel qu'il a été exposé par Bentham et ses disciples éclairés, est désormais inattaquable pour toutes les intelligences lucides et qui tiennent

inconsidéré, où se marquent au plus haut point les tendances d'un esprit absolu et exclusif ! Il y a tout un côté de la vie qui échappe aux économistes : le côté psychologique. Ils n'ont pas à rechercher les motifs de détermination des actions humaines ; l'intérêt, voilà ce dont ils s'occupent, les moyens de l'assurer, voilà leur but. Habitués à considérer les choses sous cet aspect, ils sont naturellement enclins à n'en plus connaître d'autre ; et, par suite, constitués en « Cour suprême » selon le vœu de M. Courcelle-Seneuil, ne risqueraient-ils pas d'oublier que l'ordre ne résulte pas seulement du développement de la richesse et de l'harmonie des intérêts, mais aussi du respect des droits et du rapport normal des libertés, ce qui implique la subordination nécessaire de l'activité humaine à la notion du juste ? Non, ce n'est pas exclusivement par des considérations d'intérêt que se décident les questions qui touchent à ce qu'il y a de plus fondamental ; et, dès lors, l'économie politique n'est pas seule maîtresse du monde. Ce n'est pas elle qui a dégagé la notion du droit individuel, principe et fondement du droit naturel ; ce n'est pas elle qui a poursuivi, à travers les âges, l'étude des conditions sous lesquelles, d'après la formule de Kant, la liberté de chacun est compatible avec celle de tous ; elle ignore cette patrie supérieure, faite d'idées, de sentiments et de traditions, qui s'incarne dans le droit public des peuples ; enfin si elle constate les bienfaits de la liberté humaine, elle ne dit pas à quelles conditions cette liberté, qui elle aussi a ses lois qu'on ne

à comprendre les doctrines qu'elles admettent ». V° Bentham, t. 1, p. 158. L'auteur de cet article plein de tact, de mesure et de goût, comme on voit, n'a pas signé.

méconnaît pas impunément, est possible. Vainement on aura démontré que l'utile coïncide presque toujours avec le juste, toujours si l'on veut. Il y a là une concordance certaine, et assurément très frappante ; mais de ce que l'économie politique a fortifié la morale en constatant l'utilité des grands principes que pose celle-ci, il ne faut pas conclure qu'elle absorbe la morale ; et de ce qu'elle a confirmé le droit naturel en démontrant que ses propres doctrines sont le plus souvent conformes aux préceptes du juste, il ne faut pas conclure davantage que le droit naturel n'est plus qu'une vieillerie démodée. L'utile, le bien et le juste confinent, mais ils ne se confondent pas. L'utile n'éveille par lui-même aucune idée philosophique ; si l'art de la législation, la tactique législative sont ses tributaires, les principes et le but où il faut tendre sont au delà : l'intérêt ne peut ni ne doit chercher sa satisfaction que dans les limites du droit.

A ceux qui nient ce qu'ils appellent ironiquement le concept de la philosophie du droit, qui n'admettent pas d'autres problèmes que ceux qui s'agitent dans le domaine de l'utile, on a dit souvent : prenez garde. Prenez garde, en ne voyant dans la liberté individuelle, dans la propriété, dans la liberté du travail, des échanges et de l'association que des questions d'utilité, de livrer ces droits à la volonté du législateur, si enclin, surtout dans les démocraties, à se faire juge souverain de l'utilité sociale ; prenez garde de préparer vous-mêmes la ruine de vos propres doctrines ! L'événement n'a que trop justifié ces craintes. La crise que traverse aujourd'hui l'économie politique, les défaites infligées au nom d'intérêts passagers ou simplement apparents à des prévisions que l'on croyait définitivement assurées, ne prouvent-elles pas le péril qu'il y a à mettre l'utile au-dessus du vrai ?

§ 4. — L'École historique.

119. La race germanique, on l'a observé maintes fois, est mystique et fataliste. Elle a au plus haut point le sentiment et comme le besoin d'une puissance qui dirige la volonté, ou mieux qui s'impose à elle et l'entraîne. C'est pourquoi, en philosophie, elle incline et revient toujours au panthéisme ; de là vient aussi qu'elle a, en politique, le culte de la force : elle se soumet dans la vie civile à la Herrschaft, mot qui veut dire à la fois autorité et domination, de même qu'elle s'efface et parce que sa tendance innée est de s'effacer dans la spéculation devant l'idée d'une évolution indépendante de l'homme. La nature suit d'elle-même et toute seule son cours, sans qu'il soit nécessaire de l'aider, sans qu'il soit possible de l'arrêter ; la substance se développe suivant les lois qui dérivent de son essence : c'est là, sous des formes diverses, le fond de la métaphysique d'outre-Rhin. C'est en même temps la source des doctrines juridiques et politiques ; l'ordre, à tous égards, est regardé comme consistant dans la conformité avec l'évolution des choses.

Kant, dès lors, en exaltant dans l'homme le sentiment de sa personnalité et de ses droits, s'il était d'accord avec la philosophie française du XVIIIe siècle, méconnaissait les tendances essentielles du génie de son pays. D'autant plus que jusqu'à lui l'Allemagne était restée étrangère au mouvement qui, en Angleterre et en France, avec Locke et Montesquieu, avait dégagé et rendu irrésistible l'idée de liberté civile et politique. Leibnitz, au XVIIe siècle, dans son vaste système d'harmonie universelle, avait identifié le juste avec le bien, érigé en principe du droit l'ordre moral établi par Dieu, et ramené le rôle de la loi au perfectionnement de l'homme et de la société d'après l'ordre divin ; c'est, comme méthode, le pur platonisme[1]. Wolff, au XVIIIe siècle, poursuivant les applications de la doctrine de Leibnitz dans l'ordre civil et politique, n'était pas allé au delà de la conception d'un despotisme intelligent et éclairé, compris à la façon de Frédéric II ; ce fut le pur absolutisme[2]. Apparaissant à un esprit public ainsi préparé, le système de Kant sur l'autonomie de la volonté, sur l'homme considéré comme fin en soi, loin de répondre à la pensée allemande lui était absolument opposé ; il ne pouvait être qu'une échappée momentanée dans l'idéalisme. Le grand philosophe disparu, la philosophie allemande se retourna en quelque sorte ; elle revint brusquement au naturalisme, poussant plus ou moins loin l'idée mais y restant invinciblement attachée, pour aboutir finalement au fatalisme.

120. C'est de la réaction contre Kant et son système qu'est sortie l'École historique. Elle a été au commencement du siècle, au moment où la fortune des armes venait d'abandonner la France, l'expression de l'affranchisement et du réveil de l'esprit germanique, d'une protestation nationale contre l'idée étrangère qui avait trouvé un écho dans la doctrine du philosophe de Kœnigsberg. Un débat sur une question spéciale et d'in-

1. Sur Leibnitz et sa doctrine, V. Paul Janet, *op. cit.*, t. 2, p. 239.

2. Sur Wolff et son influence sur le développement de l'esprit public en Allemagne, V. Levy-Bruhl, *L'Allemagne depuis Leibnitz*, p. 57 et s., 82 et s.

térêt passager la fit éclore : la question de la codification. Thibaut, préoccupé des besoins de la pratique plus que de spéculation, avait publié en 1816 son livre sur la nécessité d'un Code civil général pour l'Allemagne, à l'instar des codes français ; Savigny, au nom des coutumes nationales et de la spontanéité de leur développement historique, répondit par son écrit célèbre : *De la vocation de notre siècle pour la législation et la jurisprudence* : c'est le manifeste de l'École. Thibaut répliqua. Pour développer et défendre ses idées, Savigny fonda, avec Eicchorn et Gœschen, la *Zeitschrift für geschichtliche Rechtvissenschaft* ; c'est alors que l'École s'appela vraiment l'École historique [1].

Son principe est l'idée panthéiste appliquée au droit. Les institutions et les lois ne sont pas une création réfléchie et libre de la volonté humaine, mais le produit du temps et dès lors un don du passé ; elles naissent des tendances instinctives du caractère national et se développent sous l'action de forces latentes, comme la langue et les mœurs ; on ne les crée pas, elles poussent. C'est pourquoi la coutume est la forme la plus parfaite du droit, la seule rationnelle parce qu'elle est seule spontanée ; elle est le droit se satisfaisant de lui-même, l'idée vivante, toujours et indéfiniment progressive. L'intervention du législateur, au contraire, sous forme de codification, constitue une oppression, car elle compromet inévitablement l'évolution naturelle ; de plus elle crée pour

1. Le tableau complet de la polémique sur la codification, tracé par Savigny lui-même, figure dans le 3e volume de son *Journal historique*. Sur les origines de l'École historique, v. Lerminier, *Introduction à l'histoire du Droit*, p. 263 ; — Ahrens, *Cours de Droit naturel*, 7e édit., t. 1, p. 51 et s.

la science un état d'inertie qui entrave le progrès, puisqu'elle réduit l'investigation à ne plus franchir les limites des textes. « Les Codes, en effet, dit ailleurs Savigny, fixent la législation en l'état où elle se trouve au moment où on la codifie ; ils l'immobilisent et la privent des améliorations successives et nécessaires qu'amène naturellement le progrès des temps et de la science [1] ». Par conséquent, plus restreinte est l'action législative, plus large celle laissée à la coutume, mieux le progrès est respecté et assuré, puisque « la substance se développe suivant les lois qui dérivent de son essence » ; l'énergie de l'esprit public se mesure précisément, dans chaque pays, à l'action laissée à la coutume et à la puissance qu'elle exerce.

Ce n'est pas seulement la loi, côté extérieur, local et passager du droit, qui résulte de la tradition et du temps, c'est aussi le principe d'où les lois découlent, autrement dit le principe même du droit. A l'inverse de Kant, qui le cherche et le trouve dans l'homme, l'École historique le conçoit d'une façon toute objective, comme quelque chose qui est réel, vivant, indépendant de toute volonté soit individuelle, soit collective ; elle le met, en dehors et au-dessus des phénomènes, dans l'action qui préside à leur développement, en dehors et au-dessus de l'homme dans la conscience nationale telle que la tradition la réfléchit : c'est une force latente qui se manifeste et se développe par la puissance accumulée des générations, c'est « le produit interne et réglé de l'histoire » dira Ihering cinquante ans plus tard [2].

1. *Système de Droit romain*, trad. Guénoux, l. 1, p. 45.
2. *L'Esprit du Droit romain*, trad. cit., t. 1, p. 26.

121. Que les éléments de ce débat sont loin aujourd'hui, qu'ils paraissent vieillis et vains à un demi-siècle de distance ! Un à un, avec le temps, tous se sont évanouis. De la grande querelle il n'est rien resté ; l'École historique, si brillante à ses débuts, si savante toujours, si féconde en belles œuvres d'érudition, ne devait avoir, au moins sous sa forme première, qu'un éclat sans lendemain.

On peut dire que la question de la codification est résolue ; elle l'a été, même en Allemagne, contre Savigny[1]. D'une part, il est avéré que sagement comprise, c'est-à-dire exempte de la dangereuse ambition de vouloir tout prévoir et tout régler, limitée à formuler les maximes générales d'où découlent les applications, telle en un mot qu'elle s'est produite dans les temps modernes, la codification est un bienfait ; les règles arrêtées et écrites écartent l'arbitraire, elles permettent aux intérêts de se mouvoir avec plus de sécurité, elles répondent à un besoin incontestable des peuples libres : la fixité et la publicité des droits. D'autre part, il est reconnu que, loin d'entraver la science, elle lui prépare au contraire les meilleures conditions. L'œuvre juridique, en effet, ne s'achève jamais, ou plutôt elle recommence toujours ; aucune loi n'en arrêtera le développement. Il est inhérent à la destinée humaine que tout soit pour elle mouvement, vicissitude et partage. Chaque jour le progrès des idées, les besoins de la pratique, les suggestions de l'intérêt individuel font naître des aspects imprévus, des combinaisons inconnues la veille, d'où se dégagent des théories

1. V. Arhens, *Encyclopédie juridique*, trad. Chauffard, t. 2, p. 459 ; — Bluntschli, *La politique*, trad. de Riedmatten, p. 295.

nouvelles ; de sorte que, quand les résultats acquis ont été formulés, l'œuvre de construction recommence aussitôt pour les parties nouvelles que l'évolution des choses commande d'élever. Et ainsi la codification, qui fixe en un langage simple, clair et bref les idées dont l'équité et l'utilité sont acquises, laissant à la controverse libre les questions encore discutées, loin de tuer la science, comme l'appréhendait Savigny, prépare au contraire les conditions les plus favorables à son développement en assurant à la fois dans une juste mesure la stabilité et les progrès.

122. Sous un autre rapport, l'école de Savigny a eu une influence plus directe et plus durable. Mieux que jusque là elle a fait ressortir, dans toute sa valeur, l'importance de l'élément historique dans l'art de la législation ; et, par là, elle a opéré une réaction salutaire contre l'abus de l'esprit philosophique, contre la tendance si commune à la fin du XVIIIe siècle à croire que l'on peut transformer et refaire à son gré les sociétés sans tenir compte de la loi de continuité. Mais, la part faite aux incidents et aux travers de l'époque, il n'y a rien là qui appartienne en propre à Savigny et à ses disciples. Qui donc, si ce n'est parmi les ignorants, a jamais mis en doute que les antécédents et les traditions d'un peuple influent sur les institutions qui lui conviennent et sur leur développement ? Qui donc, si ce n'est parmi les infatués ou les utopistes, n'a stigmatisé la sottise qu'il y a à dénigrer le passé dont on est issu ?

L'*Esprit des Lois* n'est qu'une longue démonstration des idées dont l'école historique a fait ses principes : « Les lois, dit Montesquieu, doivent être tellement propres au peuple pour lequel elles sont faites, que c'est un très grand hasard si celles d'une nation peuvent convenir à une autre. Il faut qu'elles se rapportent à la nature et au principe du gouvernement... Elles doivent être relatives au physique du pays, au climat glacé, brûlant ou tempéré, à la qualité du terrain, à sa situation, à sa grandeur, au genre de vie des peuples, laboureurs, chasseurs ou pasteurs ; elles doivent se rapporter au degré de liberté que la constitution peut souffrir, à la religion des habitants, à leurs inclinations, à leurs richesses, à leur nombre, à leur commerce, à leurs mœurs, à leurs manières. Enfin, elles ont des rapports entre-elles, elles en ont avec leur origine, avec l'objet du législateur, avec l'ordre des choses sur lesquelles elles sont établies. C'est dans toutes ces vues qu'il faut les considérer. C'est ce que j'entreprends de faire dans cet ouvrage. J'examinerai tous ces rapports : ils forment dans l'ensemble ce que l'on appelle l'*Esprit des Lois* »[1]. Portalis, dans le discours préliminaire sur le Code civil, n'était que l'écho de ces idées quand il disait, longtemps avant Savigny : « Les codes des peuples se font avec le temps, à proprement parler on ne les fait pas »[2].

123. La seule donnée qui soit vraiment propre à l'École historique et caractéristique de son système, c'est la façon dont elle a conçu, moins l'art de la législation, que le principe philosophique du droit. Or, sous ce rapport, l'insuccès de la doctrine a été complet et son discrédit immédiat. Quelle est, en effet, cette loi pressentie et annoncée, qui préside au développement des phéno-

1. L. 1, ch. 3.
2. Fenet, *Recueil des travaux préparatoires du Code civil*, t. 1, p. 476.

mènes, et que réfléchit la conscience nationale, qui trace à l'homme la voie où il marche et où il doit marcher ? Elle n'a pas dit son secret ; et nul ne l'a surpris. De sorte que l'École se trouve avoir édifié dans le vide ; son point de départ la vouait à l'impuissance. Qu'on ne lui demande pas quels sont ses principes sur les grandes questions agitées depuis des siècles : son système est précisément de n'en pas avoir, et de laisser faire le temps ; qu'on ne lui demande pas davantage si l'homme est libre, et s'il a des droits naturels : l'individu pris isolément est si peu de chose devant l'ordre général qui seul importe véritablement, au regard de l'État, gardien ou agent de cet ordre ; qu'on ne lui demande pas enfin quelle est l'idée directrice qui oriente le législateur : les regards tournés vers le passé, elle n'a rien à dire à l'homme que tourmente l'obsession du but où il doit tendre. Cependant, s'il est une vérité que proclament à la fois l'expérience et la psychologie, c'est qu'il faut à l'homme un idéal, quelque loin qu'il le place, et dût-il ne l'atteindre jamais. Il lui en faut un pour se guider, c'est manifeste ; il lui en faut un seulement pour vivre, car vivre, c'est vouloir et agir. Lui refuser toute action sur sa destinée, faire de lui le jouet d'une loi d'évolution qu'il ignore parce qu'elle dépasse son entendement, c'est lui ôter ce qui fait toute sa force : le sentiment de sa responsabilité ; c'est lui enlever la source de toute joie : l'effort et le plaisir de se sentir vivre qu'il procure ; c'est enfin méconnaître la loi la plus impérieuse de sa nature, car, en dépit des influences qui entravent et gênent ses efforts, il sent en lui un foyer de vie active, une incessante aspiration vers le mieux et le besoin comme la volonté de l'atteindre.

Aussi, dès avant 1820, quelques années à peine après la querelle de la codification, l'École historique attaquée de toute part disparaissait, ou du moins elle se transformait. Hégel et ses disciples, Gans surtout, lui reprochent son indifférence philosophique; ils l'accusent de ne voir dans le droit qu'un enchaînement de faits et de coutumes, de le confondre avec la loi, d'en bannir tout principe comme toute aspiration, enfin de ne tenir aucun compte de la liberté humaine et de détruire par là la volonté, source de tout progrès[1]. Le jugement porté dès cette époque est resté sans appel ; la doctrine de Savigny et de ses disciples, des romantiques comme les appelle Bluntschli, est condamnée depuis par la science allemande. Voici comme la juge Ihering : « Fausse en théorie, dit-il, mais sans danger, elle contient comme maxime politique une des hérésies les plus redoutables que l'on puisse concevoir, car dans un domaine où l'homme doit agir, agir avec la pleine et claire conscience du but, et avec l'application de toutes ses forces, elle le leurre en lui faisant croire que les choses s'arrangent d'elles-mêmes, qu'il n'a rien de mieux à faire que de se croiser les bras et d'attendre plein de confiance ce que met au jour, peu à peu, la prétendue source primordiale du droit : la conscience nationale »[2].

124. La philosophie hégélienne, il est vrai, est, elle aussi, essentiellement historique. Toutefois elle se sépare de Savigny et de son école sous deux rapports. D'abord, au lieu d'être locale et de chercher le principe du droit

1. Sur Gans et son influence dans la réaction contre l'école de Savigny, voir Lerminier, *op. cit.* p. 343 et s.

2. *La lutte pour le droit*, *trad. cit.*, p. 11.

dans les instincts du caractère national, elle s'universalise en quelque sorte et cherche ce principe dans le développement nécessaire de l'Esprit du monde; en outre, à la genèse inconsciente du temps elle oppose le droit formel de l'humanité au devenir, à la coutume se développant d'elle-même sous l'influence de l'instinct national elle substitue le vif sentiment de l'effort vers l'accomplissement d'une destinée finale. En d'autres termes, la philosophie du droit se confond et s'identifie avec la philosophie de l'histoire [1].

Le droit, dégagé de ses formes passagères, autrement dit distingué de la loi, c'est l'Esprit universel qui va se développant à travers le temps. Il a sa formule dans l'histoire du monde, qui n'est que celle de l'Esprit absolu prenant de plus en plus conscience de lui-même; il se réalise dans l'État, ou plutôt dans les États successifs qui sont comme les pierres qui marquent les étapes de la route. Chaque peuple incarne une idée qui forme son esprit particulier; chaque esprit particulier marque un âge dans le développement de l'Esprit universel que les nations représentent ainsi à tour de rôle. Cet Esprit universel a été représenté successivement dans le passé par le monde oriental, par le monde grec et par le monde latin; il l'est présentement par le monde germanique, celui où l'esprit devenu pleinement conscient de lui-même réalise la vérité absolue. Or, pendant qu'un peuple est l'agent de l'évolution, les autres ne comptent plus; de sorte que la fin assignée au genre humain, c'est

1. Sur Hegel et son influence dans le développement de l'esprit public en Allemagne, cons. Lerminier, *op. cit.*, p. 288, 368; Robert Flint, *La philosophie de l'histoire en Allemagne*, trad. Carrau.

de s'absorber dans l'hégémonie allemande. Le droit du monde nouveau et de l'avenir, c'est le germanisme.

Les augures sont sérieux, paraît-il ; à l'inverse de ceux de Rome, au dire du vieux Caton, ils se regardent sans rire. Cantu cite, sans indication de source, ce passage singulièrement frappant de Hegel : « Le monde se développe en quatre époques ; la dernière, la plus grande, sera l'époque allemande. Alors un seul peuple représentera l'Esprit ; comblé d'honneurs et de prospérité, il dominera sur les autres nations par l'irrésistible puissance de l'intelligence ; en face de lui, les autres peuples ne conserveront plus aucun droit[1] ». Toute la philosophie historique de Hegel est dans ces lignes. Le métaphysicien débute, c'est sa méthode, par des abstractions qui sont pour lui la réalité, sans se préoccuper de dire ce qui les fournit ou les autorise ; puis il poursuit ses déductions comme dans un rêve où tout s'enchaînerait logiquement ; il aboutit finalement à une sorte de cosmologie qui repose sur l'hypothèse de la prépondérance finale et prédestinée de la race germanique.

Il resterait bien à dire quelle idée représente ce quatrième âge du monde, expression dernière et définitive du droit. Mais le système, précisément parce qu'il est cosmologique, n'a pas à le faire connaître ; du moins il ne le révèle qu'en termes apocalyptiques. L'avenir déchirera les voiles, parce que les destins s'accompliront ; *fata volentem ducunt, nolentem trahunt.*

1. *Histoire universelle*, édit. Didot, t. 20, p. 124. Cette citation pourrait bien n'être qu'un résumé de passages divers. Celui dont elle se rapproche le plus est dans *Naturrecht*, p. 347. Comp. *Philosophie de l'histoire*, introd., p. 12 et 134, et 4e partie, p. 415 et s.; *Philosophie du droit*, §§ 341 et 360.

125. Que devient le droit individuel dans cette métaphysique de visionnaire? Il n'y a plus place pour lui; il disparaît. L'École historique, dans sa première phase, l'avait négligé, n'y voyant qu'un phénomène comme un autre, qu'un fait; elle le nie formellement dans la seconde, et elle ne pouvait éviter de le nier. En effet, la fin de la nature, d'après Hegel, n'est pas l'homme mais l'Éternel devenir, force occulte et toute puissante; de même que les peuples n'existent que pour représenter un âge de l'humanité, une évolution de l'Esprit universel, de même les individus n'existent et ne valent que comme instruments de l'œuvre assignée à l'État, aux États successifs. Or, comme l'observe Ahrens dans sa pénétrante analyse de l'hégélianisme, « quelle liberté peut-il y avoir pour des êtres qui ne sont que les instruments de l'Esprit universel, qui ne sont pas de véritables personnalités, mais les phases du développement de l'absolu, les moments de la personnalité que Dieu acquiert au terme de l'évolution[1] ». Si, dans ces conditions, la liberté humaine ne disparaît pas, elle ne subsiste du moins que comme une apparence, puisqu'elle n'est réalisée que par la fatalité en théorie, et, en fait, par l'État. C'est la conclusion formelle de Hegel : « L'homme est sans doute fin en soi, et doit être respecté comme tel; mais l'homme individuellement n'est à respecter comme tel que par l'individu et non quant à l'État, parce que l'État ou la nation est sa substance[2] ». L'annihilation de l'individu dans les fins de l'humanité, et, en fait, son absorption nécessaire par l'État, agent de ces fins, ne sauraient être

1. *Op. cit.*, t. 1, p. 73.
2. *Leçons sur l'histoire de la philosophie*, t. 4, p. 292.

marquées en termes plus explicites ; dès que l'homme n'est qu'un instrument, le seul droit qu'il ait, et qui soit conforme à l'ordre consiste pour lui à se sentir maintenu et conduit dans la voie où s'accomplit l'Éternel devenir.

126. Le système devient d'une clarté parfaite. La théorie de l'État, chez Hegel, est le pendant de la théorie de la nature ; le panthéisme philosophique a abouti au panthéisme politique. L'État, c'est la volonté de l'Esprit absolu, le « terrestre divin » ; il existe en soi et par soi, non par l'effet de la volonté de l'homme ; la raison divine se réalise en lui, et il doit être pour cela « vénéré comme un Dieu » ; le prince le personnifie, et son autorité, elle aussi, a une existence propre et indépendante ; l'individu n'a de valeur et de droit qu'en lui et par lui. Le germanisme, dès lors, âge quatrième et définitif du monde, c'est l'absolutisme de l'État, qui est la « substance » de l'homme, c'est la foi en la force comme moyen de réalisation de l'Éternel devenir ; le droit enfin, autrement dit, l'Esprit devenu pleinement conscient de lui-même, sorte d'absolu mystique, c'est la force elle-même. La doctrine, conclut Ahrens, « est le prélude de la maxime que la force prime le droit, professée particulièrement dans l'État d'où la philosophie de Hegel se propagea en Allemagne[1]. »

Sauf l'appareil dialectique, si on ne considère que le résultat final, l'hégélianisme se rencontre avec le *Contrat social*. Le rapprochement n'est ni forcé, ni artificiel ; Hegel le fait lui-même, il rattache expressément sa doctrine à celle de Rousseau[2]. La volonté de l'Esprit uni-

1. *Op. cit.*, t. 1, p. 74.
2. *Philosophie du droit*, p. 314.

versel remplace la Volonté générale, voilà tout ; les corollaires sont les mêmes, les deux systèmes aboutissent à la conception d'un État dont les droits et les obligations n'ont de limites que sa puissance. Conception « toute païenne », dit très justement Ahrens. De même, en effet, que dans l'antiquité, ajoute-t-il, « l'État se trouve avoir un pouvoir absolu ; il absorbe tout, il a le droit de tout régler, la moralité, les arts, la religion, les sciences ; les individus n'ont de droits qu'en lui et que par lui »[1]. Hegel ne recule devant aucune conséquence du principe ; s'il admet la représentation du pays auprès du gouvernement, c'est sous une restriction formelle : à condition, ce qui écarte toute possibilité de conflit, que le gouvernement ait en tout et toujours le dernier mot[2].

127. L'idée du droit ainsi présentée échappe-t-elle aux critiques adressées à la conception qu'en eut l'École historique à ses débuts ? Il est certain que non ; car l'Éternel devenir manifesté par les évolutions de l'Esprit du monde n'est et ne peut être pour l'homme pris individuellement qu'une forme de la fatalité. La suprême habileté de Hegel et de ses disciples a été de faire d'un mythe une force vivante, incessamment et perpétuellement agissante, en l'associant à des visées de domination de race. C'est par là que l'hégélianisme est devenu philosophie nationale. Deux causes expliquent sa prodigieuse puissance d'expansion. La doctrine renfermait en elle un élément qui la prédestinait à être populaire ; comment n'aurait-elle pas séduit l'imagination d'un peuple jeune par la perspective du rôle d'élection annoncé à la

1. *Op. cit.*, t. 1, p. 74, 75.
2. Sur la théorie hégélienne de l'État, cons. Lévy-Bruhl, *op. cit.*, 3e partie, chap. 3.

race germanique ? Et puis elle a eu la fortune de trouver de suite toute une phalange de disciples parmi les jurisconsultes et parmi les hommes d'État ; les premiers ont fait entrer l'idée dans le courant de la vie réelle et journalière en la dégageant des formules inaccessibles à la foule, les autres l'ont exploitée pour concentrer et exalter la nation allemande. Hegel n'a-t-il pas dit que la guerre est le facteur nécessaire de l'évolution, l'instrument du progrès, la force moralisante, le procédé divin ?

Ihering a décrit avec une merveilleuse énergie la disposition inhérente au droit, compris à la façon allemande, d'où résulte pour chaque homme, pour chaque génération, pour chaque peuple l'obligation de le manifester en toute circonstance et de combattre quand même pour le faire triompher. « Le droit, dit-il, n'est pas une pure théorie, mais une force vive. La paix est le but qu'il poursuit, la lutte est le moyen de l'atteindre....... Son essence est l'action....., la lutte : lutte des peuples, de l'État, des classes, des individus. Tous les droits du monde ont été acquis en luttant ; toutes les règles importantes du droit ont dû commencer par être arrachées à ceux qui s'y opposaient ; et tout droit, droit d'un peuple ou droit d'un particulier, suppose que l'on soit constamment prêt à le soutenir..... Le droit est un travail incessant, non seulement du pouvoir public, mais du peuple tout entier ; la vie entière..., considérée dans son ensemble, nous représente le même spectacle de la lutte et du travail sans trêve de toute une nation, que nous offre l'activité des peuples dans le domaine de la production économique et intellectuelle. Chaque particulier, obligé de soutenir son droit, prend part à ce travail national, et apporte son obole à la réalisation de l'idée du droit sur la terre[1] ».

Ainsi le combat pour le droit est un devoir : devoir des particuliers envers la société, devoir de chaque citoyen envers l'État, devoir des peuples envers l'humanité. Qu'on se rappelle que le germanisme, ou quatrième âge du monde, réalise le droit définitif, et que, quand un peuple représente l'Esprit, les autres sont sans droit devant lui, on aura l'explication de l'Allemagne contemporaine ; elle est le droit, à elle par suite la toute puissance. Avec ses philosophes, elle a caressé des visées de supériorité de race et de domination universelle au nom de l'Éternel devenir ; avec ses politiques, l'infatuation spéculative s'est transformée en une fièvre d'action qui l'a poussée à la conquête du monde ; puis, un jour, la fortune a couronné les ambitions nées de la métaphysique. Élevé à l'École de Hegel, l'esprit allemand évolue dans le germanisme compris à la façon des Hohenzollern ; il exulte aujourd'hui dans son rêve qu'il croit accompli.

128. Mais il n'est pas de rêve qui ne se dissipe. La trompeuse apparence d'une victoire définitive n'est que le signal de la dissolution. Pendant que l'infatuation se consomme dans les masses populaires de l'autre côté du Rhin, l'École historique, qui a formé l'esprit allemand moderne, se désagrège dans les classes qui pensent ; elle va disparaître. Ici, par une transformation nouvelle, elle aboutit au fatalisme pur, et par lui au désenchantement universel ; là, par la conception des Organismes « idéels », elle se rencontre avec la Sociologie, et va se confondre avec elle.

1. *La lutte pour le droit, trad. cit.*, p. 1 et 2.

C'était à prévoir. La cosmologie de Hegel ne pouvait suffire longtemps à la philosophie ; ce qu'elle a d'hypothétique et d'artificiel devait apparaître tôt ou tard. Le jour où, à la suite de Schopenhauer, l'Allemagne s'est prise à nier la possibilité d'une philosophie de l'histoire[1], le mirage s'est évanoui, et le système s'est effondré. L'esprit allemand, ébloui pendant un temps par les perspectives du quatrième âge, s'est trouvé tout à coup en présence du vide ; et le vide l'attire par une fascination irrésistible. Au panthéisme idéal et optimiste succède un panthéisme désenchanté, sinon désespéré. Les uns, pour sauver la volonté trop longtemps sacrifiée à l'Esprit absolu et, pour cela, sur le point de s'évanouir, lui assignent l'étrange mission de chercher une entente scientifique pour arriver à la délivrance de l'être, au « suicide cosmique » comme l'appelle Caro[2] ; les autres, estimant dès que l'homme ne peut rien qu'il vaut mieux pour lui ne rien faire, sinon détruire la volonté puisqu'elle n'est que déception, et avec elle les tourments qu'elle donne, s'abandonnent à un déterminisme systématique et attendent le néant dans une sorte de nouveau Bouddhisme. Le déterminisme, c'est le nom que la philosophie contemporaine donne à la fatalité. Qu'il ne soit plus question des énergies intellectuelles ou morales ; l'homme, il ne sait plus comment, va il ne sait plus où. Quand l'idole est brisée, les mystiques ne croient plus à rien. Ahrens qui certes connaissait l'Allemagne et l'esprit qui s'y propage ne cachait pas, il y a longtemps déjà, ses

1. V. Robert Flint, *La philosophie de l'histoire en Allemagne*, p. 392.
2. *Le pessimisme au XIX*e *siècle*, 2e édit. p. 251.

appréhensions et les plus sombres pronostics sur l'avenir[1].

Défendus contre de telles défaillances par leurs habitudes d'esprit, par le sens et le souci de la réalité, les politiques et les jurisconsultes n'ont pas moins dû, dans la crise que traverse la philosophie, chercher un nouveau point d'appui. Par une sorte d'accord spontané et général, ils se sont jetés ou plutôt réfugiés dans la conception d'une nouvelle entité : dans l'idée d'organismes dont l'homme serait l'agent. Si sa personnalité disparaît absorbée dans la leur, si ses droits se réduisent à n'être plus que les devoirs que lui impose sa fonction d'organe d'un organisme, il a au moins à en suivre les manifestations, à en protéger le développement ; et c'est une tâche, quoique subordonnée, retrouvée pour son activité. La comparaison de la société à un organisme est bien ancienne, car elle est déjà dans Platon ; ce qui n'a été longtemps qu'une figure de langage est pris maintenant au pied de la lettre, et devient une réalité.

129. Krause paraît avoir été le premier à enseigner la réalité des organismes « idéels » ; il la rattache à tout un système, partie théologique, partie philosophique, sur la destinée individuelle et sociale de l'homme[2]. Bluntschli fait honneur de la découverte à l'École historique[3]. Peu importe les origines ; ce qui est certain c'est que la donnée est devenue fondamentale dans l'École allemande

1. Voir spécialement la note ajoutée dans la 7e édition de son *Cours de droit naturel*, t. 1, p. 76.

2. Sur Krause et les origines allemandes de l'idée d'organisme, V. Ahrens, *Cours du droit naturel*, t. 1, p. 25, 69, 78 et s. Sur la conception, dans sa généralité, cons. de Vareilles-Sommières, *Les principes fondamentaux du droit*, p. 169 et s.

3. *Théorie générale de l'État*, trad. Riedmatten, 2e édit., p. 59.

transformée. L'Esprit universel ou absolu, pur concept dans l'idéalisme historique de Hegel, s'incarne dans l'idée d'un être corporatif, vivant d'une vie propre, agissant et se développant sous l'action de lois inhérentes à sa nature, ayant un corps et des organes, doué de conscience, de volonté et d'initiative.

Pour les uns, c'est le Droit qui est un organisme ; Ihering le définit : « L'organisme objectif de la liberté humaine [1] ». Pour Bluntschli, le grand théoricien du droit public allemand contemporain, c'est l'État ; il voit en lui « une personne organique..., une personne humaine..., la personne organisée de la nation..., l'humanité corporelle et visible [2] ». Pour Schœffle et les sociologistes qui se rattachent plus directement à l'école d'Auguste Comte et d'Herbert Spencer, c'est la société, sociétés particulières et société humaine ; le « corps social » naît, vit, se développe, agit et meurt à l'instar des autres êtres organisés [3]. Quoi qu'on personnifie en lui, l'Organisme est une réalité vivante, existant en soi et pour soi, une personnalité distincte des individus et par suite indépendante d'eux, ayant un moi, une âme selon quelques-uns. Ihering en décrit l'anatomie et la physiologie, ou, dit-il, la structure et les fonctions [4]. Bluntschli a retrouvé son acte de naissance ; il affirme qu'il est du sexe masculin, et qu'il a atteint l'âge de « virilité consciente », autrement dit de majorité, en 1740 [5]. D'après Schœffle, il a, comme tous les organismes, une structure : l'individu en est la « cellule »,

1. *L'esprit du droit romain, trad. cit.*, t. 1, p. 26.
2. *Théorie générale de l'État*, p. 18, 21.
3. *Bau und Leben des Socialen Kœrpers. passim.*
4. *Op. cit.*, p. 27.
5. *Théorie générale de l'État*, p. 18, 46.

la famille et la cité en sont les « ganglions nerveux », l'État en est le « centre cérébro-spinal », en langue vulgaire le cerveau ; comme eux aussi, il a un système d'organes : système digestif, système circulo-respiratoire, système nervo-moteur qui maintient la cohésion des parties et imprime la direction à l'ensemble.

Hypothèses que tout cela, sinon hyperboles, dira-t-on! Non ; c'est de la métaphysique d'outre-Rhin. Rien n'arrête l'idée quand elle est devenue une manière d'être de l'esprit. La prochaine édition de Schœffle contiendra, dit-on, des planches coloriées d'après nature ! C'est le cas de dire, comme Rousseau de la Volonté générale : « Telle est la condition qui fait l'artifice et le jeu de la machine... [1] ». L'idéalisme objectif, de même que la foi ou l'esprit de chimère, conçoit, voit et peut tout.

130. Au surplus, Esprit universel ou Organisme social et humain, les mots diffèrent plus que l'idée. Sous des vocables divers, c'est toujours la conception d'une puissance indépendante de l'homme et qui s'impose à lui; en dépit des précautions de langage, même des protestations, c'est toujours l'idée panthéiste : l'individu n'est qu'un instrument au service d'une force qui le domine. A tout prendre, l'homme conserve peut-être plus de personnalité en présence de l'Esprit universel, puisque c'est au moins lui qui le conçoit, qu'en présence de l'Organisme social regardé comme ayant sa vie propre, et dont il ne peut dès lors qu'observer passivement le phénomène. Tout système qui place le droit dans une conception objective, au lieu de le chercher dans l'homme lui-même, aboutit inévitablement à nier la liberté et le droit.

1. Plus haut, p. 156.

Dans la donnée de la nouvelle école spécialement, comment l'individu serait-il libre s'il n'est que le rouage d'un organisme régi par des lois inhérentes à sa nature ? Où trouverait-il le fondement d'un droit lui appartenant s'il n'est que l'organe d'un organisme, la cellule du corps social ?

Il n'y a pas de réserves, si habiles qu'elles soient, qui puissent prévaloir contre la loi logique. Ce qu'elle a d'irrésistible apparaît manifeste dans Ihering. Quoique si sévère pour l'École historique, à raison des tendances à la fatalité qu'il y constate [1], le célèbre romaniste n'aboutit à rien moins qu'à refuser à l'homme toute action sur le développement de l'Organisme juridique, et à lui contester tout droit, ou, ce qui revient au même, à ne pas lui en reconnaître d'autres que ceux qu'il tient de l'État ; pour lui, comme pour tous les sociologistes, la vie corporative, c'est-à-dire la vie dans l'Organisme, prime la vie individuelle ou l'annihile.

« Le droit, dit-il, est un organisme objectif de la liberté humaine. Il n'est plus contesté qu'il n'est point, comme on se le figurait autrefois, une agrégation extérieure de dispositions arbitraires, qui doit son origine à la pensée du législateur ; il est, comme le langage d'un peuple, le produit interne et réglé de l'histoire. Sans doute, l'intention et le calcul humains contribuent à le former ; mais l'un et l'autre trouvent plutôt qu'ils ne créent, car la naissance et la formation des rapports dans lesquels se meut la vie de l'espèce humaine ne dépendent point d'eux. Le droit et ses institutions ont surgi sous l'impulsion de la vie ; c'est elle qui leur con-

1. V. ci-dessus, p. 197.

serve leur incessante activité extérieure.... En présence des puissantes forces qui régissent la formation du droit, la coopération de la raison humaine, voulant créer au lieu de rester un instrument, se réduit à rien[1]. » Que deviennent alors les droits de la personne? Ihering conteste qu'ils aient une réalité indépendante et nécessaire; il ne les reconnait pas en dehors d'une sûreté juridique acquise, ou, ce qui revient au même, en dehors d'une concession de la loi : ce ne sont pour lui que « des intérêts juridiquement protégés ». Voir en eux, ajoute-t-il, des facultés inhérentes à la nature humaine, c'est ne voir du droit que « sa manifestation extérieure, que sa réalisation en quelque sorte », c'est négliger ce qui est « son essence intime[2] ». L'observation n'est pas inexacte au point de vue de l'analyse ; mais, comme conclusion, la formule proposée, de deux choses l'une, ou n'échappe pas à la critique d'où elle sort, ou n'aboutit, sous prétexte de dégager l'essence intime du droit, qu'à la négation de l'idée même de droit. Quelle réalité le droit a-t-il, en effet, s'il n'existe pas en dehors d'une sûreté juridique acquise, en d'autres termes d'une concession et de l'appui de l'autorité ?

131. Bluntschli procède autrement. Sa magistrale exposition de « l'État moderne », de ses attributions et de son fonctionnement est descriptive, non dogmatique[3]. Elle séduit par son ampleur, ses abondantes analyses, ses rapprochements toujours riches en leçons utiles, par

1. *L'esprit du droit romain*, t. 1, p. 26.
2. *Idem*, t. 4, p. 326.
3. Les trois grands ouvrages de Bluntschli, *La théorie générale de l'État*, *Le droit public général* et *La politique*, ont été traduits par M. de Riedmatten.

le bon sens prévoyant, la modération et le libéralisme apparents qui y règnent d'un bout à l'autre. Toutefois, quiconque l'a méditée en conviendra, il ne s'en dégage nulle part une idée précise et nette; les principes, toujours relégués dans un lointain vaporeux, échappent dès qu'on veut les saisir ; le système, par suite de continuelles distinctions et réserves, d'une sorte de procédé de bascule perpétuelle, peut servir toutes les causes.

L'illustre publiciste part de l'idée d'organisme ; mais il estime qu'on ne la comprend pas comme il faut, et qu'on la fausse, en général, par le sens qu'on donne au mot [1]. Il répète incessamment que l'homme a des droits naturels, que l'État a pour mission essentielle de les lui garantir, et que ses attributions sont limitées par eux [2] ; mais, opposant aussitôt le droit de la nation comme être corporatif à celui de l'individu, il ajoute : « l'État est une personne morale si élevée que la nécessité de sa conservation, premier devoir du gouvernement, autorise la violation du droit privé et de l'ordre établi. Le salut de l'État légitime commande même parfois le sacrifice des droits individuels : *salus patriæ suprema lex esto* [3]. » Il est pour la liberté absolue de conscience, même pour la liberté confessionnelle et des cultes, et il incline à la célèbre formule de Cavour, l'Église libre dans l'État libre ; mais il approuve sans réserve, non en se plaçant au point de vue politique mais au nom des principes, les fameuses lois prussiennes de mai 1873, et il poursuit avec une opi-

1. *Théorie générale de l'État*, p. 14, 17, 59.
2. *Théorie générale de l'État*, p. 27, 50, 230, 375 ; — *Le droit public*, p. 37, 380 ; — *La politique*, p. 24, 102, 115, 182.
3. *Le droit public*, p. 162 ; — *La politique*, p. 74.

niâtreté qui va jusqu'à la passion, la proscription des ordres religieux[1]. Enfin il préconise le gouvernement représentatif et constitutionnel, comme étant la forme naturelle de l'État moderne[2]; mais ce n'est ni dans la Révolution d'Angleterre, ni dans la Révolution française, événements négligeables, qu'il en cherche l'origine et l'esprit, c'est dans les traditions de l'électorat de Brandebourg, plus tard de la Prusse qui est une nation « mâle »[3]. Aussi, dans son culte pour la Prusse triomphante, « type de l'État moderne », il place le commencement des temps nouveaux en 1740, date de l'avènement de Frédéric II; l'autocrate est, à ses yeux, « le père de la monarchie constitutionnelle sur le continent,... le grand représentant de l'État moderne[4] ». Ici, la pensée se précise et se dévoile; le système apparaît sous son véritable aspect. L'État, c'est « la puissance concentrée de la nation en vue du bien public[5] »; il a un esprit et une volonté qui ne sont, comme la Volonté générale du *Contrat social*, « que l'esprit et la volonté de la nation, différents de la simple somme des volontés et des intelligences des individus[6] ». Le prince, symbole et instrument de l'idée, a la force avec le droit; il « personnifie la puissance de l'État[7] »; il a la direction suprême et la charge de tous les intérêts moraux et matériels parce que « l'organisme tout entier est représenté en sa personne[8] ».

1. *Le droit public*, p. 293; — *La politique*, p. 334.
2. *Théorie générale de l'État*, p. 375.
3. *La politique*, p. 103, 368.
4. *Théorie générale*, p. 45, 368; — *La politique*, p. 43, 85, 102, 103, 225.
5. *La politique*, p. 111.
6. *Théorie générale de l'État*, p. 15.
7. *Le droit public*, p. 127.
8. *Idem*, p. 146.

Ainsi l'État toujours, l'État partout, l'État au-dessus de tout! Le bon sens public ne perd assurément jamais ses droits chez un peuple éclairé, nullement naïf, très positif au contraire, et il tempère les applications du système ; néanmoins le système est tel, avec ses suites toujours possibles quand il le faudra. Et cependant, s'il faut en croire Bluntschli, le germain n'a pas « le sens de l'État » ; ce qu'il apprécie par-dessus tout, c'est « la personnalité individuelle [1] ». Quel paradoxe dans la patrie de Hegel! La prudence du fabuliste n'est pas hors de propos en présence de la *Théorie générale de l'État :* ce bloc enfariné ne me dit rien qui vaille, il en peut sortir indifféremment l'absolutisme comme la liberté.

132. Où l'École historique a abouti aujourd'hui, au terme de ses transformations, il n'est pas besoin de l'inférer par induction ; les faits sont là qui portent témoignage : elle a rencontré la Sociologie et les deux écoles ont fusionné. L'Éternel devenir et l'Organisme social étaient faits pour s'entendre avec l'idée d'évolution.

Seulement, dans un pays façonné de longue date à considérer l'État comme étant le représentant et l'organe du droit, ou mieux comme étant le droit lui-même, la Sociologie, qui confond la société avec l'État, ne pouvait manquer de devenir absolutiste. Aussi les Schœffle, les Wagner, les Schmoller, tous les chefs de l'École, sont en même temps les coryphées du socialisme dit socialisme d'État, ou de la chaire. Avec Ihering, ils enseignent qu'il n'y a pas de droits, mais seulement des intérêts ; avec Hegel et Bluntschli, ils ajoutent que l'État a charge de tous les intérêts, qu'il en est le régulateur naturel et su-

1. *La politique*, p. 102, 232.

prême ; la question sociale leur apparaît naturellement, dès lors, comme devant être résolue par l'intervention de l'État. Or, c'est là précisément l'idée mère du socialisme de la chaire, dont l'Allemagne a entrepris la périlleuse expérience.

Les chefs du mouvement s'efforcent, à n'en pas douter, de combattre les désastreux effets de la philosophie de l'inconscient par l'action de l'État, dont ils réclament une énergique et incessante initiative afin de suppléer à la volonté individuelle affaiblie, et à laquelle ils sacrifient tout le reste.

§ 5. — La sociologie.

133. Le mot « sociologie » est, dans la langue française, d'introduction récente. Auguste Comte paraît être le premier qui l'ait employé ; Littré l'a ensuite propagé ; Herbert Spencer l'a plus tard adopté ; il est ainsi passé dans la langue scientifique.

Outre qu'il est mal composé et mal sonnant, il a, comme néologisme, le défaut plus grave de n'être pas clair. Si on le prend dans son sens étymologique, il signifie simplement science des faits sociaux, tout comme biologie signifie science des phénomènes de vie. Littré, dont l'autorité est grande en ceci puisque le lexicographe est en même temps un des chefs de l'École, ne le prend pas dans une autre acception ; la sociologie, dit-il, est « la science du développement et de la constitution des sociétés humaines[1] ». Rien là, au premier abord, qui soit nouveau ; car l'histoire des sociétés humaines,

1. *Dictionnaire*, V° *Sociologie*.

l'étude de la vie sociale dans ses origines, son but et ses manifestations, la recherche enfin d'une organisation idéale, tout cela n'a-t-il pas occupé les penseurs de tous les temps? Les philosophes, les moralistes, les historiens, les économistes n'ont jamais fait autre chose. De sorte que sociologie est le nom d'une science, non d'un système. Cependant, quoiqu'il puisse paraître étrange que l'on emploie ainsi le nom d'une science pour désigner une façon particulière de la comprendre et d'en résoudre les problèmes, il est certain que la Sociologie, au sens conventionnel du mot, est une conception bien spéciale, née d'hier, qui appartient en propre à l'école positiviste. Si Comte a eu recours à une expression nouvelle pour désigner ce qu'on a appelé jusqu'à lui du nom traditionnel de sciences morales et politiques, ce n'est pas par amour du néologisme, c'est qu'il voulait poser les fondements d'une science nouvelle. La place qu'il lui assigne dans la hiérarchie des sciences marque suffisamment son caractère. Elle forme la dernière des six sciences fondamentales, celle, la plus élevée, où les résultats acquis des cinq autres viennent converger et se coordonner en une synthèse générale ; elle est la deuxième partie de la physique organique, ou physique des corps vivants: la première qui considère l'individu est la physiologie, la seconde qui considère l'espèce est la Sociologie. Comte l'a appelée successivement physique sociale, puis Sociologie ; il la définit ainsi : « cette partie complémentaire de la philosophie naturelle qui se rapporte à l'étude positive de l'ensemble des lois propres aux phénomènes sociaux [1] ». En définitive, c'est la philosophie

1. *Cours de philosophie positive*, t. 4, p. 185.

politique de l'École positiviste. Le nom de la science est employé pour désigner la conception positiviste de cette science ; et cela pour une raison fort simple, parce que la science nouvelle ne trouve sa place que dans le cadre général de la philosophie positiviste.

Herbert Spencer, le représentant le plus illustre aujourd'hui du nouvel évangile, conteste la classification des sciences présentée par Auguste Comte. Il les répartit en trois groupes : sciences physiques ou du monde inorganique, sciences biologiques ou du monde organique, et sciences sociales. A celles-ci il assigne pour objet, comme Comte à la sixième des six sciences fondamentales, les lois qui président aux phénomènes sociaux, ou « superorganiques », c'est-à-dire « qui résultent des actions que les corps organisés exercent les uns sur les autres ou sur les corps inorganisés[1] » ; elles forment, dans leur ensemble, la Sociologie ou science sociale proprement dite qui embrasse dans une synthèse les données que les autres fournissent, pour en dégager les lois supérieures et maîtresses de la civilisation, ou mieux de l'évolution.

Pour les deux maîtres de la doctrine, le fondateur et l'organisateur, la Sociologie est la science positive des phénomènes sociaux et de leurs lois. Elle a, et c'est par là qu'elle constitue un système, son objet et son but, sa méthode, sa donnée on peut dire ontologique d'où dérivent ses applications. Elle devait, en outre, dans la pensée de ses fondateurs, s'affirmer par des conclusions empreintes d'un tel caractère de certitude qu'elles force-

1. *Premiers principes*, trad. Cazelles, p. 284. — Comp. *Introduction à la science sociale*, trad. française p. 354, 417.

raient la conviction et mettraient fin à toutes les divergences ; mais, à cet égard, l'événement n'a pas justifié les prévisions. La Sociologie abrite de nos jours des vues diverses, parfois très opposées ; sans parler des sectes et des nuances, il est au moins certain que la Sociologie biologique d'Herbert Spencer n'est plus la Sociologie purement expérimentale d'Auguste Comte.

134. L'objet et le but de la science nouvelle résultent de sa définition même ; ils ont été tracés dès l'origine par le fondateur de l'École. Selon Auguste Comte, la vérité naît de l'évanouissement des mirages ; de là est sortie la série cosmologique des trois états successifs : l'état théologique, l'état métaphysique, l'état positiviste[1]. L'homme passe par là : il est crédule en son enfance, et explique les phénomènes par des agents surnaturels ; il est spéculatif et ami des abstractions en sa jeunesse ; il est positif enfin en sa virilité, et se borne alors à observer et à constater. Les sociétés particulières se développent de même, et aussi cette grande société qu'on appelle l'humanité : elles croient d'abord et acceptent des dogmes, elles raisonnent ensuite et obéissent à des idées, plus tard, devenues maîtresses d'elles-mêmes et plus exigeantes, elles n'admettent plus que les phénomènes sensibles, que la réalité constatée. Enfin chaque conception, chaque branche de connaissances passent par ces trois mêmes états : l'état fictif, l'état abstrait, l'état scientifique.

Le Positivisme, dès lors, c'est sa loi fondamentale, renonce à la connaissance de prétendues causes premières ou finales, bonnes pour les temps théologiques ou métaphysiques ; il écarte, comme répondant à des âges dis-

1. *Cours de philosophie positive*, t. 1, p. 8.

parus, l'ensemble des notions abstraites accumulées que les esprits arriérés persistent à regarder comme le patrimoine intellectuel du genre humain ; il proscrit toute entité, toute perception d'idée ou principe *a priori*. C'est dans les faits et leurs rapports, seuls facteurs de la science, que la Sociologie doit chercher les lois de l'ordre général ; elle a pour objet les phénomènes sociaux où les lois sont réalisées : condition de l'individu, formation et développement de la famille et de l'État ainsi que des groupes intermédiaires, production et répartition des richesses... etc. ; elle a pour but la détermination des lois qui président à la succession et à la coexistence de ces phénomènes. L'ethnographie, l'histoire et la statistique, voilà ses sources ; elle accumule les documents, les faits et les chiffres; elle tient pour certain que l'enquête, quand elle sera complète, parlera d'elle-même et révèlera les lois qui régissent les phénomènes et leur enchaînement. Non seulement c'est là son objet, mais c'est son objet exclusif ; car dès qu'on sort des faits tout devient factice et artificiel, on s'égare dans la métaphysique, ou domaine de l'inconnaissable, inaccessible à l'homme.

135. La méthode à suivre est indiquée par là même. Puisque la Sociologie repousse toute idée comme tout principe *a priori* et n'admet que les faits constatés, elle doit proscrire la spéculation et le raisonnement par déduction qui conclut du tout aux parties ; son objet ne comporte qu'une seule méthode : la méthode d'observation et d'induction, qui conclut des cas particuliers à l'espèce qui les comprend, et à la loi qui les régit.

L'idée dominante d'Auguste Comte fut d'appliquer à toutes les sciences, sans distinction, « une manière uniforme de raisonner », d'étendre par suite à la Sociologie la méthode expérimentale usitée dans les sciences naturelles, et de faire d'elle par là « une science exacte ». En étudiant les faits sociaux comme le physicien et le chimiste étudient les phénomènes de la nature et le biologiste ceux de la vie, il comptait donner aux lois qui les régissent « le même degré de positivité » qu'à celles qui régissent les sciences exactes et par là organiser scientifiquement la société[1]. L'École est demeurée depuis dans la voie ainsi tracée ; c'est par là seulement peut-être qu'elle maintient son unité. Elle nie l'originalité des sciences morales qui ne seraient qu'un fragment des sciences de la nature ; il s'agit pour elle, comme le dit un de ses plus récents adeptes, « d'intégrer la science sociale dans le système général des sciences naturelles[2] ».

136. Les anciennes sciences morales et politiques, le droit spécialement, ont, il est vrai, usé de tout temps et usé avec profit de l'observation. Les jurisconsultes romains n'étaient pas loin de la méthode regardée aujourd'hui comme une nouveauté, quand ils plaçaient le droit naturel dans l'assentiment universel, et en cherchaient l'expression dans la pratique commune aux nations[3]. C'est le procédé que Grotius appelle la preuve *a posteriori* du droit naturel. « Il y a, dit-il, deux manières de prouver qu'une chose est de droit naturel : l'une *a priori*, plus subtile et plus abstraite, par des raisons tirées de la nature même des choses... ; l'autre *a posteriori*, plus re-

1. *Cours de philosophie positive*, t. 1, p. 6, 21, 22.
2. Durckeim, *Revue internationale de l'enseignement*, 1888, p. 29.
3. V. ci-dessus, p. 54.

lative, par des raisons extérieures. En suivant celle-ci on conclut, sinon certainement, au moins avec beaucoup de probabilité, qu'une chose est de droit naturel quand elle est regardée comme telle par toutes les nations, du moins par les nations civilisées ; car un effet universel supposant une cause universelle, une opinion vraiment générale ne peut venir que de ce qu'on appelle le sens commun : *Nam universalis effectus universalem requirit causam ; talis autem existimationis causa vix ulla videtur esse posse præter sensum ipsum qui dicitur communis*[1] ». Voltaire n'exprimait-il pas la même idée en disant, ou à peu près : il y a quelqu'un qui a plus de bon sens que qui que ce soit, c'est tout le monde ? Le point de vue n'est donc pas nouveau. Seulement la Sociologie va plus loin; elle use de la méthode comparative à l'exclusion de toute autre. Ce qui la caractérise, c'est sa foi en la puissance de la seule observation, aidée de l'induction, pour dégager les lois auxquelles obéissent l'individu et la société ; ce qu'elle cherche dans l'histoire, ce n'est pas, comme les anciens ou comme l'École historique, le développement des idées ou des leçons d'expérience, mais des germes. Elle suit d'étape en étape les groupes humains, famille, tribu, cité et nation, pour pénétrer le courant interne dont ils sont l'expression, « les propriétés immanentes des choses » dit Littré[2] ; elle interroge les mœurs, les coutumes, les littératures pour saisir, au-dessus des diversités historiques ou locales, les lois d'où résulte et qui expliquent l'évolution, et

1. *De jure belli ac pacis*, L. 1, cap. 1, XII.
2. *Conservation, révolution* et *positivisme*, préface de l'édition de 1852, p. XXVI.

en dégager, ajoute Littré, « une conception générale de monde ». Relever les faits, les grouper, déterminer les rapports qui les unissent, « leur genèse naturelle » comme dit Herbert Spencer[1], dégager enfin une règle de conduite en apprenant par l'observation comment s'enchaînent les causes et les effets : voilà tout ce que peut la science. Prétendre aller plus loin, ce serait être dupe d'idées *a priori*, ce serait revenir aux méthodes théologique ou métaphysique, et, par une révolte impuissante de l'esprit, vouloir pénétrer l'inconnaissable.

137. Enfin la donnée ontologique consiste dans une façon particulière de concevoir l'homme et la société, leur rôle respectif et leurs rapports. Elle déplace les conditions jadis reçues du problème de la vie, et par là la Sociologie se sépare profondément des systèmes antérieurs.

Jusque-là l'homme a été considéré comme étant le sujet du droit, de qui tout émane, vers qui tout revient ; la société, d'autre part, a été considérée comme un groupement résultant d'un accord de volontés, instinctif et tacite selon les uns, formel et délibéré selon les autres. Les deux idées se tiennent et s'appellent. Selon la doctrine positiviste, l'homme déchoit du rôle qui lui a été donné de tout temps ; le droit n'est plus ni en lui ni pour lui, il est dans la société et pour elle. Les sociétés, en effet, d'après la Sociologie, ne sont pas des associations de parties librement unies ; elles ne sont pas davantage des collections d'individus groupés par des influences géographiques ou historiques, des entités : elles sont des organismes, au sens exact et complet du mot, des orga-

1. *Introduction à la science sociale*, p. 26.

nismes sujets de phénomènes vitaux. Elles ont un corps, le corps social comme on dit souvent sans se douter si bien dire, qui naît d'un germe, évolue pendant un temps pour aboutir ensuite à la dissolution; elles portent en elles la force qui leur procure la conservation et le développement; chacune d'elles, comme on peut l'observer dans les sociétés disparues, grecque, romaine et autres, a son génie particulier et son action dans la vie de l'humanité.

Non seulement la société est une personnalité vivante, distincte et indépendante de ses membres, mais de plus elle a seule à vrai dire une existence propre. Se confondant avec l'espèce, elle absorbe l'individu qui n'est par rapport à elle qu'une fonction, « l'organe d'un organisme[1] ». Littré insiste sur l'idée en disant : « l'ensemble seul est réel, les parties à vrai dire ne le sont pas[2] » ; et M. Courcelle Seneuil la développe en ajoutant : « nos idées, nos notions scientifiques et morales viennent de la société, comme notre vie ; c'est la conscience sociale qui engendre la nôtre, qui l'éclaire et la contrôle : nous n'avons d'autres droits que ceux que nous tenons de la société[3] ». Puis l'enchaînement se poursuit : les sociétés particulières, qui paraissent et disparaissent dans le monde, sont à leur tour les organes de la société plus grande qui forme l'humanité, ou Grand Organisme.

138. C'est exactement la conception où l'École historique a abouti en sa dernière évolution avec Ahrens, Ihering, Bluntschli, [4]... etc. Singulièrement téméraire déjà

1. Durckeim, *op. cit.*, p. 48.
2. *Application de la Sociologie au gouvernement*, p. 108.
3. *Études sur la science sociale*, p. 150.
4. V. ci-dessus, p. 206.

dans l'École allemande, elle le devient manifestement bien plus encore en Sociologie ; car, ce qui se comprend à la rigueur dans une doctrine sortie de l'idéalisme spéculatif de Hegel, est-il admissible dans un système qui se pique d'écarter tout ce qui est une conception de l'esprit, de n'admettre que les phénomènes sensibles, que ce qui est démontré en fait ? Le Positivisme a raison de dire qu'il n'y a pas d'hypothèse qui puisse prétendre à façonner le monde à son image ; mais, de bonne foi, l'idée que la société est un organisme vivant n'est-elle pas, elle aussi, une hypothèse ? L'expérience a-t-elle donc prouvé l'âme du monde et la conscience de l'univers, ou même seulement l'existence du corps social ? La structure des sociétés, dit-on, est identique à celle des corps vivants ; on conviendra au moins qu'il y a une différence, c'est que les autres corps organisés sont des réalités tandis que celui-là, si l'on y croit, n'est toujours qu'une supposition. A cela près, le reste est identique, si l'on veut.

Cependant l'idée est passée à l'état d'axiome parmi les sociologistes. Auguste Comte l'a émise ; Littré l'a développée ; Herbert Spencer en a fait comme l'assise de son système, qui consiste à appliquer aux sociétés, considérées comme organismes, les deux lois darwiniennes de l'évolution par « la concurrence vitale » et du progrès par « la sélection naturelle [1] ». Puis les disciples sont venus qui ont accentué, outré peut-être la pensée des maîtres. Prenant tout à fait au pied de la lettre ce qui n'avait pas complètement cessé jusque-là d'être une image,

1. Herbert Spencer se défend de n'avoir fait que développer les idées de Darwin dans leur application à la race humaine ; il réclame la priorité pour les lois d'évolution et de sélection naturelle. V. *Introduction à la science sociale*, p. 371.

ils ont fait résolument, après les Ihering et les Schœffle[1], l'anatomie et la physiologie du corps social. Il est convenu, et on répète sans hésitation que l'individu en est la « cellule », que les groupes de la famille et de la cité en sont les « ganglions nerveux », que l'État enfin en est le « centre cérébro-spinal » ou cerveau. Toute une nomenclature s'introduit, pour la classification rectifiée des ci-devant sciences sociales, qui emprunte ses dénominations à la langue des sciences expérimentales pour mieux marquer que le temps des idées est passé, et qu'il n'y a plus place que pour les forces de la nature. L'histoire, qui décrit les lois de progression, devient la dynamique sociale ; la Sociologie proprement dite, qui expose les lois de coexistence des phénomènes, devient la statique sociale ; l'économie politique, qui préside aux phénomènes de nutrition et de respiration, devient l'hygiène sociale ; le droit enfin devient la thérapeutique sociale, et le droit pénal la chirurgie... etc.[2]. La campagne est menée avec un sérieux tellement imperturbable que les esprits les plus fermes ne sont pas sans éprouver quelque trouble ; on se demande vraiment, car la bonne foi est ici hors de conteste, si l'on n'est pas en présence de ce que les croyants de l'hypnotisme appellent un cas d'auto-suggestion[3].

1. V. ci-dessus, p. 207.

2. On trouvera un exemple frappant des idées et des procédés de langage qui ont cours aujourd'hui parmi les sociologistes de la jeune école dans un article de M. Duguit, écrit avec toute la crânerie d'une profession de foi, sur « Le droit constitutionnel et la sociologie » (*Revue internationale de l'enseignement supérieur*, 1889, p. 484). A titre de curiosité, on lira dans la *Revue générale*, 1885, p. 205 et 316, l'étude où M. de Lapouge cherche au microscope le fondement biologique du droit de succession dans la composition de l'œuf fécondé et la quantité de sang héritable qu'il renferme.

3. Sur l'origine et le développement de l'idée des organismes sociaux,

139. Hypothétique ou non, la donnée est fondamentale et essentielle en Sociologie. Elle constitue la base et l'originalité du système ; c'est d'elle que dérivent les conséquences et les applications qu'il entraîne.

Par elle, d'abord, la Sociologie ou science sociale est véritablement « intégrée dans les sciences naturelles », selon le vœu de la méthode positiviste. En effet, si la société est un organisme, les phénomènes par lesquels elle se manifeste, faits sociaux ou superorganiques, sont des phénomènes de vie ; et, par suite, la Sociologie est une partie intégrante de la biologie [1]. L'homme pour résoudre le problème de sa destinée n'a pas à étudier sa propre nature, ce qui, paraît-il, serait une prétention chimérique ; il a, ce qui, dit-on, est plus simple, à étudier l'Organisme dans lequel il vit, pour se conformer aux lois qui le régissent. Le législateur, à son tour, appelé à maintenir l'ordre dans chaque société particulière, n'a pas un rôle autre que celui du médecin ; ils ont, l'un comme l'autre, charge de maintenir l'organisme confié à leurs soins, organisme social ou humain, dans des conditions adéquates à sa nature et à son développement, d'éviter

ainsi que sur les preuves physiologiques et psychologiques à l'appui, V. Fouillée, *La science sociale contemporaine*, p. 74 et s. ; — Comp. Espinas, *Les sociétés animales*, et *Études sociologiques* insérées dans la *Revue philosophique*, 1882, p. 337 ; — Perrier, *Les colonies animales et la formation des organismes* ; — Bordier, *La vie des sociétés*.

1. C'est le point de vue formel d'Herbert Spencer. Littré, fidèle à la doctrine de Comte, ne présente pas tout à fait de même les rapports de la Sociologie avec les autres sciences; mais le résultat reste identique. Il dit à ce propos : « La théorie de la société est étroitement dépendante de la biologie, ou connaissance des êtres vivants; et, comme la biologie, à son tour, dépend de toutes les sciences antécédentes, il en résulte que la Sociologie a pour base le système déjà inébranlable de la biologie, de la chimie, de la physique, de l'astronomie et de la mathématique ». *Application de la philosophie positive au gouvernement*, p. 47.

qu'on en méconnaisse ou qu'on en altère « le type spécial » tel que l'observation le révèle[1]. Le philosophe, enfin, cherchant les lois plus générales au delà de celles qui régissent les sociétés particulières, n'a pas à procéder autrement ; car, le grand Organisme, ou humanité, s'achemine à pas plus lents dans la même voie où marchent séparément les sociétés particulières. « Le cours de son évolution est prédéterminé dans son caractère général, à ce point que ses phases successives ne sauraient anticiper l'une sur l'autre ; et par conséquent il n'y a pas d'enseignement ni de politique qui puisse lui faire dépasser une certaine vitesse normale, limitée par la vitesse des modifications organiques chez les êtres humains[2] ».

140. La même donnée explique, en outre, l'autorité décisive que la Sociologie attache aux faits constatés, et le caractère de certitude, sinon de fatalité, qu'elle attribue aux lois qu'elle en tire par induction. En effet, si les phénomènes sociaux sont des phénomènes biologiques, ils ne sont pas plus que les faits physiques le produit du hasard ou de la volonté humaine ; ils sont déterminés, c'est-à-dire soumis à des lois naturelles et immuables, ils se produisent et se succèdent suivant des rapports fixes, ils portent en eux-mêmes, quand ils se répètent, la preuve de leur nécessité.

Herbert Spencer, rencontrant la propriété, a bien garde de se demander si le droit qu'on nomme ainsi ne serait pas un corollaire de la liberté humaine, cela ne prouverait rien ; mais il observe que l'appropriation est recon-

1. Herbert Spencer, *Introduction à la science sociale*, p. 433.
2. *Id.*, p. 438.

nue chez les Todas, les Santals, les Lepchas, les Bodas, les Chakmas, les Takuns, les Arassuras, les Weddah des bois.... etc., et, par induction, il conclut de la répétition et de la similitude du phénomène qu'il correspond à « un droit naturel [1]. » La méthode veut-elle vérifier si la mise à la retraite des fonctionnaires est légitime, elle ne recherche pas si cela est conforme au bon sens et aux exigences pratiques, elle observe que certaines peuplades sauvages se débarrassent des vieillards inutiles en les mettant à mort, que les Brahmanes vieillis abandonnent la vie active et se font ascètes [2], et, par induction, elle conclut que la retraite est naturelle quand, l'âge amène l'impuissance. Ainsi de suite pour toutes les questions, depuis les plus graves jusqu'aux moindres. La raison de l'homme civilisé serait impuissante à les résoudre ; l'instinct du sauvage y suffit d'emblée. Plus un peuple est primitif, plus les faits qu'il offre à l'observation sont probants ; au contraire, chez les peuples arrivés à marquer dans l'histoire de l'humanité, les documents sont suspects car on peut y confondre la vraie nature et ses manifestations avec ce qu'une influence théologique ou métaphysique peut avoir amené d'artificiel. Si Stanley est sociologiste, et sociologiste chercheur, quelle mine de phénomèmes sans mélange de civilisation, et dès lors éminemment et vraiment suggestifs, ne doit-il pas avoir trouvée dans les retraites inviolées jusqu'à lui de l'Afrique équatoriale ! Pour qui n'est pas familiarisé avec la méthode sociologique, cette manière de raisonner surprend, elle paraît même quelque peu

1. *L'individu contre l'État*, p. 14.
2. Sumner Maine, *Études sur l'ancien droit et la coutume primitive*, p. 32, 70.

puérile ; pour les positivistes elle est sérieuse, et même seule sérieuse.

La même propension qui les pousse à chercher la révélation des lois sociales chez les peuplades les plus barbares, les a conduits à la chercher aussi dans les sociétés animales. Groupes d'animaux, sociétés humaines, la méthode d'observation appliquée à l'étude des organismes n'y fait pas de différence. C'est aux fourmis et aux abeilles qu'échoit ordinairement l'honneur de résoudre le problème social ; Auguste Comte préconise la comparaison avec les mammifères les plus élevés. L'homme et « les autres animaux », disent couramment et non sans affectation les sociologistes [1]. On s'explique qu'ils ne voient dans le droit qu'un chapitre de l'histoire naturelle.

141. Enfin, c'est de la même donnée essentielle que provient la tendance, constante parmi les sociologistes, à ne voir dans ce qu'on appelle improprement des droits que de simples intérêts, et à incliner le droit individuel devant le droit social. Cette tendance, on peut le dire, est inhérente au système et caractéristique ; on la trouve, quoique sous des formes diverses, chez tous les adeptes : la Sociologie est par excellence et vraiment le système du droit social.

L'homme, en effet, dans la conception sociologique, n'est qu'une fonction de la société, l'organe infinitésimal d'un organisme, la cellule du corps social. Or, n'y aurait-il pas outrecuidance manifeste de la part de

1. V. par exemple : Auguste Comte, *Cours de philosophie*, t. 4, p. 312 ; — Courcelle-Seneuil, *Études sur la science sociale*, p. 44 ; *Préparation à l'étude du droit*, p. 46 ; — Duguit, *op. cit.*, p. 488.

l'organe à s'insurger contre l'Organisme, de la part de la cellule à prétendre des droits contre les ganglions, à plus forte raison contre le centre cérébro-spinal ? Faire une place à un droit humain, ou, ce qui revient au même, à la volonté humaine, ce serait nier la fixité des lois d'après lesquelles les rapports sociaux se développent.

Les systèmes qui, dans le passé, ont subordonné l'individu à l'État, se sont heurtés tous à une antinomie irréductible ; car comment l'État, œuvre humaine en définitive, ou du moins qui apparaît telle dans l'histoire, aurait-il plus de droit que l'homme lui-même? La sociologie évite l'antinomie en plaçant le droit, non plus dans l'État, mais dans la société qui est un organisme naturel et non un fruit de l'art et de la réflexion, autrement dit en subordonnant l'individu non à l'État, mais à l'espèce. L'homme, la famille, la cité, ne sont que des agents sociaux, tous également au service de la société, et indirectement de l'État qui en est le cerveau ; les sociétés particulières ne sont elles-mêmes que des agents cosmologiques soumis aux lois qui assignent à l'Organisme humain sa marche nécessaire. A ce point, la loi d'évolution devient une philosophie de l'histoire ; la Sociologie se rencontre avec le panthéisme hégélien qui met le droit dans l'Éternel devenir. Les deux systèmes, au lieu de partir de la nature humaine pour en déduire le droit, prennent l'un et l'autre les faits, réels ou supposés, pour y conformer l'homme ; l'individu n'est plus le sujet mais l'objet du droit, ou du moins le seul droit qu'il garde, c'est de remplir son rôle d'organe et d'être maintenu dans sa fonction ; les lois assignées à l'espèce absorbent et anéantissent la liberté de l'individu.

142. Auguste Comte souscrit au résultat sans hésitation ni scrupule. Nul n'a apporté dans le développement des idées plus de logique, de sincérité et de franchise. « La notion du droit, dit-il, doit disparaître du domaine philosophique... Le Positivisme n'admet que des devoirs..., car son point de vue toujours social ne peut comporter aucune notion de droit toujours fondée sur l'individualité. Tout droit humain est absurde autant qu'immoral. Et puisqu'il n'existe pas de droit divin, cette notion doit s'effacer complètement comme purement relative au régime préliminaire, et directement incompatible avec l'état final qui n'admet que des devoirs d'après des fonctions [1] ».

Voilà qui est sans ambages. La tradition antique, brisée en 1789, est renouée ; la Sociologie expérimentale, quoique se plaçant à un point de vue qui lui est bien particulier, se rencontre par les conclusions avec les théories de l'ancien régime : elle condamne la Déclaration des droits de l'homme comme subversive et incompatible avec la vraie science, elle traite la souveraineté populaire de « préjugé métaphysique », elle réprouve le régime parlementaire ou même simplement représentatif, elle ne voit dans la propriété ou autres prétendus droits que des concessions de la loi... etc. [2].

Littré, plus engagé que son maître dans la politique militante, songeant davantage à la propagande et à la

1. *Catéchisme positiviste*, p. 288 et s. ; — *Cours de philosophie positive*, t. 6, p. 454.

2. Comte, *Système de politique positive*, t. 3, p. 600, et *Cours de philosophie*, t. 4, p. 52 et s., p. 85 et s. — Littré, *Application de la philosophie positive au gouvernement*, p. 83 et s. ; — *Conservation, révolution et positivisme*. Préface de l'édition de 1852, p. XVI, XVIII, XIX, XXII.

lutte, va droit à l'absolutisme ; il réclame la dictature du prolétariat, et il veut que le gouvernement de la France soit remis à la Ville de Paris, ou plutôt à des chefs élus par elle [1]. Est-ce dans l'intérêt des prolétaires et au nom des idées socialistes ? Nullement, il s'en défend ; c'est pour assurer le triomphe de la vérité sociologique, du « dogme nouveau », et parce que le prolétariat lui paraît seul en état de rompre avec les traditions qui entravent l'avènement définitif de l'état positiviste. « Les réformes sociales, dit-il, ne peuvent être obtenues que par l'extinction des croyances théologiques et métaphysiques » ; et alors, lui, le philosophe qui dépeint si bien « la jouissance infinie attachée à la possession complète du soi », il veut un pouvoir à l'image de « l'immortelle Convention », capable de rallier les intelligences au moyen de ce qu'il appelle par euphémisme « la convergence mentale », à la doctrine [2]. Certes, il était trop perspicace pour ne pas prévoir ce qu'un tel régime, même transitoire, coûterait à la liberté humaine ; mais, apôtre et soldat du Positivisme, la bataille pour « l'idéal suprême » n'avait rien alors qui inquiétât ses ardeurs de croyant. L'avenir réservait à sa vieillesse de poignantes désillusions qu'il a loyalement confessées !

143. Herbert Spencer conclut en apparence différemment, et même de façon toute opposée ; au fond, car tout évolutioniste est pour ainsi dire doublé d'un positiviste, les résultats sont bien près d'être identiques.

De même que Comte, il voit dans la société un organisme. Seulement entre l'organisme social et les organismes

1. *Application*, p. 45, 141 ; *Conservation*, préface, p. XVIII.
2. *Application*, p. 38, 50 et 51 ; *Conservation*, préface, p. XVI.

animaux il observe cette opposition : chez l'animal les cellules n'ont qu'une vie végétative et les membres n'existent qu'en vue de l'ensemble, tandis que dans le corps social les cellules sont des êtres doués d'intelligence, de sorte que c'est, au contraire, l'ensemble qui existe au profit des parties ; d'où il conclut que « le bonheur des particuliers est la seule fin de l'État », et que, dans les efforts faits pour procurer la prospérité du corps politique, « on ne doit pas oublier que l'État n'a de droits qu'en tant qu'il représente les droits des citoyens [1] ». Et alors, tout à l'inverse d'Auguste Comte, loin de subordonner l'individu à l'État, Spencer pousse au contraire l'individualisme à outrance. Il reconnaît des « droits naturels », antérieurs à la loi et indépendants d'elle [2] ; il tend à une limitation indéfinie des droits de la société ; il va jusqu'à concevoir, comme dernier terme du progrès, un état qui serait l'absence de toute contrainte sociale, où l'autonomie de l'individu serait complète : ce qu'il appelle « l'individuation parfaite [3] ». En attendant cet idéal, il veut au moins que la fonction de l'État se réduise à protéger l'exercice des droits ; et il pose en règle que les seules restrictions légitimes à la liberté sont celles « imposées réciproquement aux actions des hommes par suite de leur existence simultanée comme unités d'une société, restrictions dont la parfaite observance constitue l'état d'équilibre impartial, but du progrès politique [4] ». C'est, au moins par les formules, le contre-pied des idées d'Auguste Comte et de Littré.

1. *Principes de sociologie*, t. 2, p. 18 et s.
2. *L'individu contre l'État*, p. 130 et s ; — ci-dessus, p. 179.
3. *Social statics*, p. 280, 467, et surtout 497.
4. *Premiers principes*, trad. Cazelles, p. 118.

144. Cependant qu'on ne s'y trompe pas. Malgré les apparences, si on va au fond des choses, la notion du droit individuel manque à Herbert Spencer autant qu'à Auguste Comte. Celui-ci sacrifie l'individu au point de vue social, autrement dit à la société ; Spencer le sacrifie au point de vue biologique, c'est-à-dire à cette force toute puissante et irrésistible qu'on appelle la nature. La donnée change, le résultat ne diffère pas sensiblement.

Le philosophe anglais a une maîtrise trop complète pour être d'aucune école, si ce n'est de la sienne. S'il se rencontre parfois avec d'autres, il n'est jamais que lui-même. Sa sociologie n'est pas la science expérimentale et raisonneuse de Comte ; elle est une branche d'un vaste système philosophique, symétrique en toutes ses parties, qui part des lois de la vie pour édifier une synthèse des sciences en soumettant à une règle unique tous les phénomènes, depuis la cellule jusqu'à la conscience humaine. Or, ce que révèle l'observation de la vie universelle, c'est une transformation incessante, éternelle et fatale ; les organismes évoluent sous la triple action de la lutte pour la vie, de l'adaptation au milieu et de l'hérédité, et ils progressent indéfiniment par l'effet de la concurrence et de la sélection. Voilà la grande loi biologique. Appliquée à la race humaine, elle se traduit ainsi : L'humanité se développe selon un déterminisme absolu ; les sociétés particulières ne sont que les étapes de l'humanité et se développent comme elle ; quant à l'homme, il n'est rien par lui-même, il ne compte que pour composer l'espèce qui seule est intéressante et seule a des droits, il disparaît absorbé en elle.

La sociologie d'Herbert Spencer découle de là toute

entière. S'il réserve une large part d'action à l'intelligence et à la volonté, ce n'est pas parce que l'individu aurait des prérogatives légitimes, ou droits ; c'est parce que c'est utile, attendu que les idées et les actes sont « des facteurs naturels » qui concourent à l'évolution normale [1]. S'il tend à restreindre l'État, au point de le supprimer, ce n'est pas au nom et au profit de la liberté humaine érigée en principe de justice, c'est pour les mêmes raisons qui portaient Savigny et son école à condamner la codification : afin de préserver l'évolution de toute atteinte artificielle, au nom et au profit de l'Organisme, organisme social ou universel. La production et l'enchaînement des phénomènes sociaux dépassent l'action de l'homme ; il peut bien, soit par ignorance soit par méconnaissance des lois qui le régissent, les entraver ou les altérer, mais il ne peut pas en modifier le cours normal. Donc, qu'il s'agisse des peuples ou des particuliers, place aux bien doués ; la loi sociologique veut que les faibles cèdent aux forts, les indolents aux énergiques, les vicieux aux sages, afin que « la sélection naturelle » fasse son œuvre et prépare des types indéfiniment perfectionnés et supérieurs, ce qui constitue la marche vers l'idéal, le progrès.

145. Spencer pousse la thèse à ses conséquences extrêmes avec une rigueur toute scientifique, c'est-à-dire impitoyable. L'application de la loi darwinienne aux relations humaines est tellement essentielle à ses yeux, qu'il réprouve « l'altruisme » sous toutes ses formes ; il va jusqu'à interdire à l'État, ce qui est cependant sa fonction

1. *Introduction à la science sociale*, p. 433. — V. aussi *Principes de sociologie*, t. 1, p. 139.

originaire et traditionnelle, de protéger les faibles et de venir en aide aux opprimés et aux déshérités. Sans cesse il revient sur ce point, dans son *Introduction à la science sociale* [1], comme dans ses *Principes de sociologie* [2]. Il avait écrit déjà dans *Social Statics*: « La pauvreté des incapables, la détresse des imprudents, l'élimination des paresseux et cette poussée des forts qui met de côté les faibles et en réduit un si grand nombre à la misère, sont les résultats nécessaires d'une loi générale éclairée et bienfaisante [3] » ; plus loin, dans le même ouvrage, il reproche à l'État qui, à l'encontre de cette loi fait œuvre de philanthropie, « de remplir le monde d'êtres pour qui la vie sera une peine et d'en écarter ceux pour qui elle serait un plaisir, de créer la douleur et d'éloigner le bonheur [4] ». L'induction blesse à la fois les sentiments les plus enracinés au cœur de l'homme et les idées les mieux consacrées par le temps ; elle est toutefois absolument logique : si c'est par l'élimination des mal venus que les races se purifient, par la prédominance des forts que les sociétés et par elles l'humanité progressent, tout ce qui entrave ou diminue l'action de cette loi biologique est une atteinte aux lois de la nature, et par conséquent un mal.

En matière pénale, les résultats sont peut-être plus choquants encore. L'homme est si peu de chose dans le système, il disparaît si complètement devant les faits, qui seuls importent, qu'Herbert Spencer, fondant le droit de punir sur la seule utilité sociale, écarte dans la répres-

1. P. 171 et s., 291, 311, 378 et s.
2. T. 2, p. 168, 174, 351, 403.
3. P. 69.
4. P. 381.

sion les questions d'imputabilité intentionnelle et même de discernement. Un de ses disciples résolus, M. Courcelle-Seneuil dit nettement que « la folie n'excuse pas le meurtrier »; et il soutient, par suite, que l'inconscient doit être puni comme celui qui a eu conscience de son acte [1]. C'est étrange encore, eu égard aux données traditionnellement regardées comme étant de justice élémentaire ; mais c'est toujours logique. En effet, dans une infraction, ce n'est pas le mal qu'on peut avoir la pensée de réprimer puisque tout est réglé par un déterminisme universel, c'est une déviation aux lois naturelles qu'on rectifie dans l'intérêt de l'Organisme ; on frappe le désordre, non celui qui le commet. Les intentions, d'ailleurs, comme les idées, appartiennent au domaine de l'inconnaissable ; donc il n'y a à tenir compte que du fait, et non de la moralité de l'agent ou de prétendus éléments intentionnels [2].

146. Sont-ce là les traditions libérales? Très certainement non ; on peut même dire que c'est leur contraire. La civilisation n'est pas autre chose que l'effort séculaire que poursuit l'humanité pour échapper à la violence et aux violents par une organisation collective et raisonnée de la légitime défense. L'État, érigé en sauvegarde de la justice, est dès lors l'institution indispensable du droit ; l'éliminer, fût-ce au nom des lois biologiques, c'est faire place au droit du plus fort ; et le droit du plus fort, c'est la négation du droit dans ce qu'il a de plus élémentaire, dans son essence même.

1. *Préparation à l'étude du droit*, p. 256.

2. Sur cette donnée, d'où sont sorties les théories de l'École italienne contemporaine en matière pénale, V. Georges Vidal, *Principes fondamentaux de la pénalité dans les systèmes les plus modernes*.

D'ailleurs, si, laissant de côté la genèse du système et ses corollaires théoriques, on envisage ses applications, que trouve-t-on? Ceci, où on ne peut se méprendre : l'École libérale voit dans la société un groupement d'êtres unis dans un commun sentiment de sympathie, d'assistance et de protection mutuelles, tandis que Spencer fait d'elle une agrégation d'égoïsmes mis en contact par des accidents géographiques ou historiques, où le fort est autorisé et même invité à exterminer le faible. Les deux tendances vont aux pôles opposés ; elles ne diffèrent pas moins par les résultats que par les principes, elles sont incompatibles et irréconciliables. La Sociologie biologique, c'est la doctrine de Hobbes sans le contre-poids qu'introduit le tenant de l'absolutisme, c'est-à-dire sans l'État tout puissant : *homo homini lupus*. Certes, il est excessif de rendre un système philosophique responsable de l'abus que font de lui l'ignorance, la mauvaise foi ou l'effronterie ; cependant que répondre aux struggleforlifers pratiques qui excipent des lois de la lutte pour la vie à l'effet d'abriter leurs forfaits ou leurs villenies? Il en est parmi eux qui ne sont que des drôles indignes de pitié ; il peut en être, hélas, qui soient trompés par la doctrine et de bonne foi !

Herbert Spencer est individualiste ; il lui manque, pour être compté parmi les libéraux, le respect de l'homme, le sentiment de la responsabilité morale, le souci de la justice qui n'est que celui des légitimes prérogatives de chacun, et surtout cette préoccupation attentive des garanties qui est la marque de l'École libérale. En détruisant l'État, il aboutit aux mêmes résultats que d'autres en l'investissant de l'omnipotence ; la liberté dans les deux cas est également compromise, ici par les risques de l'arbitraire, là par l'absence des garanties nécessaires. Une fois de plus il est démontré que la philosophie naturaliste est fatalement antilibérale, et que par elle la notion du droit se corrompt inévitablement et disparaît.

147. Avec les disciples, les deux formes primitives du système se pénètrent et se combinent. Les néo-sociologistes tendent de plus en plus à s'affranchir des formules premières, qu'ils jugent exclusives et étroites ; ils aboutissent à une sorte d'éclectisme, où le point de vue expérimental et le point de vue biologique se confondent, ou, du moins, sont indistinctement invoqués. Dans cette voie, l'École ne pouvait manquer de s'éparpiller en vues divergentes. Cependant, si mille dissidences divisent les adeptes, il reste entre eux un point commun, où ils se reconnaissent et qui les rallie en quelque sorte : le dédain, sinon la négation du droit individuel.

En Angleterre, sociologistes et utilitaires font bon ménage. Les deux écoles s'accordent, non sur les thèses philosophiques, il est vrai, du moins le plus souvent sur la manière de raisonner, et presque toujours sur les applications ; si bien que Stuart Mill et Herbert Spencer, quoique partant de pôles opposés, sont presque toujours invoqués en même temps et dans le même sens comme autorités. La méthode dite expérimentale leur est commune ; la « poussée des forts » est un aspect nouveau de l'idée d'utilité. Ihering signale dans Bentham jusqu'à la conception de l'Organisme social, qui de fait s'y trouve formellement, au moins à titre d'hypothèse [1]. Quoi d'étonnant que les deux écoles se rencontrent dans la

1. *L'esprit du droit romain*, t. 1, p. 27.

prédominance assignée au point de vue social sur le droit individuel[1] ?

En Allemagne, la Sociologie a eu une destinée analogue ; elle a fait alliance avec l'École historique à sa dernière transformation, et les deux écoles n'en font plus qu'une. L'idée d'évolution et celle d'Éternel devenir étaient, en effet, faites pour s'entendre ; car qu'est-ce que l'Organisme d'Ihering et de Bluntschli, surtout celui de Schœffle, sinon la cosmologie de Hegel devenue purement naturaliste et scientifique, de spéculative et de nationale qu'elle était ? Dans les deux systèmes, la personnalité humaine disparaît également, absorbée par une force qui se développe en dehors de l'homme et sous l'action de lois inhérentes à sa nature. L'État, qui selon l'expression de Bluntschli représente et personnifie l'Organisme social, devient le régulateur suprême de tous les droits ramenés à n'être plus que des intérêts ; la Sociologie aboutit à l'omni-ingérence comme à l'omnipotence de l'État, autrement dit au socialisme de la chaire[2].

148. En France, où l'esprit public cherche encore son unité depuis la grande crise de la fin du XVIIIe siècle, la Sociologie s'est éparpillée davantage ; elle est tantôt utilitaire, tantôt absolutiste, tantôt purement fataliste.

Les uns, comme M. Bordier[3], le docteur Letourneau[4], proclament à la suite de Comte, et même plus catégoriquement encore que lui, la prédominance du point de vue social ; et ils admettent que la discipline juridique

1. V. ci-dessus, p. 177 et s.
2. V. ci-dessus, p. 208 et s.
3. *La vie des sociétés.*
4. *L'évolution politique.*

n'a pas d'autre raison d'être ou de fondement que son utilité.

M. Courcelle-Seneuil, qui s'inspire à la fois de Bentham, de Comte et de Spencer, qui a par là même trois raisons pour une d'être explicite à cet égard, est encore plus affirmatif : « En doctrine comme en fait, dit-il, la conception des droits de l'homme n'a rien de juridique : c'est une création d'imagination... Ce n'est pas sans raison que Bentham appelait cette doctrine un sophisme anarchique ». Plus loin il la taxe presque de manœuvre cléricale ; car il ajoute : « Cette conception, née de l'enseignement chrétien, qui prétend contenir la vérité absolue, mais en lui attribuant une origine divine, est formellement démentie par l'histoire [1] ». L'auteur tient à cet aperçu ; il l'a reproduit dans l'*Étude critique de la Déclaration des droits* récemment communiquée à l'Académie des sciences morales et politiques, où il signale l'idée de droits naturels à l'homme comme « née de la philosophie théologique du XVIe siècle [2] ». Est-il possible de travestir avec plus de sans façon un aperçu exact en soi, et de méconnaître davantage les enseignements de l'histoire tout en les invoquant ? Le célèbre économiste ne pardonne pas à Herbert Spencer de reconnaître l'existence de « droits naturels » ; et, à cause de cela sans doute, il tient les œuvres du grand philosophe en médiocre estime : « Vaste recueil, dit-il, de notes curieuses, d'observations piquantes, profondes et très instructives, mais sans conclusion [3] ».

1. *Préparation à l'étude du droit*, p. 212, 213, 214.
2. *Comptes rendus de l'Académie*, 1890, p. 392.
3. Préparation, p. 4.

Si l'on veut avoir l'expression dernière du système, la dernière, dis-je, car on ne conçoit vraiment pas qu'il soit possible d'aller plus loin, qu'on lise le petit volume récemment publié par M. Ambroise Danten [1], livre plein de talent, où le naturalisme est rehaussé par une conception élevée des destinées de l'humanité, mais aux conclusions désespérantes. En vérité, si la vie n'est que cela elle ne vaut pas la peine d'être vécue ; on sent à la lecture de ces pages le froid de la mort qui vous gagne, et l'on s'explique la tendance au pessimisme sortie des brumes d'outre-Rhin qui gagne l'esprit français réputé jadis pour son robuste et gai bon sens.

« L'homme, dit M. Danten naît vivant et viable, voilà tout. Il n'est autre chose, en ouvrant les yeux à la lu mière, qu'une matière animée, ductile et malléable jusqu'à un certain point, à laquelle la société insufflera une âme, qui, une fois en possession d'elle-même, tracera son sillon suivant qu'il résultera de ses aptitudes innées, du milieu où elle vit et des circonstances extérieures qui seconderont son activité [2]. » Une fois englobé dans la société, l'être humain « s'y trouve incorporé avec toutes ses conditions et dépendances [3] » ; il y collabore « à une œuvre fatale, qui n'est pas la sienne propre, car l'évolution est régie par des lois biologiques qui surpassent sa raison.., aussi certaines, quoique inconnues, et tout aussi nécessitantes que les lois physiques qui règlent l'action des éléments [4] ». Qu'est-il alors, si le monde est ainsi

1. *De la nature des choses*, 1886.
2. P. 225.
3. P. 222.
4. P. 165, 183.

enchaîné par un déterminisme absolu ? Moins que rien : un zéro dans l'infini, « un pantin dans la main de la nature, dont une puissance plus haute que toute volonté humaine, la nécessité, tient les fils [1] ». A-t-il des droits ? non, car « dans la nature, il n'y a pas de droits, il n'y a que des faits [2] »; son seul droit, qui n'est pas même un droit, mais un fait, c'est de vivre comme tous les organismes, c'est-à-dire de dépendre des lois immuables qui gouvernent l'ordre des choses. Quand la conscience de ses besoins lui eut suggéré la prévoyance, il a songé naturellement « à légitimer les faits acquis, en les transformant en droits [3] » ; mais la famille, la propriété et autres droits n'en restent pas moins des « moyens artificiels, admis par fiction », propres seulement à surexciter chez chacun l'ardeur au travail. Il n'y a qu'une chose réelle : « c'est la vie de l'humanité qui progresse sans cesse, qui gagne sans cesse en étendue et en intensité [4] ». D'où la conséquence que « le droit social prime le droit de l'individu [5] ». La société peut sacrifier ses membres à son utilité, « au même titre que le particulier, soucieux de sa conservation, peut s'imposer un régime, condamner l'un de ses membres à l'immobilité, ou même le retrancher pour le plus grand bien de la santé générale [6] » ; l'État, qui la représente, est « souverain de la personne, des biens, de la liberté et de la vie des particuliers [7] », et si son pouvoir s'arrête au seuil de la conscience ce n'est

1. P. 238.
2. P. 154.
3. P. 173.
4. P. 284.
5. P. 221.
6. P. 227.
7. P. 222.

pas « parce que là expire la légitimité de son action, mais parce que là est la borne de sa puissance ». Reconnaître des droits à l'homme contre la communauté, ce serait le renversement de l'ordre ; et « lorsque les rôles sont renversés, c'est que la société se dissout, comme le corps qui se désagrège quand les lois de l'affinité se relâchent, ou comme un cadavre où le grouillement des vers se substitue à la vie centrale[2] ». Où donc alors est-ce que l'homme, dans sa présomption, a appelé de tout temps et appelle encore le droit ? « Il est où jamais intelligence humaine n'aura la puissance d'aller le dévoiler, où il n'y a plus de monde moral ni intellectuel distinct du monde physique, où tout se confond dans les conditions incréées et éternelles de l'Être unique et suprême, en un mot il n'est autre chose que l'ensemble insondable à l'œil humain des lois nécessaires et inflexibles qui président aux évolutions de la vie universelle[3] ». Qu'importe ? « A défaut de lois, quelque chose veille au salut de la société : c'est cette force latente qui milite toujours, sans jamais désarmer, au sein de l'Organisme social[4] ». Et l'auteur achève sa pensée par ces mots qu'aucun lecteur français ne lira sans un douloureux frémissement : « Un homme d'État célèbre, dans l'ivresse d'un triomphe qui avait sans doute dépassé ses espérances, a laissé un jour échapper une parole qui a paru scandaleuse : la force prime le droit, a-t-il dit. En vérité, quand j'y songe, je ne sais si cet homme n'a pas raison, et si je

1. P. 228.
2. P. 222.
3. P. 243.
4. P. 228.

dois pas aller plus loin que lui et dire : la force, c'est le droit lui-même[1] ».

149. Le fatalisme ne peut avoir une expression plus complète : fatalisme moral par la négation du libre arbitre, fatalisme social par l'idolâtrie de l'État, fatalisme universel par l'assujettissement au déterminisme qui dirige, redresse au besoin et conduit tout, chez l'homme comme chez les races. Ramenée à un principe unique, selon le vœu de la méthode sociologique, la science aboutit au pur panthéisme.

L'homme, au temps de Kant, avait au moins le ciel étoilé sur la tête et la loi morale dans le cœur. De la morale, qui consiste dans l'accord réfléchi des actes avec la règle acceptée, il n'est plus guère question depuis la disparition du libre arbitre[2]. Quant au ciel étoilé, il faut également en rabattre ; l'homme du moins n'a plus à en être exclusivement fier. M. Renan se demande si les vibrions qui cheminent dans nos viscères de même que nous nous agitons, nous, dans le sein du Grand Être, si les « êtres pensants » qui séjournent peut-être dans les granits de l'Ile Grande, si en un mot tous les infiniment petits n'ont pas aussi des soleils et des étoiles dans leur monde, immense sans doute pour eu comme le

1. P. 253.

2. On est vraiment surpris du sans-façon avec lequel certains sociologistes abordent et traitent ces redoutables problèmes. Rien à dire à ceux qui relèguent la question du libre arbitre dans le domaine de l'inconnaissable ; ils sont dans la logique de la méthode positiviste. Mais la traiter avec dédain, dire par exemple, comme M. Durckeim, qu'elle n'est « qu'une question subtile » (*op. cit.*, p. 28), et surtout affirmer, comme M. Duguit, que le libre arbitre n'existe pas, et se contenter pour toute démonstration d'ajouter que « la statistique le démontre » (*op. cit.*, p. 493), n'est-ce pas singulièrement téméraire ?

nôtre pour nous; et sa poétique et brillante imagination incline à le croire [1].

Seulement, que de questions alors ! La confiance en l'efficacité de la volonté est le levier de toute énergie humaine, comme le désir du mieux est le ferment de toute politique. Que restera-t-il de l'institution sociale, s'il est admis que la liberté n'est qu'une illusion de l'orgueil humain et une hypothèse, si le libre arbitre, la responsabilité et Dieu disparaissent? Que restera-t-il de la justice, s'il est admis qu'elle n'est que l'expression variable du droit du plus fort et du plus audacieux? L'homme continuera-t-il à se croire des devoirs si on lui refuse jusqu'à l'apparence d'un droit, et toute aptitude à agir par l'effort sur sa destinée? La sociabilité ne s'évanouira-t-elle pas en même temps que l'activité réfléchie de l'esprit et la participation volontaire à un même monde intellectuel ? M. Renan se le demande, non sans un sentiment avoué et croissant d'inquiétude ; il y a longtemps déjà qu'il a écrit : « quelquefois je m'imagine que si tout le monde arrivait à notre philosophie, le monde s'arrêterait » [2]. Mais qu'y faire ? En nous, paraît-il, ce n'est pas nous qui pensons et voulons, c'est un autre, l'Organisme, qui pense et veut pour nous. La méthode d'observation a trouvé sa suprême application : « La production de la vérité est un phénomène objectif, étranger au moi, qui se passe en nous sans nous, une sorte de précipité chimique que nous devons nous contenter de regarder avec curiosité » [3]. L'illustre savant

1. *Examen de conscience philosophique, Revue des Deux-Mondes*, n° du 15 mars 1889.

2. *Dialogues et fragments philosophiques*, p. 44.

3. *Examen de conscience, loc. cit.*, p. 721.

propose, il est vrai, un remède au mal possible ; il faut, dit-il, tout en ne croyant plus aux rêves évanouis, rêves grands et salutaires, continuer à vivre comme s'ils étaient des vérités[1]. Soit ; mais faites donc accepter cela aux esprits simples, restés logiques, non habitués à planer sans vertige dans les hautes sphères de l'idée pure !

150. Ainsi la Sociologie a un objet nettement défini, une méthode particulière, une donnée caractéristique qui lui sert de fondement ; elle forme en apparence un système harmonique en toutes ses parties ; et cependant, malgré cette unité d'objet, de méthode et de principe, elle aboutit aux conclusions les plus diverses : ici, à la prédominance du point de vue social, là, à l'individualisme poussé à l'extrême, ailleurs au socialisme, ailleurs encore au panthéisme fataliste. Auguste Comte avait une confiance si entière en ses propres vues qu'il ne doutait pas que tous les esprits ne dussent bientôt s accorder dans le Positivisme ; Herbert Spencer a cru à l'avénement d'une science embrassant toutes les connaissances humaines dans une synthèse triomphante ; maître et disciples, les disciples surtout, convaincus qu'ils lisent à livre ouvert dans le livre de la nature, vont disant qu'ils ont transformé les sciences morale et politiques, vouées avant eux à l'incertitude des vues individuelles, en une science positive et exacte ayant sur les questions sociales des solutions certaines ; et finalement le système s'éparpille en vues indéfiniment divergentes. Quelle déception !

Les adeptes en désaccord se sont d'abord accusés réciproquement de n'être pas orthodoxes ; aujourd'hui, en

1. *Id.*, p. 733.

présence de divergences indéniables, s'accentuant au lieu de diminuer, les néo-sociologistes ont dû rabattre des espoirs de la première heure. Les uns, croyants quand même, demandent qu'on leur donne crédit, et restent assurés qu'une lumière apparaîtra bientôt qui refoulera les dissidences : « Dans l'état actuel des choses, dit M. Duguit, c'est faire à la Sociologie un procès injuste que de lui reprocher l'insuffisance de ses prévisions. Qu'on lui accorde quelque crédit, et dans un avenir prochain la connaissance intime des lois sociales nous permettra de formuler des prévisions certaines et à longue échéance [1].» Les prophètes à longue échéance ont un grand avantage : ils ne sont plus là quand les démentis surviennent ! Les autres, plus dégagés ou plus clairvoyants, conviennent franchement que les tentatives faites jusqu'ici ont été impuissantes à fonder une science [2]. M. Wirouboff, l'ami et le confident de Littré, un des représentants de la pure tradition positiviste et des fondateurs de la société de sociologie, reconnaît sans détour que « la Sociologie n'a pas encore perdu son caractère d'embryon, dont chacun détermine la forme à sa guise [3] ».

L'avenir lui réserve-t-il plus de succès ? On peut dès maintenant prévoir que non. Elle a, on ne peut le nier, par l'emploi de la méthode d'observation qu'elle préconise à juste titre, mis au jour des vérités utiles ; à n'en pas douter, il lui est réservé d'en découvrir d'autres ; mais, comme système, elle ira se désagrégeant de plus

1. *Op. cit.*, p. 494.
2. Letourneau, *La sociologie d'après l'ethnographie*, p. 6 ; — de Roberty, *La sociologie* ; — de Greef, *Introduction à la sociologie*, p. 24 ; — Durckeim, *Revue philosophique*, 1886, p. 21.
3. *Revue de philosophie positive*, 1881, t. 26, p. 6.

en plus. Le but qu'elle s'est proposé est chimérique ; et sa méthode, quoique restant ce qu'il y a de moins contestable en elle, est entachée d'une équivoque qui explique ses inévitables divergences de vues.

151. Le dessein, cher aux positivistes, de ramener la science sociale à la rigueur d'une science exacte n'est pas nouveau. On le rencontre plus ou moins avoué chez tous les esprits absolus et rectilignes. Il a été le rêve de Rousseau et aussi celui de Bentham ; ils ont cru l'un et l'autre, de la meilleure foi du monde, que l'accord ne pouvait manquer de s'établir quand on aurait mis le droit dans une donnée aussi simple et aussi claire que la Volonté générale ou l'Utilité. Trompeuse magie des formules ! Où est la Volonté générale, et à quoi se reconnaît la véritable Utilité ?

Vainement la Sociologie se sera fait une loi de ne s'occuper que des faits, et d'abandonner à l'inconnaissable tout ce qui n'est pas phénomène sensible. Là précisément est l'illusion. Les phénomènes « superorganiques », comme les appelle Spencer, sont assurément au nombre des facteurs dont le philosophe et le législateur doivent tenir compte ; mais ils ne sont pas les seuls : l'homme n'est-il pas, lui aussi, un phénomène social digne d'attention ? Étrange est, en vérité, la prétention de lui interdire de s'étudier lui-même pour découvrir les lois de sa nature, et d'interroger ses aspirations pour en déduire le régime qui lui convient ! Or, avec l'homme il y a toujours place pour l'imprévu. Dès qu'il est libre, dès seulement qu'il se croit libre, il se crée des motifs de détermination et d'action, il coopère à la formation de son esprit ; dès lors, selon l'ingénieuse expression de M. Liard, il y a dans la succession des phénomènes, puisqu'il faut compter avec les efforts volontaires et conscients, « un coefficient d'incertitude impossible à éliminer », et des « surprises de nature à dérouter toute prévision[1]. » Qu'on prenne le plus intraitable des déterministes, M. Danten, par exemple ; ne parle-t-il pas « d'un monde idéal que l'homme porte en lui-même » ? N'ajoute-t-il pas que « si l'homme se meut au milieu du monde matériel, il s'y meut par des ressorts spéciaux, dont il est impossible de méconnaître la nature délicate et relevée[2] » ? Tout n'est donc pas en lui régi par des lois identiques à celles de de la matière. Si son activité a des manifestations inconscientes, elle en a qui sont conscientes ; rien ne s'oppose, par suite, à ce que ses idées figurent parmi les facteurs de sa destinée, et les conceptions de son esprit parmi ceux du progrès. Ce qui est vrai de chaque individu est vrai pour l'ensemble, pour l'espèce ; et alors, même en admettant que la lutte pour la vie soit la vérité biologique, pourquoi la vérité sociale ne serait-elle pas la justice, c'est-à-dire le respect du droit égal de chacun? Par conséquent la science sociale n'est pas réductible aux seules forces physiques ; la raison en est décisive : la volonté n'a pas d'analogue dans les phénomènes physiques. M. Van der Rest le dit avec une raison supérieure, dans sa pénétrante étude sur la Sociologie : « dans les sciences positives on n'a devant soi que des éléments m tériels, des choses dénuées de volonté et soumises à des lois inéluctables ; dans les sciences morales et politiques, on se trouve en présence de l'homme, c'est-à-

1. *Logique*, p. 179.
2. *Op. cit.*, p. 293.

dire d'un être doué d'intelligence et de volonté, pourvu d'une force interne qui préside à ses actes extérieurs, se décidant ou pouvant se décider librement, agissant sous l'influence des mobiles les plus divers : comment avec un pareil facteur, un sans doute dans son essence, mais aussi varié, aussi ondoyant dans ses manifestations, comment aboutir à quelque chose d'uniforme et d'absolu [1] » ?

152. Pour écarter toute possibilité d'un retour offensif des idées, proscrites par le système, Auguste Comte proposait bien un procédé ; il demandait que le gouvernement fût confié aux hommes de science, spécialement aux naturalistes, seuls vraiment compétents pour appliquer au « règne social » la méthode usitée pour les règnes animal et végétal, et organiser scientifiquement la société. M. Durckeim renouvelle le même vœu. Il récuse même les économistes, parce que « juristes, hommes d'affaires ou hommes d'État pour la plupart, ils sont assez étrangers à la biologie et à la psychologie ». Or, ajoute-t-il, « pour pouvoir intégrer la science sociale dans le système général des sciences naturelles, il faut au moins avoir pratiqué l'une d'elles, et ce n'est pas assez de posséder une intelligence générale et de l'expérience. C'est parce que Auguste Comte était au courant de toutes les sciences positives, de leurs méthodes et de leurs résultats, qu'il s'est trouvé en état de fonder, sur des bases définitives cette fois, la Sociologie [2] ».

Mais, c'est là encore une illusion. Il ne dépend pas d'un

1. *La Sociologie,* Bruxelles, 1888, p. 11. —V. du même auteur une autre étude non moins remarquable sur l'*Enseignement des sciences sociales,* Bruxelles, 1889.

2. *Op. cit.*, p. 29 et 30.

système, à plus forte raison de ses procédés de mise en œuvre, de tronquer les conditions psychologiques de la personnalité humaine telle que l'a dégagée un effort séculaire; et, sous prétexte d'évolution, de méconnaître les aspirations les plus anciennes et les plus tenaces. L'homme, quoi qu'on puisse dire, est esprit et matière. Être physique, il sait et il ne sait que trop qu'il est soumis à des lois fatales : la naissance, la vie, le besoin, la maladie, la mort. Être moral, il sent en lui, en dépit de toutes les négations, une force qui proteste contre la sujétion à une loi d'évolution fatale, une aspiration invincible à vouloir, à croire que son vouloir peut quelque chose ; et c'est pour cela qu'il entend être libre. Les problèmes sociaux ne sauraient donc se discuter comme se conduit un problème d'algèbre ou se fait une expérience physiologique, ni être résolus avec une sûreté égale. Il faudra toujours les rattacher déductivement aux lois de la nature humaine en général ; par suite, leurs données sont complexes, et on ne peut pas plus exclure les unes que les autres. De quel droit l'histoire naturelle imposerait-elle à la raison humaine de se mutiler ? M. Van der Rest, dans l'Étude citée plus haut, le dit excellemment : « L'histoire aura beau amasser des documents depuis les souvenirs les plus lointains de l'espèce humaine jusqu'à l'apogée de nos civilisations, elle aura beau lier en faisceau formidable les observations les plus exactes et les plus minutieuses, mettre en pleine lumière l'existence passée toute entière de l'humanité, elle n'en fera jamais sortir ce qui doit être, si elle ne s'éclaire des lumières de la raison peur et de la conscience [1]».

1. *La sociologie*, p. 34.

153. Il y a plus. Même en supposant que la science sociale, conformément à son programme, ne se préoccupe que des faits exclusivement, ses conclusions n'échapperaient pas davantage aux divergences. La prétendue certitude de ses lois tient, disent les sociologistes, à la méthode employée pour les dégager, méthode qualifiée indifféremment de méthode expérimentale ou de méthode d'observation. Or, il y a là méprise ; il faut choisir entre ces deux méthodes, car, comme moyens d'investigation, elles sont aussi différentes par les procédés que par les résultats.

L'expérience est la constatation de phénomènes que l'expérimentateur prépare ou provoque, qu'il fait apparaître et renouvelle à son gré, qu'il peut ainsi multiplier et contrôler indéfiniment. C'est pour cela que la méthode expérimentale, qui arrive par des procédés divers à séparer les rapports fortuits et passagers des rapports invariables et constants, va jusqu'aux lois et à leur preuve ; en fait au moins, car l'induction scientifique, par cela seul qu'elle n'aboutit qu'à des conclusions tirées de cas particuliers, ne peut, en pure logique, engendrer que des probabilités, très fortes si l'on veut, mais qui ne sont pas la certitude démontrée [1]. Quant à l'observation, elle est toute autre chose. Elle consiste dans la constatation de phénomènes que la nature offre réalisés, que l'observateur recueille, qui le plus souvent, s'il s'agit de science sociale, lui sont seulement rapportés, et qu'il ne peut qu'interpréter ; elle n'autorise dès lors que des inductions bien moins formelles encore, et, par suite, elle n'arrive

1. V. sur ce point, Stuart Mill, *Système de logique déductive et inductive*, trad. Peisse, 2e édit., t. 1, p. 324 et s. ; — Liard, *Logique*, p. 55.

jamais, même en fait, qu'à des probabilités plus ou moins contingentes. Les seules sciences par conséquent qui soient vraiment expérimentales, et que l'on puisse appeler exactes ou positives, sont les sciences physiques et biologiques; cela tient à ce qu'elle ont affaire à des éléments matériels et permanents, soumis de plus à des lois qui ne changent pas. Les sciences morales et politiques ont un objet tout autre, l'homme avec sa nature complexe, la variété infinie et incessamment changeante des circonstances où il se meut, le « coefficient d'imprévu » qu'implique et réserve le jeu de la liberté; elles ne comportent, dès lors, envisagées au point de vue positiviste, que la méthode d'observation, c'est-à-dire d'inférences inductives par appréciation, et, par conséquent, elles ne sauraient sous aucun rapport être considérées comme sciences expérimentales ou positives. L'expérimentateur interroge tout à loisir et ne conclut qu'à son heure ; l'observateur ne peu que lire, et il est ensuite réduit à apprécier.

154. Maintes fois ces distinctions ont été signalées par les hommes de science [1]. Stuart Mill, d'autre part, a démontré jusqu'à l'évidence que ni l'une ni l'autre des méthodes dites expérimentales, méthodes de concordance, de différence, des résidus et des variations, n'est applicable à la science sociale [2]; qu'il n'y a rien de plus vain que la propension à ériger les résultats de l'observation en lois quand il s'agit des affaires humaines, et que l'emploi de la méthode expérimentale à la Sociologie est « une

1. V. notamment Huxley, *Les sciences naturelles et les problèmes qu'elles font surgir*. Édit. française, p. 232.
2. *Système de logique*, t. 1, p. 421.

conception radicalement fausse[1] » ; que les lois sociales ne peuvent être rattachées que déductivement aux lois générales de la nature humaine[2]. Rien n'y fait. L'expression trompeuse de science expérimentale continue à égarer ceux, toujours nombreux, qui ne demandent aux systèmes qu'un moyen de faire prévaloir leurs propres vues. Dès qu'on est quelque peu frotté de positivisme, on excipe des « méthodes scientifiques » croyant par là donner plus de poids à ses jugements, sans paraître seulement soupçonner qu'il ne serait pas inutile de dire ce qu'on entend par là. C'est devenu comme un lieu commun de polémique.

Il est ainsi établi, en dépit des prétentions du système, qu'on ne saurait donner aux soi-disant lois sociologiques qu'une autorité contingente, à moins de confondre l'expérience historique avec l'expérimentation scientifique. Pour induire avec quelque vraisemblance une loi de phénomènes rapprochés, il faut au préalable s'être accordé sur le caractère et la portée de ces phénomènes, en d'autres termes les avoir appréciés ; or suppose-t-on que l'appréciation puisse être uniforme, assez uniforme pour servir de base à une science exacte? S'il y a dans l'histoire et dans les documents ethnographiques ou statistiques, ce qu'on y voit, il y a aussi, on le nierait en vain, ce qu'on croit y voir, et trop souvent, en outre, ce qu'on se plaît à y voir. M. Duguit, qui est certes un sociologiste déterminé, dit très exactement pourquoi : c'est que « nous apportons tous inconsciemment à ces études nos préjugés de race, d'éducation, de famille, nos habi-

1. T. 2, p. 447, 492.
2. T. 2, p. 451, 486.

tudes, nos préférences politiques, nos croyances religieuses : autant d'obstacles qui s'opposent à une observation exacte[1] ». D'où il résulte que le jugement porté et l'induction tirée ne sont bien souvent que l'écho des idées où tend, à son insu la plupart du temps, l'esprit de l'observateur. Il n'y a rien d'étonnant dès lors à ce que la Sociologie ait pris les directions les plus diverses malgré l'unité strictement observée de sa méthode ; c'est ainsi qu'elle s'est faite expérimentale et raisonneuse avec les positivistes de l'École d'Auguste Comte, utilitaire avec les économistes, physiologique avec les naturalistes, purement fataliste avec les philosophes inclinant au panthéisme.

155. Faut-il maintenant établir la preuve que l'observation, appliquée aux phénomènes sociaux et aux faits, peut s'égarer? L'aventure intellectuelle de Littré la fournit aussi complète que possible. Qu'on lise dans la deuxième édition de *Conservation*, *révolution* et *positivisme*, publiée en 1878, le jugement que ce téméraire mais loyal esprit porte sur ce qu'il appelle « les pages étranges » de l'édition précédente, et comme il désavoue « ces malheureuses paroles qui sont en contre sens perpétuel avec les événements qui se sont déroulés[2] ». Le vent avait soufflé sur tout un échafaudage hypothétique de prétendus oracles sociologiques ! Si le célèbre philosophe eut vécu plus longtemps, comment jugerait-il aujourd'hui d'autres pages, écrites en 1850, où il signalait la Russie comme le seul obstacle à la civilisation, et où il annonçait, au nom des lois sociologiques, l'alliance

1. *Op. cit.*, p. 489.

2. Cons., sur le côté touchant et en même temps tragique de cette confession. Caro, *Littré et le positivisme*, p. 55 et s.

inévitable entre la France, l'Allemagne et l'Italie « pour neutraliser l'influence malfaisante du septentrion sauvage[1] » ?

Oui, l'observation est un utile procédé de raisonnement, nécessaire pour éclairer et pour modérer la spéculation. Oui, les faits exactement observés et sainement interprétés peuvent conduire à la découverte de leçons profitables ; car un degré d'information, insuffisant pour dégager une loi, peut suffire à donner une direction pratique. Cela n'est pas douteux. Mais, cela n'est pas moins certain, l'induction n'est pas plus infaillible que la déduction ; leurs données à l'une et à l'autre ne valent que ce que valent les jugements humains. Si la déduction expose aux écarts d'imagination, l'induction expose à une cause d'erreur non moins redoutable, la pire peut-être : la témérité des généralisations approximatives, et par là abusives. Combien d'exemples n'en pourrait-on pas citer sous la plume de sociologistes de marque ? Là on signale des analogies entre les sociétés humaines et certaines sociétés animales ; et on en conclut d'emblée que la sociologie humaine n'est qu'un chapitre de la sociologie animale. Ailleurs, de ce que la famille est inconnue chez les fourmis et les abeilles, et que chez elles « l'instinct familial s'épanouit en un large amour social », on conclut à l'abolition du mariage et à l'union libre. Ailleurs encore, de ce qu'il y a des malheureux chez qui le libre arbitre est absent ou a disparu, on conclut qu'il n'existe chez personne[2]. Qu'on cesse donc de présenter

1. *Application de la sociologie au gouvernement*, p. 78.

2. Au lecteur qui voudrait poursuivre cette étude, je signalerai comme particulièrement instructifs les ouvrages suivants : Naquet, *Religion, fa-*

l'observation comme équivalente à l'expérimentation, et de réclamer pour les inductions qu'elle autorise la valeur des données que fournit l'expérience proprement dite. De bonne foi, pourquoi l'observation appliquée à l'étude du prétendu Organisme social serait-elle plus sûre que l'observation appliquée à l'étude de l'homme, ou même des intuitions spontanées de la raison ? Non, tout cela est artificiel. Le temps et les faits renferment trop de contradictions pour être à eux seuls l'expression de la vérité, pour que la raison admette qu'il lui soit interdit de s'élever au-dessus et de chercher plus haut.

156. Sous quelque aspect qu'on envisage la Sociologie, on est ainsi amené à reconnaître qu'elle n'a rien fondé. Elle n'a ni créé une science inexplorée jusque là, ni introduit une méthode nouvelle ; aucune de ses données ni de ses applications ne lui est vraiment particulière. Ce qui lui appartient seulement sans conteste, c'est d'avoir fortifié l'autorité de la méthode d'observation, et d'avoir fait d'elle un des procédés désormais nécessaires de toute recherche scientifique. Ce n'est pas assez pour constituer une doctrine ; aussi l'École se désagrège déjà de toute part. Les désaccords se multiplient ; non seulement les adeptes se dispersent en des vues divergentes, mais ils se divisent sur les points regardés primitivement comme fondamentaux. Les uns rejettent comme imaginaire, presque comme puérile, l'idée, essentielle cependant au système, que la société est un organisme régi par des lois qui lui sont propres [1]. M. Fouil-

mille et propriété ; — Letourneau, *L'évolution politique* et *L'évolution du mariage et de la famille*.

1. V. par exemple : Letourneau, *La sociologie d'après l'ethnographie*,

lée, tout en admettant qu'elle est un organisme, ne voit en elle qu'un individu physiologique, non un individu psychologique ; et, par suite, il conteste l'existence d'une conscience sociale [1]. D'autres, s'en prenant à la méthode, abandonnent l'idée, non moins essentielle d'après Comte et Spencer, de l'unité de la science ; ils en reviennent à reconnaître des sciences distinctes, qui concourent à la direction des intérêts sociaux, mais qui gardent chacune leur indépendance et leur sphère d'action, de telle sorte que la Sociologie ne représente plus un système, mais seulement l'ensemble des sciences morales et politiques. M. Durckeim, par exemple, distingue en elle quatre sciences : la psychologie sociale, la morale, le droit et l'économie politique ; « elle n'apparaît plus désormais, dit-il, comme une sorte de science d'ensemble, générale et confuse, qui comprend presque l'universalité des choses, mais on la voit se scinder d'elle-même en un certain nombre de sciences spéciales, qui s'attachent à des problèmes de plus en plus déterminés [2] ». Il n'y a pas jusqu'au néologisme imaginé par Comte pour la désigner qui ne soit délaissé ; l'expression de Sociologie fait place à celle plus large de science sociale, qui est usurpée assurément, car on ne peut appeler science sociale ce qui n'est en définitive qu'une manière de la concevoir.

Herbert Spencer lui-même, le représentant le plus illustre aujourd'hui du système, commence à faire schisme ; on dirait qu'il n'est sociologiste que pour compléter, par une application particulière, la symétrie d'un grand

p. VIII ; — Dallemagne, *Principes de sociologie*, dans le *Bulletin de la Société d'anthropologie* de Bruxelles, 1886, p. 322.

1. *La science sociale contemporaine*, p. 25.
2. *Op. cit.*, p. 23.

système philosophique. Traitant ses propres disciples comme Hegel et Gans, vers 1820, traitaient Savigny et son école, il s'élève contre les conséquences déduites par eux des principes qu'il a posés ; il leur reproche leur mépris du droit et leur manque d'idéal. Contre Bentham et l'École utilitaire, contre Auguste Comte surtout et le Positivisme, il affirme la notion des « droits naturels [1] » ; il proteste avec insistance et force contre le fatalisme ; il veut à l'homme un idéal qui éveille et stimule sa volonté. « Un idéal, dit-il, si loin qu'il soit de pouvoir être réalisé pour le moment, est nécessaire pour se bien guider. Si, parmi tous ces compromis que les circonstances des temps rendent nécessaires ou font considérer comme tels, il n'existe pas de conception du mieux ou du pire dans l'organisation sociale, si l'on ne voit rien au delà des exigences du moment et qu'on prenne l'habitude d'identifier le mieux prochain avec le mieux définitif, il ne peut y avoir de véritable progrès. Quelque éloigné que soit le but, si nombreux que soient les obstacles interposés qui peuvent nous faire dévier du chemin qui y conduit, il est indispensable de savoir où il est placé [2] ». Rien de mieux. Seulement, comment concilier cela avec l'hypothèse du Grand Organisme, et de l'évolution sous l'action de la loi biologique ? On ne conçoit guère de milieu : si on accorde une action à la volonté, l'évolution n'est plus déterminée ; si on admet que l'évolution est fatale, la volonté ne peut rien.

157. Les sociologistes ne s'accordent guère plus qu'en ceci : une tendance marquée au matérialisme, la prédo-

1. V. ci-dessus, p. 180.
2. *L'individu contre l'Etat*, p. 165.

minance donnée aux faits sur les idées, le mépris de l'individualité humaine invariablement sacrifiée à l'espèce.

Cependant l'influence d'Auguste Comte et d'Herbert Spencer sur l'esprit public au XIXe siècle a été considérable ; la démocratie en France, spécialement celle qui se dit avancée, est positiviste. Comment et pourquoi ? Le phénomène n'est pas facilement explicable. L'attrait du nouveau a entraîné ceux dont l'esprit mobile croit voir un progrès dans tout changement ; d'autres sont allés à un vocable peu clair, plaçant sous son égide leurs idées confuses ou leurs chimères. L'ignorance a fait le reste ; combien parmi les positivites, ou ceux qui se disent tels, savent que nul plus que Comte n'a témoigné de dédain pour la métaphysique révolutionnaire, pour la souveraineté du peuple et les droits de l'homme ?

Les sociologistes anglais et allemands sont au moins restés fidèles aux traditions de l'esprit national de leur pays ; les uns sont utilitaires avec Bentham et Stuart Mill, dont ils parent les idées d'illustrations biologiques, les autres inclinent au socialisme d'État avec l'École historique en sa forme dernière. Quant aux sociologistes français, ils se trompent étrangement en se croyant hommes de progrès ; ils ne sont, qu'ils le sachent ou non, qu'ils en conviennent ou non, que des revenants du droit antique et des renégats de 89.

CHAPITRE IV

CONCLUSION

158. Si la Révolution française a marqué le début d'une période nouvelle dans l'histoire, en quoi, sinon par la consécration du droit individuel comme fondement de la législation et but de la politique ? Si elle reste glorifiée, malgré les attentats qui l'ont souillée, pourquoi, sinon parce qu'elle a été une période de foi et d'enthousiasme dans la tâche entreprise ? La liberté est chose si sainte et si féconde, tout ce qu'il y a de noble dans la nature humaine lui est si intimement lié que la postérité est toujours prête à faire grâce aux événements qui l'ont préparée.

Un siècle s'est écoulé depuis ; l'année du centenaire a sonné ; quels fruits l'arbre a-t-il portés, et que sont devenues l'idée et la foi de la première heure ? Il serait vain de n'en pas convenir, rien encore n'est définitif ni stable ; tout continue à flotter dans un vague persistant, qu'aucun effort ne parvient à dissiper.

Dans l'ordre civil, l'œuvre se poursuit sûre d'elle-même. Elle s'accomplit rapidement ; en dépit de quelques résistances attardées, il est acquis que la vérité ne se dégage jamais mieux que par le libre jeu des intelligences, que la meilleure condition pour le développement de la richesse est le libre jeu des intérêts, et, par conséquent, que l'État ne doit à l'homme que la sûreté dans l'exercice de son activité. Mais, dans l'ordre politique, il n'est que trop manifeste que la révolution n'est pas finie. La France a consacré cent ans à chercher, à travers huit ou dix changements de régime, un mode d'existence qu'elle n'a pas trouvé ; le XIXe siècle, en effet, avait à faire triompher la cause du gouvernement libre, de la liberté politique, et le résultat a trompé toutes les attentes : la crise dure toujours. Les événements le prouvent, puisque après tant et de si longs efforts le pays se retrouve en présence de partis qui se disent irréconciliables, et par suite de l'inconnu. En dehors des événements, les allures de combat que la polémique persiste à garder suffisent à l'établir ; elle a des approbations ou des improbations, des consentements et des refus, des dénigrements ou des apothéoses, sans aller au delà des entraînements du jour; elle se préoccupe peu de discuter, moins encore d'analyser les principes qui la guident, il lui suffit de se sentir décidée pour se croire éclairée ; elle a des velleités plutôt que des volontés. C'est pourquoi tant d'opinions sont flottantes, tant de convictions sans base et dès lors sans suite ; de là aussi ce fait attristant que le siècle, essentiellement laborieux cependant, ait produit si peu d'œuvres capitales. Il a gaspillé l'esprit à tous les vents de la lutte incessante, sans porter le génie nulle part ; il s'achève dans un état de lassitude pour les uns, d'indifférence pour les autres, d'appréhension pour tous. Sous l'influence de déceptions accumulées, le ressort national s'est affaibli ; au sein d'un ordre apparent, le trouble des esprits va croissant ; finalement la situation, on ne peut le mettre en doute, s'aggrave à mesure qu'elle se prolonge sans se dénouer. Il n'est personne qui ne se demande aujourd'hui comment elle s'est produite, et pourquoi notre pays a échoué malgré ses merveilleuses énergies où d'autres ont réussi. Quelques-uns en arrivent à se demander si la Révolution n'a pas voulu résoudre l'insoluble et réaliser l'impossible ; et si, à cause de cela, elle n'est pas destinée, au point de vue politique, à n'enfanter que des doutes et des mécomptes.

159. Les partis, dans la mêlée des polémiques, s'imputent réciproquement un insuccès qui n'est que trop certain. Enclins qu'ils sont à ne voir de gloire pure que sous leur drapeau, comme à toujours mettre les torts sous celui des adversaires, chacun d'eux présente sa solution préférée comme la panacée qui apportera la fin de tous les maux. Sont-ils sincères? Ce n'est pas impossible. Toujours est-il que le bon sens public, avec son instinct clairvoyant et sûr, ne s'y trompe pas ; il sait bien qu'il n'y a dans les promesses dont on espère le séduire qu'apparences trompeuses ou illusions. Les combinaisons de la politique ne sont que des expédients, de même que les faits ne sont que des symptômes ; c'est plus loin, par de là les incidents ou les formules et les conflits qu'ils suscitent ou entretiennent, qu'il faut chercher la cause vraie et originaire des écarts ou des progrès de l'esprit public : c'est dans les tendances dont les événements sont la manifestation, dans les mobiles qui les provoquent ou les expliquent, en un mot dans la marche et dans le développement des idées directrices.

Caro a écrit ces lignes pleines de finesse dans la préface de ses *Problèmes de morale sociale :* « l'esprit mène le monde, mais le monde n'en sait rien. Le tumulte des intérêts et des passions étouffe le bruit imperceptible des idées ; ces actives et silencieuses ouvrières n'en sont pas moins toujours occupées à leur tâche : elles font ou défont, dans leur travail infatigable, la trâme vivante des consciences. Tout d'un coup on s'aperçoit que l'opinion publique, l'éducation, les mœurs sont en train de se modifier profondément ; on cherche les causes de ces grands changements. Où les trouverait-on, si ce n'est dans ces mille influences actives et variées à l'infini qui descendent des hautes sphères où s'élabore la science ? »

On ne saurait porter jugement plus sûr, ni mieux dire. Oui, les hautes spéculations, quoique ignorées de la foule, agissent sur la direction des esprits sans qu'ils le soupçonnent et sur la marche des événements. Pendant que, dans le monde qui pense, la controverse agite les idées, des échos inconnus en répandent de proche en proche la substance, en quelque sorte la formule pratique ; leur influence, de même que celle de l'exemple bon ou mauvais qui vient d'en haut, pénètre peu à peu jusque dans les couches profondes et les conduit. Les systèmes disparaissent ensuite, et sont oubliés ; les tendances qu'ils ont fait naître restent vivaces et actives longtemps encore après qu'ont cessé les controverses, et elles continuent d'imprimer une direction à l'activité sociale. Ainsi s'élabore et se transforme l'opinion publique toujours suivant de loin les évolutions de l'esprit qui dirige. C'est pour cela que parmi les moyens de cohésion nationale les idées sont encore le plus puissant, peut-être même le seul vraiment durable ; un peuple ne vaut que par les idées qu'il représente, un siècle n'est grand que par ce qu'il fait pour les exprimer ou pour les appliquer.

Or, à cet égard, l'histoire contemporaine présente un phénomène indéniable et bien digne d'attention. A l'unité de vues qui fit si puissant et si fécond, à son début, le mouvement de 1789 a succédé un véritable éparpillement de l'opinion. L'esprit national s'est pris à suivre tous les courants à la fois ; il n'y a plus une pensée française, mais une armée de volontaires tiraillant à la débandade. Comme au temps où tous les dieux trônaient dans l'Olympe, tous les systèmes chez nous ont aujourd'hui leurs fidèles ; et il se trouve, d'autre part, que la faveur va de préférence à ceux qui abandonnent la tradition historique. L'époque actuelle offre ce singulier spectacle d'une société qui repose à son origine sur la Déclaration des droits, et que ses doctrines, malgré elle et à son insu, ramènent aux procédés de l'absolutisme ; de telle sorte, comme l'observe on ne peut plus judicieusement un brillant critique, que « les esprits n'ont jamais été si fermés à la notion du droit que depuis qu'il est tant parlé de nos droits [1] ».

160. L'École théologique déploie et défend toujours son drapeau. Ses principes n'ont pas varié : l'homme n'a de droits que sous la réserve de ceux de la vérité, la liberté n'est pour lui que le moyen de remplir son devoir ; son programme est le même qu'au temps de saint Thomas d'Aquin : elle entend régler l'économie entière de la société sur le christianisme, sur la vérité révélée ou loi divine [2].

1. Brunetière, *Revue des Deux-Mondes*, n° du 15 sept. 1883, p. 372.
2. Ci-dessus, p. 70 et s.

Avec Stahl, elle a abouti à la théorie de l' « État chrétien[1] ». C'est la théocratie conciliée et combinée avec l'esprit du protestantisme. Adversaire à la fois du rationalisme panthéiste de Hegel et de l'École historique à laquelle il reproche ses tendances naturalistes, chrétien et chrétien selon la tradition des premiers âges, Stahl fait à la liberté humaine une place large et élevée ; il la met au-dessus de l'État comme droit absolu, et la relie directement à Dieu. Protestant, défenseur comme tel de l'indépendance du pouvoir séculier, il refuse à l'Église toute autorité doctrinale ou politique ; il ne lui reconnaît qu'un pouvoir d'affirmation. Philosophe, il tient la tradition et les lois de la société chrétienne comme étant en concordance parfaite avec la nature de l'homme ; il rattache le droit à la chute originelle, et en trouve l'expression dans le plan divin révélé. Politique enfin, il arrive à la conception d'un État ayant mission de réaliser la parole évangélique ; la royauté qu'il institue, sorte de papauté laïque, représente à la fois l'idée nationale et l'idée chrétienne qui se confondent. La religion, dès lors, moins il est vrai comme dogme que comme doctrine philosophique, devient le fondement du droit et de l'État; elle pénètre, selon le vœu de Calvin, tout l'ordre politique et civil. Stahl déduit du principe toutes les conséquences qui en découlent logiquement : l'exclusion des dissidents de toute participation aux droits politiques, une religion d'État, la sanction civile du dogme confessionnel... etc. ; il repousse le régime constitutionnel, « la plus grande erreur des temps modernes », ou du moins

1. *Philosophie des Rechts nach geschichtlicher Ansicht*. Trad. de M. Chauffard, sous ce titre : *Histoire de la philosophie du droit*.

il n'admet, comme Hegel, qu'une représentation subordonnée. C'est, comme conclusion d'un système qui débute en proclamant la liberté humaine, l'absolutisme de fait tel que l'a pratiqué Frédéric Guillaume IV, tel que paraît le comprendre l'empereur actuel d'Allemagne. La contradiction est manifeste, tellement manifeste qu'on dirait un détour. Si l'Église, à raison du caractère purement moral de sa mission, n'a et ne peut avoir qu'un pouvoir d'affirmation, comment la doctrine qu'elle enseigne et représente serait-elle la loi de l'État, dont l'essence est d'exiger la soumission et de l'imposer au besoin par la contrainte[1] ?

161. Le parti catholique échappe à cette contradiction, car, au nom de l'unité et de l'universalité de l'Église, il conclut directement à la prédominance du pouvoir spirituel et à la subordination de la puissance civile ; au nom de la prééminence de la fin dernière sur les fins intermédiaires, il réclame pour l'Église la qualité de dominante, et le droit pour elle d'avoir l'État comme auxiliaire dans l'accomplissement de sa mission. C'est la tradition ultramontaine. Avec de Maistre, de Bonald, Lamennais, la polémique théocratique au commencement du siècle est restée presque exclusivement politique ; elle représentait alors la réaction contre les idées de liberté civile et politique répandues par la Révolution. De nos jours elle est redevenue doctrinale et dogmatique ; et cela tient à ce que l'Encyclique du 8 décembre 1864 a posé à

1. Sur Stahl, sa doctrine et l'influence qu'il a exercée sur la philosophie politique en Allemagne, cons. la très complète notice de M. Chauffard en tête de sa traduction de la *Philosophie du droit* ; pour la partie critique, voir les pages acerbes et acrimonieuses de Bluntschli : *La Politique*, p. 334 et s.

nouveau et rendu aiguë l'antique question du rôle respectif de la liberté et de la vérité. C'est par là que ce document célèbre a remué si profondément la conscience catholique [1].

Les intransigeants de l'École, car toute doctrine a les siens, vont sans hésitation jusqu'au droit absolu de l'Église à l'hégémonie des peuples. Le droit, selon M. Lucien Brun, c'est « la conformité à l'ordre divin [2] » ; ce qui n'a pas de sens, à moins que par « ordre divin » on n'entende l'enseignement de l'Église considérée comme dépositaire, gardienne et seule interprète de la vérité. Dès lors la liberté, chez l'individu comme dans la société, chez les sujets comme chez les gouvernants suppose la soumission à la loi divine ; par conséquent l'Église seule peut la reconnaître, la mesurer et la donner; et si elle proclame la liberté philosophique considérée comme moyen d'arriver à la vérité, elle se refuse à admettre la liberté civile envisagée comme but et objet du droit [3]. Il n'y a aucun droit possible ni contre la loi, ni en dehors d'elle ; « le droit suppose la loi, car c'est la loi qui fait le droit [4] ». M. Charles Périn, qui dédaigne toute précaution et même toute prudence de langage, déduit ainsi l'enchaînement de la doctrine, et les conclusions qu'elle entraîne quant

1. Un des membres les plus éminents de l'épiscopat a écrit à ce propos : « J'étais à Rome quand l'Encyclique parut, j'achevais mes études théologiques ; et je n'oublierai jamais la surprise, l'émotion, l'inquiétude où me jeta la lecture de ce document doctrinal. Je vis clairement qu'il y avait quelque chose à changer dans ma conception de la Société. Le premier moment du stupeur passé, je relus.......... ». Mgr d'Hulst. *Le droit chrétien et le droit moderne*, p. XIV.

2. *Introduction à l'étude du droit*, p. 1, 51, 61.

3. Sur la distinction de la liberté philosophique et de la liberté civile, v. ci-dessus, p. 121 et s.

4. Bautain, *Philosophie des lois au point de vue chrétien*, p. 3.

au rôle de l'Église dans ses rapports avec la société civile : « Nous avons, dit-il, la liberté de faire notre devoir, et rien de plus » ; or, « il est en ce monde une autorité instituée de Dieu pour définir les devoirs de l'homme, et, par cela même ses droits » : donc, le droit, c'est l'enseignement de l'Église, « l'obéissance » à ses décisions[1]. D'où l'Église est dans son rôle strictement légitime quand elle annule les lois humaines contraires à sa propre doctrine, et quand elle exige des États qu'ils répriment et étouffent ce qu'elle tient pour erreur ; elle n'a pas seulement droit à la liberté, les pouvoirs publics lui doivent un concours positif d'application : « il faut non seulement qu'ils lui garantissent sa liberté, mais de plus qu'ils concourent à son action par une assistance directe et une coopération effective[2] ». Pour établir la prédominance ainsi comprise du pouvoir spirituel et la subordination de la puissance civile, le célèbre professeur de Louvain n'invoque pas seulement les affirmations doctrinales du Syllabus de 1864, ni l'allocution de Pie VI du 29 mars 1790 qui en fut comme la première ébauche, il va jusqu'à la bulle *Unam sanctam* par laquelle Boniface VIII, à l'aurore du XIVe siècle, réclamait la pleine souveraineté de l'Église dans les choses temporelles comme dans les choses spirituelles ; il en reproduit le texte, et il ajoute : « C'est là une de ces décisions souveraines du Pontife infaillible, auxquelles les catholiques sont tenus de se soumettre, en les prenant dans leur sens naturel et sans en

1. *Les lois de la société chrétienne,* t. 1, p. 38, 75, 81, 109, 117, 327 ; t. 2, p. 21 ; — Comp., dans le même sens, de Rothe, *Traité de droit naturel,* t. 1, p. 54, 142.

2. Ch. Périn, *op. cit.,* t. 1, p. 180 ; — V. aussi de Rothe, *op. cit.,* t. 1, p. 145, 169.

réduire la portée ». Quoi, même quant aux choses temporelles? Oui, sans distinction; « l'Église infaillible donne au monde toute vérité dogmatique et pratique....., elle fixe l'ordre moral sur lequel reposent toute vie privée et toute vie publique[1] ». Si parfois elle s'abstient de revendiquer tout son droit, c'est par condescendance à la faiblesse humaine, aux nécessités du temps, selon les circonstances, à titre d'hypothèse et pour éviter de plus grands maux ; mais elle l'a, elle le conserve entier, et elle doit toujours tendre à le rétablir dans son intégrité, car « l'erreur ne peut avoir dans la société aucun droit, tandis que la vérité les a tous[2] ». Naturellement l'auteur fulmine ensuite contre Henri IV et l'édit de Nantes, contre les mesures successives qui ont enlevé à l'Église la qualité de dominante, qui ont amené la neutralité de l'État dans les questions confessionnelles, l'égalité des Français devant la loi... etc. ; les catholiques, selon lui, ont un droit absolu à la liberté, mais non les autres, car la reconnaître à ceux-ci, ce serait nier « la différence capitale qui sépare l'erreur de la vérité[3] ».

162. Comme idéal dogmatique d'une société volontairement soumise à la même foi et la confessant, il n'y a rien à dire à cette conception. Toute croyance a le droit indéniable de formuler son dogme comme elle l'entend, ainsi que la discipline qu'elle impose à ses adeptes, de même que toute doctrine a celui de se constituer à son gré. Mais ériger un dogme en principe du droit, c'est-à-dire en fondement d'un régime imposé puisque, de

1. *Op. cit.* t. 1, p. 162, t. 2, p. 60.
2. *Op. cit.* t. 1, p. 177, t, 2, p. 71.
3. *Op. cit.* t. 2, p. 26, 62, 63.

l'avis de tous, droit et contrainte sont inséparables, dans une société où coexistent des croyances diverses, où des convictions différentes sont en présence, toutes convaincues de leur égale légitimité, toutes également autorisées à en être convaincues, c'est inadmissible par la plus décisive de toutes les raisons : parce que c'est impossible, à moins d'user de violence envers les dissidents. Or, la vérité ne règne au point de vue théologique, de même que le bien n'existe au point de vue moral, qu'à la condition psychologique d'une adhésion libre [1]. De sorte que, bon gré mal gré, on est conduit à reconnaître que la loi humaine doit-être telle que chacun puisse en suivre et en invoquer les prescriptions, quelles que soient les croyances dont l'État n'a pas à s'enquérir, puisqu'il doit un respect égal à toutes. Qui veut sans feinte la liberté doit l'admettre même quand elle s'égare, et aller jusqu'à reconnaître le droit de se tromper ou de faillir ; Vauvenargues a dit excellemment : « il faut permettre aux hommes de grandes fautes contre eux-mêmes, pour leur éviter un plus grand mal, la servitude ». C'est ainsi que la liberté, qui n'est au point de vue philosophique qu'un moyen, le moyen d'arriver au vrai et au bien, devient l'objet et le but du droit, ou harmonie des libertés toutes égales.

Prenez garde, est-on tenté de dire à M. Périn, aux suites que peut entraîner votre politique de barre de fer ! La prétention qu'une manière de voir ne craint pas d'annoncer à dominer à titre de droit, est une incessante menace d'oppression pour les autres ; pensez-vous que vos adversaires désarmeront si la tolérance apportée en fait,

1. V. ci-dessus, p. 99 et s.

à un moment donné, n'est qu'affaire d'opportunité, et si vous prévenez vous-même qu'elle cessera le jour où les circonstances le comporteront? La liberté a de nombreux et grands avantages, elle a d'autre part des inconvénients et des périls; il faut en considération des uns savoir accepter les autres. S'il est une vérité qui éclate à l'esprit comme la lumière aux yeux, c'est qu'il n'y aura pas de paix durable dans les rapports de l'Église avec l'État, tant que l'Église n'aura pas reconnu la souveraineté pleine de l'État dans le domaine de la politique et du droit.

M. E. Ollivier a écrit à ce sujet des pages excellentes dans un de ses derniers ouvrages; celle-ci entre autres[1] : « Dans vos séminaires, dans vos livres écrits en latin, ô ministres de la religion, anathématisez, condamnez le principe de la sécularisation, souhaitez qu'on en revienne, célébrez les beautés de l'idéal catholique, personne ne vous le reprochera, beaucoup vous en loueront. Mais dans vos journaux, dans vos discours politiques, sur la place publique, je vous en conjure, ne harcelez pas le principe moderne ; vous l'irriteriez sans le vaincre. A tort ou à raison, la société actuelle est décidée à ne pas revenir aux formes du passé, vos bravades de paroles et vos provocations historiques l'inquiètent sans la convaincre ; en la rassurant vous obtiendriez d'elle avec plus de respects, plus de liberté, la seule protection à laquelle désormais il soit sage de prétendre. N'oubliez jamais l'avertissement que, dès 1847, vous a donné un des plus intelligents de vos évêques, Mgr Parisis : « de l'aveu de tous, la religion d'État n'est pas possible en

1. 1789 et 1889, p. 292.

France. La reconnaissance actuelle du catholicisme comme règle des lois en même temps que des mœurs, comme autorité régnant sur les institutions publiques, aussi bien que sur les familles et sur les consciences individuelles, ne pourrait être parmi nous, je ne dis pas établie, mais seulement tentée, sans provoquer et des bouleversements immédiats dans l'ordre civil, et des réactions incalculables contre le catholicisme lui-même[1] ».

163. Les grandes encycliques postérieures au Syllabus, notamment celle du 1er novembre 1885 sur la constitution chrétienne des États, et celle du 20 juin 1888 sur la liberté humaine, marquent, à n'en pas douter, un puissant appel au respect mutuel et à la concorde, un grand effort d'apaisement; elles ont voulu, selon l'heureuse expression de Mgr d'Hulst, rendre la paix plus facile par plus de lumière[2], et préparer une possibilité d'accord. D'une part, en effet, l'acte de 1885 reconnaît en principe, contre les entraînements d'un zèle irréfléchi, le pouvoir propre de l'autorité civile, et il trace, avec plus de précision qu'on ne l'avait fait jusque-là, les limites de l'autorité spirituelle. On y lit : « Dieu a donc divisé le gouvernement du genre humain entre deux puissances, la puissance ecclésiastique et la puissance civile, celle-là préposée aux choses divines, celle-ci aux choses humaines. Chacun en son genre est souverain ; chacun est renfermé dans des limites parfaitement déterminées, et tracées en conformité de sa nature et de son but spécial. Il y a donc comme une sphère circonscrite dans laquelle chacun exerce son action *jure proprio*........

1. *Cas de conscience*, p. 43.
2. *Op. cit.*, p. 4.

Tout ce qui dans les choses humaines est sacré à un titre quelconque, tout ce qui touche au salut des âmes et au culte de Dieu, soit par sa nature, soit par rapport à son but, tout cela est du ressort de l'autorité de l'Église. Quant aux autres choses qu'embrasse l'ordre civil et politique, il est juste qu'elles soient soumises à l'autorité civile, puisque Jésus-Christ a commandé de rendre à César ce qui est à César et à Dieu ce qui est à Dieu ». D'autre part, même dans les matières réservées à l'Église, l'Encyclique laisse entendre, par d'infinies prudences de langage, les distinctions qu'il convient de faire entre les affirmations doctrinales et leurs applications à des situations changeantes, entre ce qui doit être réservé en thèse et ce qui est permis comme programme d'action, en d'autres termes entre l'idéal et la pratique, entre le droit et le fait[1].

Toutefois un point demeure sur lequel toute transaction est récusée, où le désaccord apparaît irréductible. Contrairement à la tradition libérale, l'Église ne reconnaît pas de droits, en principe, soit à l'État soit aux individus en dehors de la vérité qu'elle représente ; elle ne tolère qu'à titre d'hypothèse, c'est-à-dire « au nom de cette sagesse pratique qui consiste à n'exiger d'un temps ou d'un pays que ce qu'il peut donner[2] », les libertés que les lois humaines érigent en droits découlant pour l'homme de sa nature même, ou droits naturels. La liberté, d'après la pure doctrine catholique, n'est pas une fin en elle-même, mais seulement un moyen ; elle n'existe par suite

1. Sur les rapports des deux pouvoirs, cons. de Vareilles-Sommières. *Les principes fondamentaux du droit*, p. 38, 40 et s.

2. Mgr. d'Hulst, *op. cit.*, p. 51.

que dans la mesure où elle concorde avec la vérité, qui seule est une fin ; dès lors, elle est subordonnée à la soumission à l'ordre divin. En définitive, c'est la négation du droit en soi, du droit humain, des droits de l'homme. L'illusion du catholicisme libéral s'est évanouie ; les Lacordaire, les Montalambert, les Falloux ont été désavoués en 1864. Mgr d'Hulst, quoique toutes les affinités de son esprit aillent manifestement à ces grands noms, condamne « l'erreur libérale qui met le *droit commun*, ou le droit des hommes, au-dessus du droit de Dieu » ; et il proclame, avec le Syllabus, que « la tradition catholique est incompatible avec la théorie impliquée dans le libéralisme [1] ».

164. Quoi d'étonnant si, de son côté, la démocratie relève que les idées et les vues qu'elle poursuit sont incompatibles avec la tradition catholique ? Les logiciens du parti l'enseignent. Proudhon a consacré un de ses principaux ouvrages à soutenir que l'Église est essentiellement réfractaire à l'idée de justice, et qu'il faut, comme il dit, « couper le câble [2]. » Vacherot, allant plus loin, affirme que l'idéal démocratique est inconciliable avec une religion quelconque [3]. Auguste Comte, Littré et leurs disciples font de l'élimination de tout élément théologique l'article premier du code positiviste [4]. Ainsi, sur un point essentiel, s'est établi l'antagonisme social ; il est arrivé à un tel degré d'acuité qu'on dirait qu'il n'y a place aujourd'hui que pour une guerre sans merci.

1. *Op. cit.*, p. XIII, XV. Sur quelques conséquences, v. p. 6, 27, 38, 51, 78.
2. *De la justice dans la Révolution et dans l'Église*, t. 1, p. 26 et s.; t. 3, p. 2 et s.
3. *De la démocratie*, p. 60.
4. V. ci-dessus, p. 217, 231.

D'autant plus que, dans les rangs de la démocratie qui se dit avancée, le libéralisme n'a pas rencontré meilleure fortune. La tradition conventionnelle issue du *Contrat social*, l'Utilitarisme, le Positivisme y dominent à peu près exclusivement ; or, il résulte de ce qui précède que tous ces systèmes enseignent que l'individu n'est rien, que l'État est l'agent universel et omnipotent du progrès. Quoi d'étonnant dès lors que les tendances soient autoritaires ? Au nom de la volonté générale ici, là de l'utilité, ailleurs de l'expérience, plus loin de l'évolution, la fée de la science moderne, en d'autres termes au nom du prétendu droit social sous ses diverses formes, le parti dominant considère que l'homme lui appartient tout entier, et prétend imposer comme loi au monde la conception qu'il a de la société et de l'ordre idéal. Le vrai démocrate est surtout disciple de Rousseau et jacobin, radical comme on dit de nos jours. Il croit fermement au droit social, il est convaincu qu'on peut tout à coups de lois ; la raison d'État justifie toute mesure à ses yeux. Il se regarde comme opprimé et n'est pas éloigné de croire la patrie en danger si ses idées ne dominent pas ; dès qu'il le peut, il n'a rien de plus pressé que de condamner les dissidents, de les excommunier s'ils résistent, et s'ils ne cèdent pas de les mettre au ban. La minorité n'a pas de droits à ses yeux, toutes ses aspirations procèdent de là. Il veut une chambre unique, voire d'une Convention, afin d'assurer complète la souveraineté des majorités par la suppression de tout contre-poids pouvant la contenir au besoin, ou seulement la modérer ; il entend que tous les pouvoirs dérivent de l'élection, voire avec mandat impératif, afin que nulle part une place ne soit laissée à l'indépendance de l'esprit qu'il regarde comme une trahison ; s'il a une tendance innée à la centralisation, c'est qu'il attend d'elle l'accomplissement du rêve suranné de l'unité en toutes choses ; dans la justice il voit un moyen de favoriser la cause qu'il a faite sienne, dans l'enseignement, un moyen d'endoctriner selon ses idées. En d'autres termes, de même que M. Ch. Périn, il veut la liberté pour lui-même, mais non pour les autres. L'objectif est différent, le procédé reste identique. Ce qu'il y a de plus clair dans les confuses visées du mouvement communaliste, où vont les plus ardents, c'est le dessein d'abaisser le pouvoir en le fractionnant afin de le mettre à la portée des médiocrités qui aspirent à s'imposer en l'exerçant.

Tout cela est logique : la toute puissance de l'État, en théorie, se traduit, en fait, par l'omnipotence de ceux qui gouvernent ou qui aspirent à gouverner. Seulement la logique n'est pas tout en politique. La démocratie ne prend pas garde, ainsi que le lui reproche Stuart Mill, que, sous prétexte d'être conséquente avec son principe, elle adopte une manière de raisonner qui conduit aux conclusions les plus dangereuses. Toutes les formes de gouvernement ont leurs bons comme leurs mauvais côtés ; ériger la déduction logique en seule règle de conduite, c'est dire « qu'on doit faire tous ses efforts pour aggraver, au lieu de les diminuer, les imperfections constitutives du système d'institutions qu'on préfère ou sous lequel on vit[1] ». Rien à répondre à si sages paroles ; mais faites donc écouter aux foules des conseils de modération et de clairvoyance quand les prophètes en qui

1. *Système de logique*, t. 2, p. 555.

elles se fient leur enseignent que les dépositaires de la souveraineté ont « la toute puissance humaine ! ». Sigulière affirmation cependant, bien téméraire à coup sûr ! Est-ce que le pouvoir de tout faire donne le droit de tout faire ? Nul n'oserait le dire. Donc il y a au-dessus de la souveraineté des droits qui sont indépendants d'elle et qui la limitent ; par conséquent aucun pouvoir, dans une société organisée, même le plus élevé, ne saurait avoir la toute puissance.

165. Enfin, pour compléter le dénombrement des doctrines professées de nos jours, il faut, à côté des thèses absolutistes, faire une place au clan toujours nombreux des sceptiques qui se plaisent à railler toutes les idées, et des empiriques qui discutent sur elles au jour le jour, sans préparation, au petit bonheur de la rencontre.

Un exemple entre mille. En 1854, dans un petit volume curieux à bien des titres, Émile de Girardin, le plus grand dissolvant qui ait jamais existé, s'était un jour tracé la tâche que voici : « je voudrais, dit-il, en finir une bonne fois avec tous ces mots tels que droit, raison, justice, dont le sens varie et se contredit selon le temps et les pays[1] ». La prétention n'était pas mince. Eh, sans doute, ces mots sont abstraits ; mais ils ne le sont ni plus ni moins que tous ceux qui expriment des notions morales. C'est une loi de l'histoire des langues que les mots apparaissent pour exprimer les idées avant que les idées ne soient fixées ; plus tard seulement l'analyse éclaire ce que l'intuition n'avait d'abord que pressenti. D'ailleurs ces grands mots de droit, de justice, de raison, ne sont obscurs que pour ceux qui n'en demandent le

1. *Le Droit*, p. 8.

sens qu'à leur ignorance ou à leur présomption ; qu'on interroge donc les opprimés qui dans tous temps les ont invoqués, s'il y a jamais eu doute pour eux sur ce qu'ils signifient. A quoi aboutit ensuite l'auteur ? Après avoir tout brouillé et embrouillé sous le flot de sa verve intarissable, il arrive à cette définition étonnante, résumé de son système : « Le droit, c'est le raisonnement, sans autres limites que l'erreur et la vérité, sans autre juge que l'évidence, sans autre peine que la réfutation [1] ». A la bonne heure ; voilà qui est d'une clarté sans pareille, et avec cela il n'y a plus place pour l'équivoque !

166. Au milieu de ces systèmes, s'accordant à nier, à contester ou à dédaigner le droit, mais se combattant à tous autres égards, que devient la tradition de 1789, la vraie tradition française ? Hélas, il n'est que trop certain qu'elle s'obscurcit et s'affaiblit. Ses tenants et ses fidèles deviennent comme des étrangers dans leur propre pays. Les symptômes abondent, ils sont concordants ; l'erreur a sa logique comme la vérité, les déviations de principe entraînent à la longue d'inévitables écarts d'opinion et de conduite.

En matière religieuse, la démocratie, toujours en guerre par vieille habitude contre l'esprit sacerdotal, ne s'aperçoit pas que l'esprit laïque devient à son tour intolérant. Les questions se rattachant aux rapports de l'État et des Églises, si simples si on les discutait dans une loyale pensée de liberté réciproque, sont traitées de part et d'autre dans un dessein à peine dissimulé d'empiétement. On a parlé de persécution, le mot est bien

1. *Id.*, p. 23. Caro a fait aux idées d'E. de Girardin l'honneur d'une discussion approfondie. V. *Problèmes de morale sociale*, p. 96.

gros ; mais n'est-il pas manifeste qu'il règne dans certaines sphères un esprit de dénigrement, de tracasserie et d'hostilité contre l'idée religieuse, et même d'exclusion contre les personnes à raison de leur croyance? Faut-il des exemples précis ? En voici quelques-uns. La loi du 12 juillet 1875, sur la liberté de l'enseignement supérieur, venait de consacrer l'équivalence des diplômes obtenus à la suite d'examens subis soit devant les Facultés de l'État soit devant les jurys mixtes ; un règlement intérieur du Conseil d'État survient, à la date du 14 août 1879, qui exige des candidats à l'auditorat la production d'un diplôme délivré par une Faculté de l'État, excluant par là même des concours les élèves des Facultés libres ! Malgré les plus vives et les plus légitimes réclamations, cette disposition du règlement n'a pas été rapportée. Plus tard, une loi déclare les membres d'une congrégation autorisée incapables d'occuper certaines fonctions, auxquelles il est d'ailleurs loisible au gouvernement de ne pas les nommer ; ceux qui combattent le projet objectent que c'est là une atteinte aux droits des citoyens, à l'égalité devant la loi, et le Ministre répond, ne prenant pas garde qu'il ne fait que reproduire le langage des oppresseurs de tous les temps : « Est-ce que les religieux sont des citoyens comme les autres ? » Tout récemment un membre du parlement, philosophe éminent et rompu à l'étude des questions sociales, sans paraître soupçonner ce qu'une telle proposition a d'exorbitant, demande qu'on exclue des concours d'admission aux écoles du gouvernement des jeunes gens ayant fait leurs études dans un établissement ecclésiastique. Combien de faits analogues ne pourrait-on pas citer?

Et cela cent ans après que la Déclaration des droits a dit, dans son article 10 : « Nul ne sera inquiété pour ses opinions même religieuses, pourvu que leur manifestation ne trouble pas l'ordre public établi par la loi ».

Dans la vie publique, ce qui n'est pas moins caractéristique comme signe des temps, la liberté politique tend à prendre le pas sur la liberté civile. C'est un axiome pour l'École libérale depuis Montesquieu que les droits civils, qui représentent l'indépendance personnelle, ont seuls une valeur propre, et que les droits politiques, qui consistent dans la participation au pouvoir social, sont moins des droits que des fonctions, qu'ils n'ont en tout cas qu'une valeur de garantie puisque l'État ne doit à l'homme que la liberté[1]. Or dit-on aujourd'hui, dans l'argot du moment : tout cela, c'est le vieux jeu. L'État, d'après les théories plus modernes, a une bien autre mission et d'autres devoirs ; il est l'agent, et, selon quelques-uns, l'agent unique de la destinée sociale et même de la destinée humaine. Dès lors la participation à l'exercice du pouvoir répond au besoin d'expansion qui est naturel à toute foi ; les droits politiques par conséquent deviennent une arme de propagande, presque un apostolat. Par une pente toute naturelle on en revient, comme dans l'antiquité, à confondre la liberté et le pouvoir, sinon, lâchant la proie pour l'ombre, à tenir au pouvoir plus qu'à la liberté. Ainsi se développe l'esprit de secte ; et, sous son action, ainsi grandit l'antagonisme social. Combien de politiciens ne pensent pas autrement que ce jacobin qui, pressé de définir la liberté, finissait par dire ingénument : je me sens libre quand le gou-

1. V. ci-dessus, p. 124.

vernement fait prévaloir mes idées, je me sens opprimé dans le cas contraire. Aveugle cependant qui ne voit pas qu'on expose sa propre liberté dès qu'on oublie celle d'autrui ! Les théories politiques subissent l'influence du point de vue qui se propage ; faut-il rappeler la levée de boucliers qui se poursuit contre le parlementarisme dans les générations qui s'avancent, plus forte peut-être qu'on ne croit, inexplicable si on oublie qu'elle est depuis Auguste Comte dans le programme positiviste ? [1] Comme si en dehors du gouvernement du pays par lui-même, il y avait place pour autre chose que la dictature soit d'un César soit d'une Convention !

En matière économique, le vent souffle de toute part au socialisme d'État [2]. Les théoriciens du principe d'autorité y ont tendu de tout temps, et y tendent toujours; ils restent attachés à la vieille idée de l'État pasteur des hommes, devant connaître le vrai et le bien et les faire régner, chargé de donner la bonne direction en toutes choses. Le peuple se joint à eux et les écoute ; crédule parce qu'il souffre, il est convaincu que la cessation de la misère peut s'opérer par la seule action du gouvernement et s'imposer par décret [3]. De là le réveil soudain et inattendu des idées protectionnistes ; de là les appels qui surgissent de toute part à l'intervention de l'État dans le règlement de l'activité humaine. Cependant, faire déterminer par

1. V. ci-dessus, p. 230.

2. Cons. sur ce sujet le beau travail de M. Jourdan : *Du rôle de l'État dans l'ordre économique.*

3. Daniel Stern, dans son *Histoire de la Révolution de* 1848, raconte le fait suivant. Le 27 février un orateur populaire, Marche, vient dire au Gouvernement provisoire : « Citoyens, voilà vingt-quatre heures que la révolution est faite, et le peuple attend encore le résultat. Il m'envoie vous dire qu'il ne souffrira plus de délais. » 2e édit., t. 1, p. 379.

la puissance publique les rapports du capital et du travail, qu'est-ce autre chose sinon livrer à l'État, avec la liberté individuelle, toute la vie économique du pays, c'est-à-dire un pouvoir formidable? Le mouvement se comprend à Berlin, car l'Allemagne est façonnée depuis longtemps à la théorie de l'État-Dieu ; mais on le constate même en Angleterre, pays d'individualisme par excellence, où, de tradition, l'on attend tout de l'initiative individuelle et de l'association. Le grand congrès des Trades-unions en 1890 vient, presque à l'unanimité, de se prononcer pour la réglementation du travail par voie législative. En France, on entre dans cette voie au nom de la protection due aux faibles, c'est-à-dire aux incapables ; qu'on y prenne garde : l'État sera bientôt provoqué à intervenir dans toute la vie privée et à y substituer sa volonté à celle des particuliers. Les faits le prouvent déjà : le 8 juillet dernier, un article de loi a été voté par la Chambre des députés, qui règle le temps pendant lequel les femmes devront se soigner avant et après l'accouchement [1] ; on parle, en outre, au nom de la morale, de punir d'un impôt spécial les célibataires !... etc. Une fois engagé on ne s'arrête pas à mi-chemin ; liberté et intervention de l'État dans le règlement de l'activité humaine sont termes inconciliables : ceci tuera cela.

Enfin, même dans l'ordre civil, quoiqu'il soit plus stable et mieux assuré contre les revirements d'opinion, on rencontre des revenants qui semblent sortir de l'autre monde. Ici, l'ancienne théorie de la propriété supérieure de l'État sur les biens des particuliers est relevée ; on pouvait croire cette doctrine anti-sociale écartée définitivement

1. *Journal officiel* du 10 juillet 1890.

et sans retour, elle reparaît à l'appui d'un projet de réforme sur les droits fiscaux en matière de succession [1]. Là, un membre du Parlement, des plus marquants, propose, avec toutes les apparences du sérieux, le rétablissement de la confiscation, c'est-à-dire le sacrifice de la propriété, contre ceux qui ne montrent pas assez d'empressement au gouvernement [2]... etc.

167. Ces symptômes sont-ils assez significatifs ? Cependant, malgré tout, le pays reste invinciblement libéral ; il l'est de tempérament, d'aspirations et par la tradition toujours vivante de 89. Seulement, pour son malheur, les théories qui se sont imposées à son esprit le vouent aux procédés de l'absolutisme. Il veut la fin sans le moyen ; il lui manque une notion simple mais essentielle, celle de ce que peut et doit être le gouvernement dans un pays libre : il oublie que vouloir faire l'État tout puissant pour le bien, c'est inévitablement le faire tout puissant pour le mal, puisque ce seront toujours des hommes qui parleront et agiront en son nom.

L'équivoque est partout à cet égard, dans la polémique comme dans la conduite des partis. Tel se dit utilitaire, ou positiviste, qui invoque en même temps les principes de 89 ; tel fait profession de libéralisme, qui se prévaut en même temps du *Contrat social* ou de la Sociologie ; et cela sans soupçonner que c'est confondre les idées et les systèmes et rapprocher les contradictoires. Quant aux partis, tous proclament à l'envie la

1. Greif, *Les droits de l'État en matière de succession*. Voir, à ce propos, l'arrêt notable de la Cour de cassation en date du 23 juin 1857, et le célèbre rapport de M. Laborie qui l'a préparé. D. P. 1857, 1, 233 ; Sirey, 1857, 1, 401.

2. M. Henri Maret, *Journal Le Matin*, n° du 17 sept. 1890.

souveraineté du peuple, mais sous la réserve secrète d'ajouter ensuite : le peuple c'est moi ; ils montent à l'assaut du pouvoir en agitant le grand mot de liberté, et une fois qu'ils y sont, au lieu d'en user pour protéger les droits de tous, ils n'ont rien de plus pressé que de prendre possession du pays et de viser à le soumettre à leurs vues particulières. Comme s'il était possible à la fois de nier le droit et de prétendre être libre !

L'antinomie est flagrante. Elle pèse depuis un siècle sur les tentatives d'organisation constitutionnelle. Elle explique la périodicité des révolutions ; à chacune on croit la liberté conquise, puis on s'aperçoit que le pouvoir, s'il a changé de mains ou de nom, est toujours animé du même esprit, et on recommence. Une trop longue pratique du gouvernement absolu a laissé un mauvais pli à l'esprit français ; au moment où ce pli commençait à s'effacer, les théories modernes de philosophie sociale l'ont accentué plus que jamais. Partagé entre le besoin d'être libre et celui d'être et de se sentir gouverné, épris de justice mais enchaîné aux pratiques de l'absolutisme, le pays, par suite du contraste qui existe entre ses aspirations et ses doctrines, reste mal habile à manier la machine délicate du gouvernement représentatif.

168. Qu'on ne s'y trompe pas, en effet, car il ne faut se payer ni de mots, ni d'apparence. Le régime représentatif, surtout sous la forme de gouvernement parlementaire, convient merveilleusement aux peuples chez lesquels l'homme attend tout de lui-même, où l'État n'a pas d'autre mission, en dehors de la direction et de la gestion des intérêts nationaux, que de maintenir l'ordre et d'assurer la liberté commune ; il est sans application

possible là où continue de régner l'esprit de domination. Rien ne le corrompt plus fatalement que la croyance chez l'élu qu'il est le régulateur des idées et le dispensateur des droits, « la toute puissance humaine », suivant la définition citée plus haut ; il aboutit inévitablement alors à l'écrasement des minorités par des majorités changeantes, ce qui est la pire et la plus intolérable des oppressions.

Aussi, fait bien digne de remarque, les gouvernements en France depuis un siècle sont successivement tous tombés par l'exagération et l'abus de leur principe. La Révolution, dès qu'elle eût abandonné son point de départ, passa sans pouvoir s'arrêter des Constitutionnels aux Girondins, des Girondins aux Jacobins, des Jacobins aux Montagnards, pour finir dans un orage. Faut-il voir là, comme on l'a dit souvent, la fatalité des situations révolutionnaires ? Nullement, car la Restauration n'a pas fait autre chose, en sens inverse, en allant du ministère Decazes au ministère de Villèle, du ministère de Villèle au ministère Martignac, du ministère Martignac au ministère de Polignac. Le prince de Polignac, taxé à son tour de modérantisme dans la réaction comme quarante ans auparavant Danton de modérantisme dans la révolution, allait être distancé par la Bourdonnaye quand l'aventure des ordonnances amena la chute de Charles X. Le premier et le second empire sont tombés par l'abus du pouvoir personnel et sous l'opprobre des désastres appelés sur le pays. La République de 1848 est allée en quelques mois de la réforme électorale inscrite sur les drapeaux de février aux journées de juin qui l'ont frappée à mort. Seule la monarchie de juillet a essayé de garder l'impartialité gouvernementale, laissant le progrès s'accomplir par l'action de la société sur elle-même ; mais alors les partis impatients l'ont accusée d'impuissance, et elle est tombée sous la coalition des partisans de l'ancien régime et du parti populaire.

169. Le temps a ainsi accumulé les leçons, et démontré jusqu'à l'évidence que les institutions ne durent pas sans la tempérance dans les idées et la modération dans les actes. Dieu veuille que la démocratie contemporaine sache profiter de l'expérience acquise ! Les partis ont changé de nom, mais les états d'esprit subsistent ; les Constitutionnels s'appellent aujourd'hui le Centre gauche, les Girondins se disent Opportunistes, les Jacobins ont pris le nom de Radicaux et les Montagnards celui d'Intransigeants, ni les desseins ni la tactique n'ont changé. Déjà quelques degrés ont été franchis ; le moment est venu des réflexions décisives.

Dans la société sortie de la Révolution, ce n'est plus la domination oppressive d'une classe qui est à redouter, car les classes n'existent plus, c'est le règne abusif des partis. Au péril possible il n'y a qu'un remède : on s'accorde à peu près à mettre le Chef de l'État en dehors et au-dessus des luttes politiques, il faut aller plus loin et y mettre aussi le Droit individuel. Certes le pouvoir doit être fort et bien armé, il ne le sera jamais trop ; mais il doit l'être seulement pour faire respecter la liberté de tous, et non pour imposer les vues de ceux qui l'exercent, car il a pour mission d'être l'arbitre des partis et non d'être lui-même un parti. Arrière les voyants convaincus que l'homme leur appartient parce qu'ils sont la vérité, et les agités qui se croient toujours appelés à régénérer le monde ; c'est à l'heure présente le besoin suprême et le cri du salut : le repos de la France est à ce prix.

170. Puisque la crise est dans les idées et dans les tendances, c'est à l'ascendant de l'opinion et à l'esprit public d'y pourvoir. La philosophie a entrepris de concilier les doctrines en conflit, et d'en dégager la synthèse [1] ; il est plus que douteux qu'elle y réussisse. Les termes du dilemme sont sans réplique : ou il faut renoncer à la liberté, ou il faut renoncer aux procédés du droit antique qui ne l'a pas connue, et aux systèmes modernes qui la nient.

Dans le développement de la pensée contemporaine, l'Angleterre représente l'intérêt, l'Allemagne représente la force, la France ne serait plus elle-même si elle venait à cesser de représenter le droit.

Michelet a pour exprimer cette pensée une image magnifique, à propos d'une de ces irruptions de la violence qui ont été malheureusement fréquentes dans notre histoire, celle qui précipita les dernières crises de la Révolution. Le 31 mai venait de frapper tous ceux de la Convention qui avaient gardé quelque fierté et quelque sentiment du droit, les autres étaient voués pour jamais au culte de la force ; et l'illustre historien marque ainsi ce qui allait en advenir : « La France, dit-il, ne sentant plus le droit, n'ayant plus nulle prise où s'arrêter, alla roulant comme roule un corps mort sur la vague, dont ne veut ni la terre ni la mer, et qui flotte éternellement [2] ».

1. Fouillée, *La science sociale contemporaine*, p. 379, et s.
2. *Histoire de la Révolution*, t. VI, p. 69.

TABLE DES MATIÈRES

Imp. G. Saint-Aubin et Thevenot, Saint-Dizier (Haute-Marne), 30 Passage Verdeau, Paris.

www.ingramcontent.com/pod-product-compliance
Lightning Source LLC
LaVergne TN
LVHW020549230826
846091LV00002B/430

* 9 7 8 2 0 1 4 0 8 8 6 3 2 *